本书系国家自然科学基金应急管理项目"人口转变、结构转型与农村反贫困战略调整研究——以甘肃省5个国家级贫困县为例"（71541043）成果。

西部地区精准扶贫政策与实践

柳建平 张永丽 ○ 编著

西部地区"一带一路"建设与创新发展系列丛书
张永丽 主编

中国社会科学出版社

图书在版编目（CIP）数据

西部地区精准扶贫政策与实践 / 柳建平，张永丽编著. —北京：中国社会科学出版社，2020.9

（西部地区"一带一路"建设与创新发展系列丛书）

ISBN 978-7-5203-7123-0

Ⅰ.①西… Ⅱ.①柳…②张… Ⅲ.①扶贫－农村经济政策－研究－西北地区②扶贫－农村经济政策－研究－西南地区 Ⅳ.①F323.8

中国版本图书馆 CIP 数据核字（2020）第 164109 号

出 版 人	赵剑英
责任编辑	马　明
责任校对	郝阳洋
责任印制	王　超

出　　版	中国社会科学出版社
社　　址	北京鼓楼西大街甲 158 号
邮　　编	100720
网　　址	http://www.csspw.cn
发 行 部	010-84083685
门 市 部	010-84029450
经　　销	新华书店及其他书店
印　　刷	北京君升印刷有限公司
装　　订	廊坊市广阳区广增装订厂
版　　次	2020 年 9 月第 1 版
印　　次	2020 年 9 月第 1 次印刷
开　　本	710×1000　1/16
印　　张	16.5
字　　数	279 千字
定　　价	96.00 元

凡购买中国社会科学出版社图书，如有质量问题请与本社营销中心联系调换
电话：010-84083683
版权所有　侵权必究

《西部地区"一带一路"建设与创新发展系列丛书》

编 委 会

主　编：张永丽
副主编：关爱萍
编　委：张学鹏　柳建平　周文杰　王桢
　　　　马文静　李承晋

总　　序

　　改革开放以来，我国用40年的时间不仅解决了人民温饱问题，而且人民生活总体上达到小康水平的目标也将在2020年全面实现，中国即将进入为全面建设社会主义现代化国家的第三个目标而努力奋斗的崭新历史阶段。与分三步走战略并行、旨在解决我国区域发展不平衡问题的西部大开发战略2000年正式开始实施，从组织机构的成立，到西部大开发"十一五"规划、"十二五"规划的出台，再到2019年《西部陆海新通道总体规划》的颁布，国家出台了一系列鼓励西部地区发展的政策措施。这些政策措施大大激发了西部地区发展潜力，使区域内经济、社会、文化等各方面发生了巨大变化，经济发展水平与全国的差距有所缩小，但受自然、历史、社会等因素的制约，西部地区经济发展相对落后的局面并未彻底改变，占全国国土面积超过70%、人口接近30%的西部地区，国内生产总值仅占全国的不到20%，人均国内生产总值只占全国平均水平的三分之二左右，区域发展不平衡问题仍然较为突出。西部地区自然资源丰富，市场潜力巨大，战略位置重要，如何更好地实现西部地区经济发展和社会进步，缩小与东中部地区的差距，化解区域发展不平衡的矛盾，既是我国实现第三阶段战略目标必须解决的重大课题，也是全面建设社会主义现代化国家的内在要求。

　　开放和创新将成为未来中国经济发展的两大重点路径。

　　"一带一路"倡议为中国对外开放格局的调整描绘了一幅新的蓝图。西部地区陆地边境线占全国的80%左右，古丝绸之路途经的国内省份主要在陕西、甘肃、新疆等西部地区，建设"一带一路"为西部地区带来了新的发展机遇。近年来，作为我国重点建设省区的西北五省区，通过与中西亚、中东欧、南亚、东南亚等"一带一路"沿线国家开展深入合作，积极融入"一带一路"建设，对外开放步伐进一步加快；西部地区企业的国际化经营合作也迎来了良好的机遇，呈现出良好的发展势头，基础设施、贸易、金融、能源等领域的一系列重大项目陆续实施，企业"走出去"的热情日益高涨，对外投资规模保持增长态势。

创新驱动战略的实施为我国经济发展增添了新的动力。党的十九大提出，要"加快建设创新型国家"，"大力实施创新驱动发展战略"。习近平总书记强调，"要深入实施创新驱动战略，推动科技创新、产业创新、企业创新、市场创新、产品创新、业态创新、管理创新等"。在国家战略的指引下，我国出台了一系列鼓励企业创新的政策措施，产生了积极的效果。不少企业通过组织结构与管理机制创新，加快向扁平化、平台化的创新型组织转型，极大地释放了企业内部的创新活力，催生了大量新技术、新产品、新业态和新模式。西部地区在国家创新型战略引领下，也正在积极参与技术、产品、制度等领域的创新，参与创新型社会建设，谋求以创新为核心实现经济发展方式的转型。

开放和创新的西部地区，既需要充分利用"一带一路"提供的与沿线国际开展经济合作的历史机遇，大力发展对外贸易，提高对外开放水平，通过强化对外经济合作推动经济增长；也需要在供给侧结构性改革的大背景下，通过人口和劳动力流动，积极承接产业转移，调整区域产业结构，从而缩小区域差距；既需要通过精准扶贫、精准脱贫，正确处理消除贫困与区域发展的关系，在实现贫困人口脱贫摘帽、与全国同步进入小康社会的同时，促进区域经济发展水平的提升；也需要大力发展外向型企业和创新型企业，提升企业管理水平和创新能力，助推西部地区经济向外向型、创新型经济过渡，实现区域的高质量发展。

这套丛书由七部著作构成，分别研究了"一带一路"建设背景下中国西北地区与中亚五国产业互补及合作，劳动力流动、产业转移与区域发展差距，西部地区精准扶贫政策与实践，西北地区外向型中小企业管理，中国 IT 行业员工的组织相关态度对离职倾向的影响等热点问题，通过对"一带一路"建设背景下西部地区产业、贸易、扶贫、中小企业管理等问题的实证分析，提出了一系列切实有效地政策建议和措施，以期为提高西部地区经济发展水平、缩小区域差距提供政策参考。

总　　序

当前，中国经济发展已由高速增长阶段转向高质量发展阶段，党的十九大已经从"深化供给侧结构性改革、加快建设创新型国家、实施区域协调发展战略、加快完善社会主义市场经济体制、推动形成全面开放新格局"等方面进行了全面部署。西部各省区应该紧紧围绕这些战略部署，积极探索，主动作为，全方位推进开放和创新，为全面建设社会主义现代化国家贡献力量。

张永丽

2020年5月

目 录

第一章 劳动力非农就业与反贫困 ··· 1

第一节 劳动力非农就业的减贫脱贫效应及影响因素分析 ········· 1
  一 问题的提出及文献综述 ··· 1
  二 劳动力非农就业的减贫脱贫效应 ······························ 3
  三 影响因素的统计描述 ·· 7
  四 影响因素的实证分析 ·· 10
  五 基本结论及政策建议 ·· 15

第二节 农户家庭禀赋、结构制约与劳动力资源配置 ··············· 17
  一 劳动力资源配置的研究现状与问题 ··························· 17
  二 理论视角与研究假设 ·· 18
  三 农户劳动力资源特征及变量选择、模型设定 ··············· 21
  四 家庭禀赋与结构制约下的农户劳动力资源配置 ············ 26
  五 结论与政策建议 ·· 31

第三节 土地流转对农村劳动力流动的影响 ··························· 32
  一 引言 ··· 32
  二 数据来源与研究方法 ·· 33
  三 结果与分析 ··· 35
  四 讨论 ··· 41
  五 结论及启示 ··· 42

第四节 欠发达地区农户市场行为影响因素及效应分析 ············ 42
  一 引言 ··· 42
  二 数据、模型与变量 ·· 45

  三　实证结果分析 …………………………………………… 47
  四　结论与政策建议 ………………………………………… 58

第二章　农村教育发展与反贫困 …………………………………… 60
 第一节　农户家庭教育收益率的测量及其影响因素 ……………… 60
  一　引言及文献回顾 ………………………………………… 60
  二　农户教育收益率影响因素分析框架 …………………… 62
  三　数据来源与描述性统计 ………………………………… 63
  四　农户家庭教育收益率的测量 …………………………… 64
  五　农户家庭教育收益率影响因素分析 …………………… 67
  六　结论与政策建议 ………………………………………… 72
 第二节　贫困与非贫困家庭教育收益率的差异及原因分析 ……… 74
  一　引言 ……………………………………………………… 74
  二　数据来源与统计性描述 ………………………………… 76
  三　贫困与非贫困家庭教育收益率的测算与比较 ………… 79
  四　贫困与非贫困家庭教育收益率存在差异的原因分析 …… 84
  五　结论及政策建议 ………………………………………… 87
 第三节　贫困地区农村教育收益率的性别差异 …………………… 89
  一　引言 ……………………………………………………… 89
  二　数据来源、模型与变量设置 …………………………… 92
  三　实证分析 ………………………………………………… 97
  四　结论与启示 ……………………………………………… 107
 第四节　西部农村教育与减贫研究 ………………………………… 111
  一　引言 ……………………………………………………… 111
  二　文献述评 ………………………………………………… 111
  三　数据来源与统计性描述 ………………………………… 112
  四　实证分析 ………………………………………………… 115
  五　结论与启示 ……………………………………………… 120

第三章　农村女性发展与反贫困 …………………………………… 122
 第一节　农业女性化、女性农业化及对贫困的影响分析 ………… 122

	一	引言	122
	二	样本村女性农业化和农业女性化特征及贫困的统计描述	124
	三	农业女性化和女性农业化对农户贫困影响的实证分析	129
	四	农业女性化和女性农业化影响因素分析	133
	五	结论与思考	137
第二节	农户农业女性化：抑或是一种理性的劳动力配置		139
	一	引言	139
	二	农户"农业女性化"的基本缘由	140
	三	样本分类及特征	142
	四	实证分析	145
	五	主要结论及政策建议	150
第三节	贫困地区女性婚姻的减贫效应研究		151
	一	引言	151
	二	基于历史视角的女性婚姻模式演变	152
	三	基于经济学分析范式的女性婚姻现象	154
	四	数据来源及描述性统计	157
	五	女性婚姻减贫的实证分析	162
	六	研究结论	166

第四章 农村信息化与反贫困　　168

第一节	互联网使用对西部贫困地区农户家庭生活消费的影响		168
	一	引言	168
	二	数据来源、模型建立及变量选取	171
	三	实证结果及分析	176
	四	进一步讨论	183
	五	结论及政策启示	186
第二节	互联网使用对贫困地区农户收入的影响		188
	一	问题提出	188
	二	研究设计	189
	三	互联网使用对农户收入影响的实证分析	196
	四	互联网发挥作用的门槛和条件	202

五　结论与政策启示 ··· 205

第五章　改革开放 40 年中国农村反贫困的成就及 2020 年后的反贫困政策研究 ············· 207

　第一节　改革开放 40 年中国农村反贫困取得的成就 ············ 208
　　一　农村反贫困成绩显著 ····································· 208
　　二　反贫困政策与措施不断完善 ······························· 211
　　三　对世界反贫困做出了卓越贡献 ····························· 212
　第二节　改革开放 40 年中国农村反贫困体制机制的演变与完善 ·· 213
　　一　贫困标准和反贫困目标的演变 ····························· 213
　　二　扶贫对象和瞄准方式的演变 ······························· 213
　　三　反贫困主体及参与机制的演变 ····························· 215
　第三节　中国农村贫困性质和特点的转变 ······················ 216
　　一　绝对贫困向相对贫困转变 ································· 216
　　二　生存性贫困向发展性贫困转变 ····························· 217
　　三　物质性贫困向精神性贫困转变 ····························· 218
　　四　单一收入贫困向多维贫困转变 ····························· 219
　　五　空心化和老龄化成为新的贫困问题 ························· 220
　第四节　2020 年后中国农村反贫困政策取向 ···················· 220
　　一　目标与政策定位 ··· 220
　　二　政策内容 ··· 221
　　三　政策实施与保障制度 ····································· 225

参考文献 ·· 228

后　记 ··· 251

第一章　劳动力非农就业与反贫困

第一节　劳动力非农就业的减贫脱贫效应及影响因素分析*

一　问题的提出及文献综述

改革开放以来，农村剩余劳动力以外出打工方式大规模涌向城市，国家统计局公布的《2016年农民工监测调查报告》[①]表明：2016年中国的农民工数量为28171万人，其中99.6%从事第二、第三产业。近年来，劳动力非农就业收入在农民家庭总收入中占比越来越高，已占据农民收入的"半壁江山"。据《中国住户调查年鉴2016》[②]报告，工资性收入占农民人均纯收入比重是43.5%，而对于贫困农村这一比重更高，对减贫脱贫发挥着非常重要的作用。因而，贫困地区劳动力流动被认为是农户最为积极有效的反贫困行为，也被地方政府作为一种行之有效的反贫困措施纳入政府扶贫行动之中，甚至在国家反贫困战略中也得到体现。《中共中央国务院关于打赢脱贫攻坚战的决定》中指出：要通过有针对性和有效性的劳务输出培训，拓展贫困地区劳动力外出就业空间。

西部地区因其自然环境恶劣、经济发展滞后，加之特殊的历史、民族、文化、习俗等原因，贫困人口最为集中、贫困程度最深，脱贫攻坚的任务极其艰巨，促进贫困人口参与非农就业就成为贫困地区扶贫事业中一项最为重要的举措。那么，对贫困地区而言，劳动力非农就业对农户减贫脱贫有着何等效应？

---

* 本节以同题发表在《西安财经学院学报》2019年第4期。作者：柳建平（西北师范大学商学院教授），王璇旖、刘咪咪（西北师范大学商学院研究生）。

① 国家统计局：《2016年农民工监测调查报告》（http://www.stats.gov.cn/tjsj/zxfb/201704/t20170428_1489334.html）。

② 《中国住户调查年鉴2016》，中国统计出版社2016年版。

又是哪些要素影响着农户劳动力非农外出就业的决策？本节将利用笔者对甘肃14个建档立卡贫困村的调查资料，就以上问题进行统计及实证分析。

发展经济学系统研究了发展中国家在工业化进程中出现的农村的非农就业问题。刘易斯模型将城乡人口迁移看作一种劳动力动态平衡机制，它使得劳动力从劳动力过剩、生产率较低的部门向劳动力不足、生产率较高的部门转移，从而在两部门间实现收入均等化。之后的托达罗（1969）模型认为不断扩大的城乡预期收入差距是劳动力迁移的主导缘由。"推—拉理论"（Push and Pull Theory）认为劳动力乡城迁移的原动力是农村"推力"和城市"拉力"的合成。新迁移经济学（Stark，1991）提出人口迁移决策不全是由个人决定，而是由与其相联系的家庭或家族决定的，且人们集体决策时不仅寻求收入最大化，同时考虑将风险降到最小。20世纪80年代以来，有关影响非农就业因素研究，大多数国内学者都是基于以上理论进行的，虽然不同学者在其研究地域、方法、角度等方面不尽相同，但从微观层面归结起来主要包含三个方面：个体因素、家庭因素和村庄因素。

首先，个体因素对于劳动力能否顺利参与非农就业起关键性作用，劳动力个体特征的差别决定了能否获得特定的就业机会。这些个体特性主要包含劳动力的年龄、性别、婚姻状态、教育水平和就业意愿等。文献显示，年龄小、受教育程度高、有一定技能、男性劳动力从事非农就业的程度明显高（干晟等，2007）；文化程度较高的农民在非农产业获得工作的概率大、就业稳定性比较高、选择区域比较广（任国强，2004）；返乡人员主要是女性、受教育程度低、缺乏技能的年龄偏大的劳动力（韩文丽，2016）。总之，在这些个体因素中，人力资本状况成为制约农村个体非农就业的关键要素，产生了决定性影响（都阳、王美艳，2010）。

其次，家庭禀赋成为影响农民能否外出的不可或缺的因素。这些家庭因素主要包含经济状况、户主的文化程度、劳动力数目、耕地面积、物质资本、子女数量、社会资本等。盛来运（2007）提出收入状况和外出可能性呈倒"U"形关系，最有钱和最贫穷的家庭劳动力外出的概率最小，这种倒"U"形关系还体现在耕地数量上（姚洋，2002）。杨云彦等（2008）认为家庭财富积累状况与外出的可能性呈"U"形相关。同时家庭的人力资本和社会资本越丰富，越易于外出。但在其他一些因素方面还存在争议，如户主文化程度的影响，李实（2002）的研究表明户主的文化水平与家庭劳动力迁移的可能性成正比，但在之后的许多研究中并未得到实证。柳建平（2009）发现在西部贫困地区，农户耕地规模对劳动力外出决策呈现显著的正向作用，家中上学子女数则呈现显著的负向作用，这与已有的结论存在着较大的差异。徐晓鹏（2016）通过分析郑州市386份农民工调查问卷发现，家庭农业劳动人数对农民工外出务工意愿呈显著的正向影响，而家庭经济收支现状和家庭生活满意度则对农民工外出务工意愿呈显著负向影响。其他一些因素，如家庭学龄子女数及需要照顾老人数、家庭经济支持情况和外出务工收入满意度等对农民工外出务工意愿影响不显著。研究中学者还发现家庭因素影响农民多元就业选择，家庭收入、家庭金融资产较多的农民更倾向从事非农就业（刘玉成等，2017）。还有一些研究是从家庭类型和社会地位的角度进行探讨，发现影响农民非农就业倾向不仅包含家庭类型这一因素，而且农户的家庭社会地位也同时制约农民从事非农就业，其中乡村干部户从事非农产业的倾向性更强，少数民族户和信教户选择非农产业概率较小，"是否国家干部职工户""是否党员户"并不显著影响农村非农就业参与（程名望等，2012）。黄敦平（2016）研究表明，家庭决策机制作用下，规模大、自然和社会资本丰富的家庭外出打工概率大，而经济资本丰富的家庭外出打工概率低。

最后，一些学者也关注到村庄特征对劳动力迁移的影响，主要体现在农村基础设施的状况上。特别是交通状况，交通的便利有利于获取外界的信息和生产资料。樊胜根、张林秀（2003）认为农村道路的完善可以加速农村地区非农业水平的发展，对于增多农村非农就业机会有着重要的意义。邓蒙芝等（2011）发现改进农村道路的基础设施能显著正向地提高农村劳动力非农就业率，且在本地实现非农就业的劳动力多集中在道路基础设施状况好的村庄。

由以上可见，学术界对农村劳动力流动或非农就业影响因素问题的研究已相当深入，但就针对贫困地区的文献来看，还显欠缺。特别在当前精准扶贫作为贫困地区"一号工程"、农村劳动力非农就业成为贫困农户最主要脱贫手段的背景下，更加深入地研究影响贫困农村劳动力非农就业的主要因素问题仍具有重要的现实和政策意义。

二 劳动力非农就业的减贫脱贫效应

（一）数据来源及样本分类

数据来源于2016年4月由西北师范大学"三农"社组织的"甘肃省农

村贫困问题调查",此次调查涉及甘肃省 8 个市区 13 个贫困县的 14 个建档立卡贫困村[①]的 1749 户 8319 人。调查内容涉及村级概况、家庭人口、劳动力、资产、收支、农业种养、医疗卫生、教育培训等。从 1749 户被调查农户中剔除无劳动力户数 41 户,本研究样本农户为 1708 户。其中,根据农户劳动力中是否有非农就业人员将农户分为有非农就业户和无非农就业户,其中前者有 1522 户,后者有 186 户。

选取劳动力样本时,根据国家统计年鉴设置的劳动年龄定为 15—64 岁,样本中满足条件的人口为 5954 人,其中在校学生人数为 1009 人,无劳动能力(包含大病、残疾等)的 136 人,因此选取的劳动力样本为 4809 人。经对劳动力样本整理,得到完全打工劳动力、纯农业劳动力、个体经营劳动力、兼业(农业兼打工或个体经营)劳动力、其他非农(当兵、事业单位公务员等)劳动力人数分别为:1769 人、2298 人、158 人、470 人、97 人。为研究方便,本节将兼业人员视为"0.5 个非农就业劳动力 +0.5 个农业劳动力",完全打工或从事个体经营人员,以及其他非农就业人员均视为 1 个非农就业劳动力。为了更详细地反映农户非农就业状况,我们又对有非农就业户样本进行了细分,将其分为"0.5 人非农"(农户家庭劳动力中有 1 人为农业兼非农,其余为纯农业劳动力,后述同理)、"1 人非农"、"1.5—2 人非农"、"2 人以上非农"。由于个体经营以及其他非农就业劳动力人数相比外出务工劳动力人数所占比例较小,即非农就业的最主要形式是外出打工,因而本书所讨论的非农就业主要指劳动力外出务工,也因此在以下分析中对"非农就业"和"外出务工"不做专门区分。

有关样本农户分类及对应劳动力非农就业基本情况见表 1-1。样本中有非农就业户共 1522 户、占样本农户的 89.11%,而无非农就业户有 186 户、占比 10.89%,可见样本农户中的绝大多数参与了非农就业。其中非农就业户大多数为"1 人非农"和"1.5—2 人非农"户,两项合计占比为 79.1%;有

---

① 调查的 14 个贫困村的行政隶属:兰州市永登县通远乡团庄村,白银市景泰县正路乡川口村,白银市会宁县八里湾乡富岔村,天水市张家川县恭门镇城子村,平凉市庄浪县郑河乡史洼村,庆阳市华池县五蛟乡杜右手村,庆阳市镇原县方山乡张大湾村,定西市陇西县宏伟乡文家集村,定西市漳县四族乡四族村,定西市临洮县龙门镇马家湾村,临夏州积石山县小关乡大寺村,临夏州康乐县五户乡五户村。在集中连片特困片区分布上,这 12 个贫困村都属六盘山片区甘肃片区;另外 2 个建档立卡贫困村分别是陇南市礼县雷坝乡蒲陈村、陇南市礼县雷坝乡甘山村,属于秦巴山片区甘肃片区。

非农就业户劳动力人数为4414人、占样本劳动力总数的91.79%，参与非农劳动力2494人，占样本劳动力总数的51.9%（样本劳动力总体的非农比率），而有非农就业户劳动力的非农比率为56.5%。从非农劳动力所对应的农户类型看，绝大多数非农劳动力集中在"1.5—2人非农"户（占比为39.09%），其次为"1人非农"户（占比为30.75%），再次为"2人以上非农"户（占比为23.22%）。

表1-1　　　　　样本农户分类及涉及的人口、劳动力数量

样本分类	无非农就业户（186户）	有非农就业户（1522户）				
		总体	0.5人非农	1人非农	1.5—2人非农	2人以上非农
户数	186	1522	153	707	497	165
占比（%）	10.89	89.11	10.05	46.45	32.65	10.84
劳动力	395	4414	353	1783	1595	687
占比（%）	8.21	91.79	8	40.39	36.14	15.56
参与非农劳动力人口	0	2494	173	767	975	579
占比（%）	0	56.5	6.94	30.75	39.09	23.22

注：无非农就业户和有非农就业户占比之和为100%；有非农就业户各分类农户占比之和为100%。

（二）非农就业的减贫脱贫效应

为反映样本农户非农就业的减贫脱贫效应，通过对样本资料的整理得到有关各类农户的人均、劳均、户均年收入，以及户均收入结构和人均收入分布情况。具体见表1-2。

首先，从非农就业的收入效应来看，一是在农户家庭人均年收入上，无非农就业户是4322元，而有非农就业户则是8361元，后者是前者的1.9倍，且人均年收入随非农就业人数的增加而线性增长，通过一元回归测算出农户每增加一人非农就业，可使得家庭人均收入增加2256元。二是在劳均年收入上，有非农就业户的劳均收入为13966元，无非农就业户的劳均收入为8997元，前者是后者的1.6倍，同时也表现出随农户非农就业人数增加其家庭劳均收入也在增加的特点，这也是导致有非农就业户和无非农就业户及其各分类农户人均收入差异的根本原因。三是从农户收入构成来看，农业收入是无非农就业户的主要收入来源，占比达到67.81%（转移收入和其他收入占比为

32.19%），而有非农就业户的农业收入仅占总收入的 18.79%，其非农收入占 73.39%。且从非农就业人数来看，非农就业人数越多，农业收入占比越少，非农收入占比越高，如对于"2 人以上非农"就业户来说，农业收入仅占总收入的 9.92%，而非农收入占比达到 83.49%，转移收入不足 1%。

其次，从各类农户人均收入分布来看，非农就业的减贫脱贫效应很是明显。一是从各类农户人均收入在 2800 元以下的贫困户比例（依户确定的贫困发生率）来看，有非农就业户的贫困发生率总体为 8.34%，无非农就业户的贫困发生率为 44.62%，后者是前者的 5.4 倍，突出地表明了非农就业对贫困村减贫的重要作用；进一步，从各类有非农就业户的贫困发生率来看，有"0.5 人非农""1 人非农""1.5—2 人非农""2 人以上非农"就业户的贫困发生率分别为 11.11%、12.59%、4.23%、0。可以看到，若农户有 0.5—1 人非农就业可使得家庭贫困发生率下降至 12% 左右，1.5—2 人非农就业贫困发生率下降至 4.23%（接近 2020 年实现小康社会所要求的农村贫困发生率 4% 以下的上线水平），2 人以上非农就业则可使农户完全脱贫；值得注意的是"1 人非农"户的贫困发生率稍高于"0.5 人非农"户，对这一反常现象做进一步分析，发现其主要的原因有：前者相比后者，"大家庭"占比较大，是后者的 1.3 倍，抚养比 >2 的是后者的 1.2 倍，即意味着前者与后者相比存在着负担较重的特征。二是从贫困户在两大类农户上的分布来看，无非农就业农户尽管占农户总比例的 10.89%，但其中的贫困户却占了贫困户总数的 39.5%，表明农村贫困更趋向于向无非农就业农户集中的趋势。三是从非贫困户收入分布来看，农村高收入（人均收入大于 8000 元）家庭在有非农就业户中占了 38.5%，远高于无非农就业户的这一比例（11.83%）；中下收入（2800—5000 元）、中高收入（5000—8000 元）家庭中，有非农就业户的占比分别为 26.35%、26.81%，而无非农就业户的占比分别为 31.18%、12.37%，表明样本农户中高收入家庭主要集中于有非农就业户。

表 1-2　　各类农户收入情况

	无非农就业户（186 户）	有非农就业户（1522 户）				
		总体	0.5 人非农	1 人非农	1.5—2 人非农	2 人以上非农
1. 人均年收入	4322	8361	5567	7152	9647	12256
2. 劳均年收入	8997	13966	12488	13303	14525	16492
3. 户均年收入	17011	38544	23568	30295	45428	67047

续表

	无非农就业户（186户）		有非农就业户（1522户）									
			总体		0.5人非农		1人非农		1.5—2人非农		2人以上非农	
4.户均收入结构	收入	占比	收入	占比	收入	占比	收入	占比	收入	占比	收入	占比
非农收入	0	0	28286	73.39	14709	64.42	19958	65.88	35119	77.31	55979	83.49
农业收入	11536	67.81	7241	18.79	6970	29.57	7239	23.9	7523	16.56	6651	9.92
转移收入	2460	14.46	1331	3.45	932	3.95	1680	5.54	1265	2.78	592	0.88
其他收入	3015	17.73	1686	4.37	957	4.06	1418	4.68	1521	3.35	4185	6.21
5.人均收入分布	户数	占比	户数	占比	户数	占比	户数	占比	户数	占比	户数	占比
<2800	83	44.62	127	8.34	17	11.11	89	12.59	21	4.23	0	0
2800—5000	58	31.18	401	26.35	65	42.48	226	31.97	91	18.31	19	11.51
5000—8000	23	12.37	408	26.81	44	28.76	195	27.58	143	28.77	26	15.76
>8000	22	11.83	586	38.5	27	17.65	197	27.86	242	48.69	120	72.73

注：①表中占比单位：%，收入单位：元。②非农收入是由务工收入和非农经营收入构成，不包括转移收入和其他收入。

以上分析表明，对贫困村来说，劳动力非农就业对农户减贫脱贫发挥着十分重要的作用。具体而言，在现行国家贫困标准下，若农户家庭有2人以上劳动力从事非农工作，则农户家庭可实现完全脱贫；若农户家庭有1.5—2人劳动力从事非农工作，则可使农户贫困率下降到4%左右。另外，农村贫困更趋向于向无非农就业农户集中的趋势。

三 影响因素的统计描述

以下将主要探究影响劳动力非农就业的因素问题，将以农业劳动力为参照进行对比。

（一）样本劳动力个体特征

由于样本劳动力中有2.6%的待业人员，他们既不从事农业生产也不参与非农就业，故将其剔除。表1-3分别列出了非农劳动力、农业劳动力的个体特征。

从劳动力总体的性别结构看，男性劳动力占比是52.13%，女性为47.87%，而非农就业劳动力中男性占比达到70%以上，女性仅为约30%，这一特征与贫困地区农业女性化现象相符。从年龄结构来看，参与非农就业劳动力主要集中于21—30岁年龄段（占比为33.88%），其次为41—50岁年龄段（占比为29.43%），31—40岁年龄段占比相对前两者较低（农业劳动力中这一年龄段占比也较低），这一状况再次印证农村劳动力在这一年龄段出现的断层问题，同时也看到，20岁以下劳动力中的大多数选择非农就业，这表明年轻男性劳动力具有较高的非农就业倾向。而农业劳动力主要集中于41岁以上年龄段，占比达70%多，表明目前农业劳动力具有一定程度的老化。在婚姻状况上，已婚占比达到86.13%，但未婚中81.9%选择非农就业，已婚中47%选择非农就业。在健康状况上，有10.71%的非农劳动力存在健康不佳状况，而农业劳动力这一比例高达29.41%。在受教育程度上，62.59%的参与非农就业劳动力接受过初中及以上的教育，而农业劳动力仅为27.76%，这一状况与众多研究中表现一致，即参与非农就业的农村劳动力中大多数为初中及以上学历。在工作地点上，50.84%的非农劳动力选择在县内务工，省内县外为22.29%，省外务工为26.86%；在技能培训上，32.08%的非农就业劳动力接受过技能培训。

表1-3　　　　　　　　劳动力个体特征比较

特征		所有劳动力	非农劳动力	农业劳动力
性别	男	52.13	70.05	32.88
	女	47.87	29.95	67.12
年龄	≤20岁	3.81	5.65	1.37
	21—30岁	23.75	33.88	11.14
	31—40岁	19.51	23.34	15.80
	41—50岁	32.38	29.43	36.80
	≥51岁	20.57	7.70	34.89
婚姻状况	已婚	86.13	78.11	96.12
	未婚	13.87	21.89	3.88
健康状况	健康	81.06	89.29	70.59
	疾病或残疾	18.94	10.71	29.41
受教育程度	文盲（0年）	18.32	7.46	30.68
	小学（1—6年）	35.08	29.95	41.55
	初中（7—9年）	33.04	41.50	23.47
	高中（10—12年）	9.40	14.15	3.74
	大专及以上（≥13年）	4.16	6.94	0.55
工作地点	县内	74.30	50.84	99.63
	省内县外	11.75	22.29	0.32
	省外	13.95	26.86	0.05

续表

特征		所有劳动力	非农劳动力	农业劳动力
技能培训	有	17.18	32.08	1.19
	无	82.82	67.92	98.81

注：表中数据为占同类比例，单位：%。

（二）样本农户家庭特征

根据实地调查，样本农户家庭特征如下。

首先，就有非农就业户和无非农就业户比较来看，在户主性别上，有非农就业户男性占96.5%，无非农就业户男性占91.4%；从户主文化程度看，有非农就业户略高于无非农就业户，差异主要体现在高中及以上文化程度占比上；从家庭规模来看，在家庭平均人口上有非农就业户明显大于无非农就业户，尽管两类农户的人口规模主要集中在4—5人，但有非农就业户的这一占比高出无非农就业户7个百分点，特别在"大家庭"①占比上，有非农就业户高出无非农就业户近12个百分点；从劳动力数量来看，二者多集中在2—3人，但有非农就业户的家庭平均劳动力数（2.9人）高于无非农就业户（2.1人）；从家庭抚养比来看，有非农就业户家庭的抚养比（0.85）低于无非农就业户（1.16）；在人均耕地面积上，无非农就业户的人均耕地面积明显多于有非农就业户；从有亲戚在城里工作且能够帮助解决一些家庭困难看，有非农就业户占比要小于无非农就业户占比。

其次，就有非农就业户各分组的比较来看（从均值角度），随非农就业人数的增加，各分组在户主性别、受教育年限及社会关系的作用等方面并没有呈现其特征数值的单调性，但在家庭人口数、劳动力数、抚养系数、人均耕地面积和社会关系特征等方面却呈现出明显的规律性，即随着家庭人口数、劳动力数和有亲戚在城里工作比例的增加，农户家庭的非农人数单调增加，而随着家庭抚养比和人均耕地面积的增加，农户家庭的非农人数单调减少。

（三）样本村庄特征

因调查资料所限，在此我们仅从样本村的人均耕地面积、村道状况、到县城的距离等方面描述调查村庄特征。具体见表1-4。首先，14个样本村位于黄土高原地带，平均海拔高达1200—2100米，平均气温为5—8℃，年均

---

① 本节将家庭人口数≥6人的家庭称为"大家庭"。

降水量 300 毫米左右，年日照时数为 1700—3300 小时，山地多、川地少。因此大多数村庄耕地质量较差，耕地质量较好的却又人均资源较为匮乏，14 个村庄中只有 6 个村的人均耕地面积高于甘肃省人均耕地面积（3.15 亩）的平均水平，但大多数为缺少灌溉条件的山坡地；从村庄内部交通条件看，仅有 4 个村的村道为硬化路，其他村及村组（自然村）道路均为土路；从村庄到县城的距离看，在 30 公里以内的有 4 个村，30—60 公里的有 6 个村，60 公里及以上的有 4 个村。

表 1-4　　　　　　　　样本村耕地资源及出行便利状况

样本村	人均耕地面积（亩）	村道状况	到县城距离（公里）
团庄村	3.8	硬化路	30.9
川口村	5.3	硬化路	54.5
富岔村	4.0	土路	15.0
城子村	0.7	土路	15.3
史洼村	1.9	土路	25.1
杜右手村	6.0	土路	55.0
张大湾村	3.4	土路	50.0
文家集村	4.9	土路	83.6
四族村	1.1	硬化路	45.0
马家湾村	2.2	土路	106.9
大寺村	1.0	土路	30.7
五户村	1.7	土路	25.1
蒲陈村	0.6	硬化路	60.0
甘山村	1.5	土路	80.0

四　影响因素的实证分析

在前文对可能影响农村劳动力非农就业因素统计描述的基础上，以下将通过 Probit 模型对其进行实证检验及解释分析。在实证样本选择方面剔除样本劳动力中的待业人员（125 人）后样本量为 4684 人。

（一）模型及变量选取

劳动力是否选择非农就业为一个二分变量，劳动力从事农业赋值为 0、非农业赋值为 1，作为本节的被解释变量，因为被解释变量为非连续二分类变量，故选择 Probit 模型。

Probit 模型具体表达为：$P_i=p(y_i=1 \mid x_i)$，P_i 表示模型所选取解释变量 x_i

达到或超过某一临界值时劳动力选择非农就业（$y_i=1$）的概率，反之，$1-P_i$ 为不选择非农就业（$y_i=0$）的概率。

由于模型选择多个解释变量，故可表示为：

$$P(Y=1|X) = \beta_0 + \beta_1 X_1 + \beta_2 X_2 + \cdots + \beta_{22}(X_{19})^2 + \mu \quad (1—1)$$

对于解释变量的选择，本节将从劳动力个体特征、家庭特征、村庄特征中选取22个指标作为解释变量，表1-5列出了各解释变量的具体含义、赋值情况及统计特征（均值、标准差）。

表1-5　　主要解释变量的名称与描述

变量名称	变量说明	均值	标准差
1. 个体特征			
性别 X_1	女性=0，男性=1	0.52	0.50
年龄 X_2	连续性变量	40.44	12.12
年龄的平方 $(X_2)^2$	参考变量	1782.04	987.49
婚姻状况 X_3	未婚=0，已婚=1	0.86	0.35
受教育程度 X_4	实际受教育年限	6.11	4.05
健康状况 X_5	非健康=0，健康=1	0.81	0.39
技能 X_6	无技能=0，有技能=1	0.17	0.38
2. 家庭特征			
户主受教育年限 X_7	户主实际受教育年限	5.81	3.57
家庭规模 X_8	家庭人口总数	5.11	1.45
家庭劳动力数量 X_9	家庭中15-64岁有劳动能力人数	3.22	1.08
家庭抚养比 X_{10}	（家庭人口数－劳动力数量）/劳动力数量	0.71	0.66
家庭劳均耕地面积 X_{11}	家庭劳动力人均耕地面积（亩）	4.18	4.16
家庭劳均耕地面积的平方 $(X_{11})^2$	家庭劳动力人均耕地面积的平方	34.78	75.17
有无非农资产 X_{12}	无=0，有=1	0.02	0.12
农业投入 X_{13}	农药、化肥等的投入（百元）	13.07	17.96
是否建档立卡贫困户 X_{14}	否=0，是=1	0.25	0.43
有无亲戚在城工作 X_{15}	无=0，有=1	0.21	0.41
亲戚能否帮忙 X_{16}	否=0，能=1	0.12	0.33
3. 村庄特征			
人均耕地面积 X_{17}	以村为单位的人均耕地面积（亩）	2.37	1.56
村庄道路硬化 X_{18}	土路=0，硬化路=1	0.37	0.48
距县城的距离 X_{19}	实际公里数	47.04	27.60
距县城的距离的平方 $(X_{19})^2$	参考变量	2974.47	3401.22

（二）实证结果

本节使用 Stata14.0 统计软件对样本进行分析，对解释变量进行的相关性分析表明，相关系数的绝对值最大为 0.5823，低于共线性门槛值 0.7。模型拟合结果显示 22 个解释变量中有 19 个变量通过了显著性检验，伪判决系数（Pseudo R^2）为 0.3904，卡方值的显著性水平均为 0.0000，在 1% 的显著水平上拒绝原假设，表明拟合结果较好，表 1-6 显示了回归结果。

表 1-6　　　　　　　　　　模型回归结果

解释变量	被解释变量：劳动力是否非农就业		
	Coefficient	Std. Error	z
1. 个体特征			
性别 X_1	1.0745***	0.0494	21.75
年龄 X_2	0.0949***	0.0170	5.58
年龄的平方 $(X_2)^2$	−0.0017***	0.0002	−8.05
婚姻状况 X_3	−0.3495***	0.0926	−3.77
受教育程度 X_4	0.0500***	0.0070	7.18
健康状况 X_5	0.3017***	0.0658	4.58
技能 X_6	1.8913***	0.1163	16.26
2. 家庭特征			
户主受教育年限 X_7	−0.0136**	0.0067	−2.04
家庭规模 X_8	0.0840**	0.0398	2.11
家庭劳动力数量 X_9	−0.2005***	0.0619	−3.24
家庭抚养比 X_{10}	−0.0512	0.0940	−0.55
家庭劳均耕地面积 X_{11}	−0.0798***	0.0186	−4.30
家庭劳均耕地面积的平方 $(X_{11})^2$	0.0026***	0.0008	3.04
有无非农资产 X_{12}	0.4632***	0.1787	2.59
农业投入 X_{13}	−0.0060***	0.0017	−3.61
是否建档立卡贫困户 X_{14}	−0.1000*	0.0552	−1.81
有无亲戚在城工作 X_{15}	−0.0421	0.0784	−0.54
亲戚能否帮忙 X_{16}	0.0381	0.0951	0.40
3. 村庄特征			
人均耕地面积 X_{17}	0.1270***	0.0243	5.22
村庄道路硬化 X_{18}	−0.1073*	0.0606	−1.77
距县城的距离 X_{19}	−0.0151***	0.0044	−3.43
距县城的距离的平方 $(X_{19})^2$	0.0001**	0.0001	2.31
_Cons	−0.9430	0.3566	−2.64
Log pseudolikelihood	−2029.4359		

续表

解释变量	被解释变量：劳动力是否非农就业		
	Coefficient	Std. Error	z
Wald chi2(22)		1122.42	
Prob> chi2		0.0000	
Pseudo R^2		0.3904	

注：*、**、*** 表示分别在 0.1、0.05、0.01 的水平上显著。

（三）回归结果的解释

首先，从劳动力个体因素看，性别的回归系数显著为正，表明男性比女性更容易选择非农就业；年龄的回归系数为正，表明随着年龄的增长，劳动力选择非农就业的概率会增加；而年龄的平方作为参考变量，系数显著为负，表明年龄增长到一定阶段后，非农就业的概率会降低，对于年龄偏大的非农劳动力返乡概率更大；婚姻状况对非农就业的影响显著为负，表明家庭中单身劳动力外出概率较高；受教育程度、健康状况和接受技能培训三个变量的回归结果都显著为正，表明农村劳动力接受更多的教育，或健康状况良好，或接受过技能培训能够显著促进非农就业，特别是技能培训变量的回归系数值较大，表明劳动力拥有一定技能在非农就业时的成功率是无技能劳动力的1.89倍。

其次，从家庭层面来看，一般认为户主的受教育年限越高，其思想观念越开放，因而其家庭成员外出的概率就越大。但是本节却得到相反的结果，其原因可能与由户主受教育程度决定的家庭类型有关，我们以往的研究表明户主文化程度对外出决策呈倒"U"形特征，特别当户主受教育水平达到高中层次时，家庭劳动力外出的机会就会降低。在贫困农村，户主受教育程度较高的家庭（一般为高中及以上）会从事兼业农业的个体经营，其经济状况相对优越，因而户主或其家庭成员会更倾向于兼业农业的个体经营。另外，户主受教育程度越高也越重视孩童的受教育问题，整个家庭活动会更加致力于孩童升学，一般不会让子女初中毕业后就去务工。家庭规模对非农就业的影响显著为正，表明大家庭劳动力更倾向于选择非农部门进行就业。但家庭劳动力数量与从事非农就业的可能性呈显著负相关，这一结果与盛来运的研究一致，该文中解释为家庭外出可能性加大并不会提高个体外出可能性，家庭劳动力数量变大，劳动力流动的替代性和选择性也会增加。家庭抚养比并不显著影响非农就业。有无非农资产变量的回归系数显著为正，而农业投入变量的系数显著为负，表明家庭耕地面积越多、越缺乏非农经营资产，农业投入越多，越会阻碍劳动力非农就业。同时，家庭劳均耕地面积的回归系数显著为负，符合常理，一般而言家庭耕地较多会阻碍劳动力从事非农工作。而家庭劳均耕地面积平方变量的回归系数显著为正，表明家庭耕地面积和非农就业确实存在着"U"形关系，即随着家庭耕地面积增加到一定程度，反而会促进劳动力选择非农就业，这一结论与姚洋等学者的研究结论一致。是否建档立卡贫困户显著负向影响着劳动力的非农就业，这是因为一方面农村建档立卡贫困户作为村庄中最为贫困的农户，其本身就存在着某些能力缺陷；另一方面也与部分贫困户长期形成的"依赖扶贫"有关。"有无亲戚在城里工作"和"亲戚能否帮忙"变量影响都不显著，其原因可能与当前农村社会网络关系的重大变迁有关，即随着城乡关系的极大转变及现代网络技术的发展，农村长期形成的以亲缘关系为核心的"差序格局"正在逐渐淡化，至少在托人找关系找工作这件事上已不再主要依赖亲戚关系来解决。

最后，从村庄层面来看，人均耕地面积对农户参与非农工作有显著正向影响，表明村庄人均耕地面积越多越会正向影响农户劳动力从事非农就业。这一结果和前文家庭因素中劳均耕地面积变量的回归结果相左，根本的原因在于这两个变量所表达的含义有着重要区别，村庄人均耕地面积往往表征着该村庄的农业自然条件，在西部干旱地区，村庄人均耕地面积大，往往意味着地理环境较为恶劣、农业发展滞后、农业劳动生产率更低，因而劳动力更加趋向于非农就业。村庄道路硬化对农民参与非农就业有显著的负影响，尽管一些学者得出结果：农村交通道路改善对劳动力外出务工有着显著的正向影响，但这一结论针对的主要是指在宏观角度农村连接城镇的交通条件改善，而本节仅指样本村村内道路的硬化。若在村庄连接城镇的交通道路无明显改善的条件下，只是村庄内部道路的改善，将对村民的农业生产更加方便，这显然会增加劳动力从事农业的倾向。距县城的距离对参与非农就业呈显著负相关，且这一变量的平方又呈正相关，这表明村庄距离县城较远，农户劳动力外出的概率会较低，且当这一距离超过某一临界值之后反而距离县城越远村庄的劳动力更倾向非农就业，即离县城距离越近或越远村庄的劳动力更倾向非农就业，而距离处于中间程度村庄的劳动力越不倾向非农就业。我们的解释是：距离县城越近，交通、信息等条件越便利，且通常县城是县域经济最为集中的地方，非农就业机会多，因而这些村庄的劳动力更容易获得非农就业机会；对那些距离县城"不近不远"的村庄来说，可能有与城镇联系紧密的农业种养业（如蔬菜、瓜果、禽畜养殖等），且交易的交通条件较为方便（在距离上可早进城晚回家）、收益可观，因而这些村庄的劳动力更不愿外出打工；而对于那些更为偏远的村庄来说，由于受交通成本（包括时间成本）限制，使得农产品的变现能力极差，对农户而言，受"现金窘迫"的压力，其获取收入的选择就是外出务工。

五 基本结论及政策建议

（一）基本结论

本节利用对甘肃14个贫困村的调查资料，通过对非农就业农户的细致分类及与无非农就业农户的比较，清晰地表明了农户家庭劳动力非农就业程度对农户减贫脱贫的重要作用。具体而言，在现行国家贫困标准下，若农户家庭有2人以上劳动力从事非农工作，则农户家庭可实现完全脱贫；若农户家庭有1.5—2人劳动力从事非农工作，则可使农户贫困率下降到4%左右。其次，在分析总结各类型农户劳动力个体特征、家庭特征和村庄特征的基础上，进一步就影响劳动力非农就业决策的因素进行了实证分析，结果表明：就个人特征而言，男性、年龄大、未婚、受教育程度高、健康状况良好、有技能的农民更易从事非农就业，同时个体特征中的年龄对劳动力选择非农就业有着倒"U"形影响，即年龄增长到一定阶段后，非农就业的概率会降低。就家庭特征而言，家庭规模大、有非农资产的家庭会倾向劳动力非农就业，而户主受教育程度、劳均耕地面积、家庭劳动力人数、农业投入、是否建档立卡贫困户这些变量对选择非农就业有着显著负向作用，同时劳均耕地面积对劳动力选择非农就业有着"U"形影响，即随着家庭耕地面积增加到一定程度反而会促进劳动力选择非农就业。就村庄特征而言，人均耕地面积对劳动力非农就业产生显著的促进作用，村道硬化、离县城距离远的农户从事非农产业的倾向性较弱，且村庄特征中的离县城距离则对非农就业有着"U"形影响，即离县城距离越近或越远村庄的劳动力更倾向非农就业。

（二）政策建议

第一，贫困地区各级党委、政府及扶贫部门应充分重视农村劳动力非农就业对减贫脱贫的重要作用，将促进劳动力非农就业作为脱贫攻坚的一项重要举措，纳入精准扶贫规划，并做出详尽实施方案。一是鼓励农村剩余劳动力寻求各种社会关系、信息自主参与非农就业。二是以政府劳务办为基本信息平台，广泛联系企业特别是发达地区企业在本地招工，及时提供用工信息，组织规模劳务输出（如新疆摘棉），注重劳务品牌建设。三是充分发挥驻村帮扶干部作用，深入挖掘潜在可外出劳动力资源，做到精准到户到人。

第二，大力发展农村职业教育，加强职业技能培训。一是针对农村家庭特别是贫困家庭初中毕业未升入普通高中或高中毕业未升入普通高校的新成长劳动力及"两后生"，鼓励及政策支持其进入农村职业中专，或高等职业专科学校进行职业学历教育，甚至支持其异地就学、异地就业。二是结合当地特色和贫困人口进城务工职业就业需求，依托当地职业学校、政府职能部门所属的各种技术培训机构及其他社会培训机构，采用"菜单式"职业技能培训，保障非农就业人员稳定发展，促动潜在能外出务工人员"走出去"。三是特别重视对农村女性劳动力的技能培训，鼓励夫妻同时外出务工，或通过适宜女性灵活就业的技能培训，使其既能照顾家庭又能增加收入，也使得家庭男性劳动力安心外出务工。

第三，强化农村社会事业发展，重视农村贫困家庭减负工作。一是大力加强农村医疗、教育、文化等社会事业建设，特别是贫困村医疗室、幼儿园、文化室等公共服务设施建设，方便村民就医、托幼以及形成积极健康的文化娱乐活动。二是针对农村人口老龄化不断加重的趋势，积极探索适应人口转变的农村社会养老方式。三是切实落实针对农村贫困家庭的低保、教育学费减免、大病救助等政策，减轻其家庭经济负担。减轻贫困家庭负担，也是促进其劳动力非农就业的重要举措。

第四，深化农村土地制度改革，加大农村基础设施建设。一是继续深化农村土地"三权分立"改革，在做好土地确权的基础上，鼓励农户土地向种粮大户、专业合作社、农业产业化企业流转，保障农民土地收益权，以土地流转促进劳动力非农就业。二是加强农村基础设施建设，修好农村的"两条大路"。"第一条路"是和农户生产经营活动以及外出密切相关的道路，"第二条路"是信息高速公路，这"两条路"对促进劳动力实现向非农部门转移十分重要。

第二节　农户家庭禀赋、结构制约与劳动力资源配置[*]

一　劳动力资源配置的研究现状与问题

当前中国人口与社会结构的重大变化影响着农村家庭劳动力资源配置。随着中国改革的不断深入以及城镇化与工业化进程的不断加快，劳动力表现出更大规模的由农村向城市、由农业向非农产业迁移且迁移者更倾向于选择务工，迁移特征表现为由劳动力自身短距离迁移向家庭远距离迁移转化的趋势；同时，由于农村外出务工劳动力收入水平快速提升，中国经济增长已经越过了"刘易斯拐点"。在农村内部，社会经济资本进入农村形成的以企业化和规模化经营为特征的"新型农业经营主体"逐渐增多，为闲置劳动力提供了兼业、务工的机会，这使得农村内部农业雇工的现象日渐明显；农村内部分工的细化亦促使劳动力脱离农业生产领域转而进入非农领域工作。

家庭在遵循家庭效用最大化原则下，配置劳动力资源进行就业决策。作为基本的生产、生活与福利供给单位，农户家庭担负着农业生产、生活保障、经济帮助和福利供给等多重功能。劳动力个体作为农户家庭的一分子，其职业选择会明显受到家庭现状的影响。为了最大限度地提高家庭福利并规避潜在风险，农户家庭会将劳动力资源合理分配在农业与非农业之间，而劳动力个体则是在家庭最优决策前提下，综合考量自身相对优势，做出合理的就业选择。

学者们对农户劳动力资源配置的研究大多以 Becker 提出的家庭时间配置理论为基础，从个人特征、家庭特征、农户市场参与等多个角度分析讨论了农户劳动力资源在农业与非农领域之间的配置。如部分学者从个人特征角度分析，研究得出受教育水平越高、年龄越小越有利于劳动力向非农领域转移；也有学者从农户参与劳动力市场角度研究分析，发现土地、牲畜拥有量对农户非农劳动参与具有显著的负面影响；部分学者从工资水平和收入角度研究分析，发现随着影子工资水平的提高和影子收入的降低，会促进农户劳动力向非农领域的转移；部分学者研究发现社区非农产业发展水平越高、交通越

---

[*] 本节以同题发表在《华南农业大学学报》（社会科学版）2019 年第 3 期。作者：张永丽，（西北师范大学商学院教授）、郭世慧（西北师范大学商学院研究生）。

便利、教育设施越完备，劳动力从事非农产业的可能性越高。结合家庭特征角度分析劳动力资源配置文献较为丰富，如部分学者从家庭禀赋角度分析，发现农户家庭人力资本和社会资本越丰富，成员外出的可能性越大，家庭经济条件较差和较好的农民更倾向于外出务工；部分学者从个人特征与家庭禀赋角度研究分析，发现农村劳动力的就业选择受到其个人素质和家庭禀赋的双重影响，年龄、受教育程度等个人素质对劳动力务工选择影响较大，家庭禀赋中经济资本、人力资本等要素对劳动力选择创业的支持作用明显，此外，性别、健康状况、技能水平、家庭社会网络与家庭经济资本也对农村居民的非农就业有着积极作用；亦有学者从家庭居住安排角度研究分析，发现不同的居住模式对年轻劳动力外出有显著影响，主干家庭对年轻劳动力外出有显著促进作用而核心家庭对劳动力外出具有负面影响。从家庭特征角度分析劳动力资源配置时，多数学者都加入了家庭人口结构的相关变量，但不够全面。仅有少数学者从家庭禀赋和家庭结构角度较为全面地分析家庭特征对劳动力资源配置的影响，如部分学者从家庭禀赋和家庭结构角度研究分析，发现家庭禀赋越好，女性外出参与社会劳动的意愿越强；家庭人口负担越大，照料压力越重，女性劳动供给时间越少。

虽然对农村劳动力资源配置研究已经较为全面，且研究成果加深了对中国农村劳动力配置的理解，但仍有些许不足：第一，学者们主要从家庭禀赋方面对劳动力资源配置的影响进行研究，鲜有学者从家庭禀赋和结构制约两个方面对劳动力资源配置进行研究；第二，由于数据限制，现有文献多是对普通农村农户进行数据收集和分析，少有针对贫困农村农户的研究（劳动力资源是贫困地区农户的核心资源，劳动力资源的配置是脱贫和增收的主要手段）。本节从家庭禀赋和结构制约两个方面分析贫困农村农户家庭禀赋、结构制约与劳动力资源配置的关系，旨在更加清楚地了解当前贫困农村劳动力资源配置现状，同时也可以为贫困农村居民脱贫提供政策建议。

二 理论视角与研究假设

从家庭层面来看，农业机械化水平的不断提高以及劳动力节约技术的发展，农户劳动力可以从繁重的农业生产与家务劳作中解放，同时也使得家庭性别分工模式被削弱；而子女数量的减少、男女性收入水平差异的缩小以及老龄化带来的养老压力，也反映出家庭赡养负担的加重与家庭结构的变迁。

因此，农户劳动力资源配置面临着家庭禀赋与结构制约双重因素的限制。

（一）家庭禀赋视角与研究假设

家庭禀赋并非是指家庭单一成员的资源状况，而是家庭所拥有的能够被所有成员利用的资源之和，包含社会资本、人力资本、经济资本和心理资本四个部分。同时，家庭成员的职业选择还会受到家庭禀赋状况和家庭决策的约束。总的来说，家庭禀赋的特殊性、复杂性对其劳动力的职业选择有着密切影响。

社会资本包含社会规范、互惠信任和人际关系网络等方面。家庭掌握的社会资源及其人际关系网络是有效获取外界帮助的重要媒介，较好的人际关系可以为家庭劳动力获得一份稳定性较高的工作。已有研究发现，具有良好社会关系网络的家庭，能为家庭劳动力提供更多的求职渠道，且个体的求职经历经验和能力素质也会扩大其职业选择范围。在贫困农村地区工业基础薄弱且服务业发展滞后的现状下，务工成为增加家庭收入、快速提高家庭总福利的主要途径。此时家庭社会资本对于贫困地区劳动力就业显得更加重要，该影响在劳动力就业选择上尤为明显。例如，若父母双方皆选择外出务工，或亲友中有人在外务工时，其家庭成员更倾向于选择跟随亲友外出务工，这是因为，外出劳动力在其工作地点的社会网络能够帮助亲友显著减少其工作搜寻成本与交易成本，快速获得一份可靠工作，因而家庭成员外出或务工的经历经验对于整个家庭而言是十分重要的社会资本。基于此，提出假设1：家庭社会资本越丰富，劳动力资源越可能选择非农职业。

人力资本包括家庭成员的年龄、受教育程度、健康状况和技能培训等，是影响劳动力资源配置的重要因素，同时家庭成员的人力资本能否得到有效利用与家庭劳动分工密切相关。家庭劳动分工在追求家庭福利最大化的同时也要兼顾家庭成员的未来发展，因此农户家庭在决定由谁承担家庭劳务并负责农业生产和由谁外出务工为家庭增加收入是基于家庭成员间人力资本的比较优势所确定的。一般而言，受教育程度越高、健康程度越好、工作年限越长、具有工作技能的劳动力外出就业可能性越大并更容易获得一份非农工作。人力资本对贫困地区劳动力资源配置影响更大，表现为：第一，在贫困地区，文化程度对劳动力就业选择影响更加明显，具有较高文化程度的劳动力更倾向于选择非农职业。这是因为，在受教育程度普遍偏低的现状下，相对较高的文化程度带来的就业优势更明显，更容易被企业接受，同时较高的文化程度，意味着较好的学习和接受能力，这有助于劳动力扩大职业选择范围。第二，若劳动力接受了相关职业技术培训，相对独有的技术本领使得其在劳动力市场中更具有竞争力，也更容易找到一份工作。第三，家庭成员的健康状况对劳动力供给有很大影响，不仅会影响自己的社会劳动参与，也对家庭其他劳动力有着直接影响，这是因为当家中有健康程度较差的成员需要他人照料时，农户较差的家庭经济条件并不能够承担雇用照料人员的费用，那么家庭中就必须有人去担负起照料的责任，从而使部分成员无法参加工作。基于此，提出假设2：家庭人力资本越丰富，劳动力越可能选择非农职业。

家庭经济资本状况会影响家庭劳动力资源配置。有学者研究发现，家庭经济条件与外出务工成员数呈"U"形关系，即经济条件处于"U"形中部家庭相较于经济条件处于"U"形两端的家庭，其成员外出务工意愿并不强烈，这可能是因为一般而言经济条件较好的家庭可以通过自己良好的社会网络、经济支持帮助家庭成员寻求非农工作；而经济条件较差的家庭，快速提高家庭总福利变得十分重要，因此家庭劳动力会尽可能地进入就业市场并选择收入较高的非农职业。在贫困农村地区，家庭收入普遍偏低，绝大部分家庭经济条件处于"U"形的左、中端，故而家庭劳动力倾向于进入劳动力市场，且由外出人员带来的可观收入以及改善生活状况的迫切需求也激励着他们去参与就业并努力寻求一份收入较高的工作。再者，由于政府农用机械的补贴政策，农村农业生产机械普及程度有了很大改善。使用机械进行农业生产，一方面提高了生产效率，使得从事农业生产的劳动力可以采用租赁田地的方式扩大生产；另一方面也使得部分家庭劳动力可以脱离农业转而进入非农领域。基于此，提出假设3：家庭经济资本越丰富，劳动力越有可能选择非农职业。

（二）结构制约视角与研究假设

结构制约包含家庭居住安排与家庭结构两个部分，可以反映样本主体的居住偏好和发展趋向，"并具有多方面的社会指向意义"。当前结构研究主要关注居住模式、年龄结构、家庭赡养负担、家庭非健康人员比例等因素。

居住安排包括居住模式和居住距离两个方面，本节主要观测样本主体的居住模式。家庭劳动力资源配置会因家庭居住模式的不同而有所差异。有研究发现，若仅与配偶居住，则劳动力求职可能性会增强，劳动时间也会相对延长；成年子女与父母同住时，会更加积极进入劳动力市场并倾向于选择外出务工，这是因为父母在享受子女提供的经济和精神支持的同时，可以分担照料孙子女和家庭劳务的责任,而与年迈父母或未成年子女同住时,部分家庭劳动力需要担负较多的赡养责任与付出照料时间,同时会降低自身的非农就业的可能性。贫困地区农户家庭收入较低且来源单一,为提高家庭总福利,劳动力会尽可能地寻求工作。核心家庭中若无需要照料的儿女(父母一般将年幼的子女带在身边照料),则其外出务工可能性更高,主干家庭中有老人和孩童的情况下,老人对孙子女的照料会促使家庭劳动力外出务工。因此,居住模式对于家庭劳动力劳动资源配置既有直接的也有间接的影响。基于此,提出假设4:仅与配偶居住家庭、核心家庭对劳动资源非农配置有正向影响。

由于家庭结构包含孩童数、非健康人员数、学生与老人数等因素,故而,劳动力的赡养负担与家庭结构密切相关。当家庭中存在需要照料的弱势成员时,会有部分成员放弃外出务工机会而留在农村从事农业或兼业,此时的"顾家"成员兼具家庭照料与社会劳动的双重身份。研究发现,家庭需照料成员越多,女性会将更多的时间与精力投入对弱势成员的照料中,从而降低其社会劳动参与程度。但计划生育政策的推行,使得农户家庭孩童数明显减少,也改变了家庭结构,独生子女比例的不断增加,也可能意味着子女养老负担的加重,当然各个家庭的实际状况并不相同,最终选择放弃非农工作而留在家中承担照料家庭与农业生产的也不一定是女性。基于此,提出假设5:家庭赡养负担越大,部分家庭劳动力将放弃寻找非农工作。

三 农户劳动力资源特征及变量选择、模型设定

(一)数据来源

本节数据来源于2017年甘肃省"精准扶贫与区域发展研究中心"农村调研数据。该调研在甘肃省14个地级市和自治区中随机抽取10个市的15个建档立卡贫困村,共获得1683户、7323个样本数据,其中男性为3911人,女性为3412人。由于本节主要关注劳动力的资源配置,剔除了老人、儿童、学生以及非健康劳动力人员的3100个样本,得到有效样本4223个,占总样本的57.67%,其中男性样本为2315个,女性样本为1908个。考虑到农村劳动力的从业特点,将研究对象分为务农、兼业、务工三类[①],依据劳动力家庭居住模式的不同,将劳动力分为独居家庭、仅与配偶居住家庭、核心家庭、

---

① 此处工作人口是指,外出务农人口、务工人口与在企、事业等单位之和。

主干家庭与其他家庭，因独居家庭户数极少，故而将独居家庭并入其他家庭中。样本家庭特征见表1-7，样本个人特征见表1-8。

（二）农户劳动力资源配置的基本特征

从样本家庭特征看，主干家庭在农户家庭居住模式中占据主导地位。在1683户家庭中，有核心家庭620户，主干家庭745户，占比依次为36.84%、44.27%。仅与配偶居住家庭、其他家庭分别为：135户、183户，仅占总户数的18.89%；在家庭人员数量上，核心家庭成员共2295人，主干家庭成员3977人，占样本总人数的85.65%，其余家庭类型成员仅有1051人，仅占14.35%。

核心家庭与主干家庭社会关系网络相对较差。户主为党员或干部身份的家庭中，仅与配偶居住家庭21户，核心家庭44户，主干家庭79户，其他家庭17户，占比依次为：15.56%、7.10%、10.60%、9.29%；家中有行政、事业单位人员的家庭中，仅与配偶居住家庭5户，核心家庭25户，主干家庭26户，其他家庭15户，占比分别为：3.70%、4.03%、3.49%、8.20%。从家庭社会关系来看，仅与配偶居住家庭与其他家庭的社会关系优于核心家庭与主干家庭。

表1-7　　　　样本家庭居住模式划分及其主要特征

类型	仅与配偶居住家庭	核心家庭	主干家庭	其他家庭
户数（户）	135	620	745	183
户数占比（%）	8.02	36.84	44.27	10.87
户主为党员、干部身份（户）	21	44	79	17
家中有行政事业单位人员（户）	5	25	26	15
人均耕地面积（亩）	3.83	2.30	2.03	3.06
人均住房面积（平方米）	40.64	22.65	16.81	25.69
人均生产性资产价值（元）	2544.33	1740.35	1334.79	1242.76
人均耐用品价值（元）	3216.48	3231.83	2436.12	3026.23
学生数（人）	—	509	705	98
劳动力数量（人）	115	1456	2206	446
非健康人口数（人）	27	90	219	45
家庭人口数（人）	270	2295	3977	781
劳动力占比（%）	42.59	63.44	55.47	53.46
务工占劳比（%）	14.35	37.82	38.76	34.04
非健康人口比例（%）	10.00	3.92	5.51	7.85
赡养负担	1.31	1.43	1.68	1.47

仅与配偶居住家庭经济资本更为丰富。人均耕地面积仅与配偶居住家庭3.83亩，其他家庭3.06亩，核心、主干家庭基本相同，约为2亩；人均住房面积方面，仅与配偶居住家庭在40平方米之上，核心家庭、其他家庭在24平方米左右，主干家庭仅为16.81平方米；人均耐用品价值中主干家庭最低仅为2436.12元，其他家庭为3026.23元，仅与配偶居住家庭与核心家庭都在3200元左右，显著高于主干家庭、其他家庭；人均生产性资产价值中仅与配偶居住家庭最高为2544.33元，核心家庭次之为1740.35元，主干家庭与其他家庭接近且都在1400元以下。

核心家庭、主干家庭劳动力占比与务工占劳比较高，主干家庭的赡养负担最重。在劳动力分布上核心家庭、主干家庭依次为：1456人、2206人，占劳动力总数的34.5%、52.2%，其余家庭类型共有劳动力561人，占比仅为13.3%；核心家庭、主干家庭、其他家庭务工占劳比相差不大，分别为37.8%、38.8%、34%，明显高于仅与配偶居住家庭的14.4%；家庭非健康人比例中仅与配偶居住家庭较高为10%，而其余三种家庭都低于8%；样本总体学生数1312人，主干家庭有705人，核心家庭有509人，其他家庭为98人，户均学生数依次为0.95人、0.82人与0.54人，主干家庭户均学生最高；家庭赡养系数从高到低依次为主干家庭、其他家庭、核心家庭、仅与配偶居住家庭，系数依次为：1.68、1.47、1.43、1.31，主干家庭赡养负担明显高于其他家庭。

从样本的个体特征看，劳动力资源配置在务农、兼业、务工职业间差异较大，且专业化趋向明显。农户劳动力主要集中在务农和务工上，选择兼业的人员占比很少。具体来看，样本中务农样本数为2090个，务工样本数1650个，占总样本比例依次为49.49%、39.07%，兼业样本数为483个，仅占总样本的11.44%。务工和兼业人员的平均年龄相对于务农人员要小很多且受教育年限明显高于务农劳动力。农村劳动力的平均年龄在40岁左右，务农、兼业和务工劳动力平均年龄分别为46.5岁、39.7岁、32.4岁，务工人员平均年龄与务农人员相差超过14岁，与兼业人员相差超过7岁。且从已婚比例看，务工劳动力已婚比例仅为64.48%，显著低于务农和兼业人员，这是否意味着年轻人更倾向于选择外出工作，中老年人更愿意选择留在本地工作呢？不同职业人员的受教育水平存在明显差异，务农、兼业和务工人员的人均受教育年限分别为4.31年、7.06年、8.34年，务工和兼业人员人均受教育年限显著高于务农人员，分别是务农人员的1.64倍和1.94倍。这能否表明受教育较高的劳动力更倾向于选择非农职业呢？此外男女性在三种职业的分布差异明显，表现为女性劳动力主要集中在务农，男性劳动力主要集中在兼业、务工。

表1-8　　　　　　　　样本个体职业选择及其主要特征

职业选择	人数（人）	占比（%）	平均年龄（年）	受教育年限（年）	男性比例（%）	女性比例（%）	已婚比例（%）	平均月收入（元）*
务农	2090	49.49	46.51	4.31	37.99	62.01	95.60	868.93
兼业	483	11.44	39.70	7.06	68.94	31.06	88.41	2787.21
务工	1650	39.07	32.36	8.34	72.00	38.00	64.48	3330.84

注：*工资收入为劳动者近6个月的平均月工资收入，如劳动者工作经历低于6个月，则取其从工作到接受访问期间的平均月工资收入。

（三）变量选择与模型设定

由于被解释变量是三种劳动力配置方式，为多元离散型变量，故采用多元选择模型（Mlogit）对农村劳动力资源配置的影响因素进行分析。在 Mlogit 模型中，农户劳动力选择某种配置方式的效用为：

$$u_{ij} = x_{ij}B + \varepsilon_{ij} = \upsilon_{ij} + \varepsilon_i \tag{1—2}$$

其中，u_{ij} 表示农户劳动力 i 选择第 j 种配置方式时的效用，x_{ij} 表示影响农户劳动力 i 选择 j 配置方式的因素。且本节的研究结果必须满足：

$$p(u_{ii} > u_{ik}) \quad k=1,2,3 \quad k \neq j \tag{1—3}$$

即农户劳动力 i 选择第 j 种配置方式能达到效用最大。因此，假设配置方式 y 为农户劳动力 i 的选择，可以得到劳动力 i 选择 j 配置方式的概率为：

$$p(y_i = j) = \frac{e^{x_i B_j}}{\sum_{k=1}^{3} e^{x_i B_j}} \quad j=1,2,3 \tag{1—4}$$

其中，x_i 表示农户劳动力 i 的估计解释变量，k 为3种劳动力配置方式组成的选择集。

在实证分析中，以务农组为另外两种职业的对比组。利用Stata统计软件进行回归分析。

本节被解释变量为农户劳动力资源配置的三种职业选择，解释变量包括家庭禀赋和结构制约两部分。本节中家庭禀赋由社会资本、人力资本、经济资本三个部分构成。其中，社会资本包含户主的政治面貌和家庭社会关系；

第一章 劳动力非农就业与反贫困

人力资本包含家庭劳动力的年龄、受教育年限、健康状况、技能；经济资本包含家庭人均生产性资产价值、人均耐用品价值、住房面积、耕地面积。结构制约主要观察样本居住模式、学生数、家庭赡养压力、家庭非健康人口、劳动力数、劳动力占比、务工人员占劳比等，这些因素有助于较为全面地考察农户家庭现状。本节以其他家庭为参照，考察了各类居住类型对于农户劳动力资源配置的影响（见表1-9）。

表1-9 变量选择

变量名称	变量说明	均值	标准差
被解释变量			
工作类型	务农=1，兼业=2，务工=3	1.90	0.94
解释变量			
家庭禀赋			
社会资本			
户主为党员	户主为党员=1，户主非党员=0	0.09	0.29
户主为干部	户主为干部=1，户主非干部=0	0.01	0.12
家庭中行政事业单位人员	家庭成员在行政事业单位工作=1，家庭成员不在行政事业单位工作=0	0.05	0.21
有城镇亲友并得到帮助	有无亲戚朋友在城镇工作并给予帮助：有=1，无=0	0.44	0.50
人力资本			
劳均年龄	家庭劳均年龄	40.20	12.47
劳均受教育年限	家庭劳均受教育年限	6.20	4.57
劳均健康状况	家庭劳均健康状况	0.83	0.37
技能状况	家庭中有专业技能成员：有=1，无=0	0.06	0.24
经济资本			
住房面积	家庭人均住房面积，连续变量：平方米	19.63	12.55
耕地面积	家庭人均耕地面积，连续变量：亩	2.13	2.19
耐用性资产价值	家庭人均耐用性资产价值，连续变量：元	2156.78	6481.38
生产性资产价值	家庭人均生产性资产价值，连续变量：元	1250.31	2771.23
结构制约			
居住安排			
仅与配偶居住	仅与配偶居住=1，非仅与配偶居住=0	0.03	0.16
核心家庭	是核心家庭=1，非核心家庭=0	0.34	0.48
主干家庭	是主干家庭=1，非主干家庭=0	0.52	0.50

续表

变量名称	变量说明	均值	标准差
其他家庭	是其他家庭=1,非其他家庭=0	0.11	0.31
家庭结构			
家庭学生数	家庭正在接受教育的学生数:人	0.80	0.91
家庭人口总数	家庭同住人口数:人	4.82	1.47
劳动力占比	家庭劳动力占家庭总人口数的比例:%	0.72	0.25
务工人数占劳比	家庭务工人员数占劳动力数的比例:%	0.38	0.36
家庭赡养负担	家庭人口总数与就业人口比例:%	1.57	0.66
家庭非健康人口比例	家庭非健康人口数占家庭总人口数的比例:%	0.03	0.09

四 家庭禀赋与结构制约下的农户劳动力资源配置

在估计模型之前,检验各变量间方差膨胀因子(VIF)均小于10.0,均值为1.56,故不存在严重的多重共线性问题。本节采用计算稳健标准误的方式进行统计推断以确保消除数据存在异方差带来的影响。表1-10报告了家庭禀赋和结构制约对贫困地区农户劳动力资源配置的影响。采用逐步加入两个维度的解释变量的方式分别进行回归,确保模型的稳健性。

表1-10　　　　家庭禀赋和结构制约对劳动力分配的影响

变量	兼业		务工	
	模型1	模型2	模型3	模型4
家庭禀赋				
社会资本				
户主为党员	0.070 (0.178)	0.092 (0.197)	0.022 (0.129)	0.132 (0.172)
户主为干部	-0.525 (0.478)	-0.554 (0.499)	-0.202 (0.302)	0.009 (0.348)
家庭成员在行政事业单位工作	-0.082 (0.274)	-0.314 (0.302)	0.425** (0.181)	0.460** (0.232)
有城镇亲友并得到帮助	0.286*** (0.107)	0.190* (0.109)	0.469*** (0.071)	0.270*** (0.084)
人力资本				
年龄	-0.020** (0.008)	-0.036*** (0.009)	-0.063*** (0.006)	-0.050*** (0.008)
受教育年限	0.058*** (0.017)	0.074*** (0.018)	0.049*** (0.012)	0.057*** (0.015)
健康状况	0.675*** (0.224)	0.631*** (0.245)	0.615*** (0.142)	0.715*** (0.191)

续表

变量	兼业		务工	
	模型1	模型2	模型3	模型4
专业技能	0.156 (0.145)	0.059*** (0.151)	0.132 (0.098)	−0.087 (0.120)
经济资本				
住房面积	−0.001 (0.004)	−0.001 (0.004)	$2.316×10^{-4}$ (0.003)	−0.004 (0.004)
耕地面积	−0.034 (0.024)	−0.035 (0.026)	−0.049*** (0.018)	−0.022 (0.022)
耐用品价值	$2.440×10^{-5}$** ($9.81×10^{-6}$)	$2.620×10^{-5}$** ($1.08×10^{-5}$)	$1.390×10^{-5}$ ($8.79×10^{-6}$)	$1.260×10^{-5}$ ($9.72×10^{-6}$)
生产性资料价值	$2.510×10^{-5}$* ($1.33×10^{-5}$)	$2.420×10^{-5}$* ($1.37×10^{-5}$)	$-5.850×10^{-5}$*** ($1.89×10^{-5}$)	$-4.960×10^{-5}$*** ($1.92×10^{-5}$)
结构制约				
居住安排				
仅与配偶居住家庭		−0.540 (0.454)		−0.840** (0.398)
核心家庭		−0.470** (0.221)		−0.568*** (0.185)
主干家庭		−0.043 (0.186)		−0.129 (0.142)
家庭结构				
家庭学生数		0.372*** (0.071)		0.443*** (0.065)
家庭人口总数		−0.207*** (0.056)		−0.328*** (0.050)
劳动力占比		1.122*** (0.105)		1.879*** (0.083)
务工占劳比		0.130 (0.276)		4.370*** (0.268)
家庭赡养系数		−0.217** (0.118)		−0.323*** (0.108)
家庭非健康人口比例		−1.615*** (0.555)		−1.041** (0.464)
常数项	−1.688*** (0.425)	−0.768 (0.675)	1.328*** (0.271)	−0.700 (0.570)
伪R^2	0.0465	0.2519	0.0465	0.2519
样本量	4223	4223	4223	4223
Wald	344.85	870.87	344.85	870.87

注：*、** 和 *** 分别表示10%、5%和1%的显著水平。

从回归结果来看，家庭禀赋、结构制约对贫困农村地区农户劳动力资源配置有着十分重要的影响，且家庭禀赋、结构制约对劳动力资源非农配置并非单一的抑制或促进，而是具有正反双向影响。在家庭禀赋中，人力资本正向促进劳动者选择非农职业，而社会资本中家庭有城镇亲友并能得到帮助对劳动力非农就业有显著正向促进作用，家庭成员在行政事业单位工作仅对劳动力务工就业有显著影响，经济资本虽有影响，但系数接近0，故而影响很小可以忽略。在结构制约中，居住安排中核心家庭对劳动力非农资源配置选择有负向影响，仅与配偶居住家庭对劳动力资源务工配置有显著负向影响；家庭结构对劳动力资源配置有双向影响。

（一）家庭禀赋对劳动力资源配置的影响

良好的家庭人力资本正向促进劳动力非农就业。具体表现为：劳均年龄越小、受教育年限越长、健康状况越好、具有专业技能的家庭其劳动力倾向于从事非农工作。这是因为，受教育年限越长则此人的文化水平越高，一般而言具有较好的学习能力，可以较快接受新的事物，适应新的环境，且从收入来看，非农职业工资收入要远远高于农业收入，模型中务工、兼业系数分别为0.074和0.057且都在1%水平上显著，务工小于兼业。健康状况较差的劳动力相较于健康的劳动力而言，自身可接受的劳动强度和支出的劳动时间都低于健康劳动力，故而寻求非农职业难度较大，因此健康程度较差的劳动力会更多地从事农业生产，模型中表现为：在1%显著水平上务工系数为0.715高于兼业系数0.631。劳动力越是年轻其选择非农职业的倾向越大，模型中在1%的显著水平上务工系数为-0.050小于兼业系数-0.036，也表明年龄对劳动力资源务工配置的影响要高于对劳动力资源兼业配置的影响。家庭劳动力中具有专业技能的成员对家庭劳动力兼业配置有显著正向影响，一个可能的原因是，在家庭依据个体比较优势进行内部分工时，家庭劳动力分工深化，更倾向让具有专业技能的劳动力进入市场以增加家庭收入，而让其他成员承担家庭照料责任。综上，家庭人力资本越好越能促进劳动力非农资源配置且对劳动力务工职业选择影响更大。

丰富的家庭社会资本，更能促进劳动力非农就业。有城镇亲友并能得到帮助对农户劳动力非农配置有显著正向影响，且对选择务工的影响更大，不仅在显著水平上务工高于兼业，且务工系数为0.270高于兼业0.190，这可能是由于家庭有城镇亲友并能得到帮助时，亲友会尽可能帮助劳动力获得一份非农工作且劳动力自身也会尽可能地选择外出务工；家庭成员在行政事业单位工作，劳动力选择务工在1%的显著水平上有显著影响，系数为0.483，对劳动力选择兼业无显著影响，这可能是因为当某个家庭成员处于较好的社会阶层时，其可以利用自己的良好的人际网络关系帮助家庭劳动力成员获得一份务工工作。

经济资本对劳动力资源配置有显著影响但系数很小。虽然经济资本中生产性资料价值在10%的显著下水平对劳动力资源兼业配置有正向影响，在1%的显著水平上对劳动力资源务工配置有负向影响，但其系数接近于0，故而我们认为生产性资料价值对劳动力资源配置无显著影响。同样，由于耐用品价值系数接近于0，我们也认为耐用品价值对劳动力资源配置无显著影响。耕地面积对劳动力资源配置无显著影响。

（二）结构制约对劳动力资源配置的影响

家庭学生数与劳动力占比对劳动力资源非农配置有显著正向影响，而务工占劳比仅对劳动力资源务工配置有显著正向影响。家庭学生数对劳动力选择非农职业在1%的显著水平上有影响且务工系数为0.443，兼业系数为0.372，这是因为随着寄宿学校的增多，学生大都寄宿在学校，此时学校为家庭分担了很大的照料责任，且家庭学生数越多意味着现有开支（或者"潜在开支"）较大，较轻的子女照料压力与较大的开支压力都使得劳动力更倾向于选择收入较高的务工职业；劳动力占比对劳动力选择非农职业在1%的显著水平上有影响且务工系数为1.879，兼业系数为1.122，这是因为劳动力占比越高不仅意味着家庭劳动力越多，而且意味着家庭中需要照料的人员越少即较轻的家庭负担，这对劳动力进入劳动力市场，并尽可能地寻求一份高收入工作（一般为务工）有正向促进作用，这一点由务工系数大于兼业可以证明。务工占劳比仅对劳动力资源务工配置有显著正向影响，这可能是由于外出务工者在工作地所建立的社会关系网络降低了亲友的搜寻成本和交易成本，并帮助亲友快速找到一份可靠的工作，务工在1%的水平上显著且系数为4.370，这意味着家庭务工人员越多家庭劳动力资源务工配置倾向越大。

家庭人口总数、家庭赡养负担与家庭非健康人口比例对劳动力资源非农配置有负向影响。家庭总人口在1%的显著水平上对劳动力资源非农配置有显著影响，这是因为家庭同住人口越多，需要照料的人越多，家庭赡养负担越重，劳动力难以有机会参与到社会劳动中。家庭赡养系数对务工职业选择在1%的显著水平上、兼业职业在5%的显著水平上有影响，这是因为当家庭需要照料的人员比例较高时，就需要家庭部分劳动力放弃外出就业的机会而选择在家照料"弱势成员"并兼顾农业生产，且家庭赡养压力越大劳动力倾向不选择务工，这一点从务工系数为 –0.323 绝对值大于兼业系数 –0.217 中可以得到证明。家庭非健康人口比例对劳动力资源务工、兼业配置在 5% 和 1% 的显著水平上有影响，家庭非健康人口比例越高，就意味着需要越多的家庭成员承担照料弱势成员的家庭义务，且非健康人口越多越可能占用劳动力资源。

居住安排方面，核心家庭对劳动力资源非农配置有显著负向影响，仅与配偶居住家庭对劳动力资源务农配置有显著负向影响。实证结果与假设相反，对此从家庭劳均年龄与家庭实际照料压力进一步探讨。从表 1-11 中可以看到，仅与配偶居住家庭劳均年龄为 53.49 岁，高于其他三种家庭约 25%。且仅与配偶居住家庭中，劳均年龄 55 岁以上家庭占比为 48.21%，而其他三种家庭最高的仅为 5.07%，以上表明仅与配偶居住的家庭劳动力年龄较大，而较大年龄的劳动力受教育程度相对较低，能够选择的职业有限，且由于年龄较大而不易被劳动力市场接受，这些都不利于仅与配偶居住家庭劳动力获得一份务工工作。核心家庭中需要占用劳动力的家庭有 248 户，比重为 43.28%，而主干家庭、其他家庭比重为 38.31% 和 39.16%，分别低于核心家庭 4.97% 和 4.12%。这表明现实情况中，核心家庭中劳动力的实际照料压力要高于其他类型家庭，这很好地解释了模型分析中核心家庭对劳动力资源非农配置的负面影响的原因，即核心家庭对子女、老人和家庭非健康成员的照料责任制约着家庭劳动力的职业选择，从而降低了劳动力非农配置的可能性。

表 1-11　　各家庭居住模式下劳动力实际照料压力

居住模式	劳均年龄（岁）	劳均年龄55岁以上家庭占比（%）	有需要劳动力照料的儿童（户）	有需要劳动力照料的老人（户）	有需要劳动力照料的其他人员*（户）	需占用劳动力的家庭比例（%）
仅与配偶居住家庭	53.49	48.21	—	16	2	13.3
核心家庭	39.65	0.87	172	21	55	43.28
主干家庭	40.08	1.10	209	55	13	38.31
其他家庭	39.74	5.07	44	8	4	39.16

注：*其他人员指除老人和孩童的非健康人员。

五　结论与政策建议

本节使用甘肃省"精准扶贫与区域发展研究中心"于2017年在甘肃省片区贫困县进行的农村社会调查数据，从家庭层面考察了家庭禀赋、结构制约对贫困农村农户劳动力资源配置的影响。通过以上模型及计量实证分析，得到以下简要结论：一从家庭禀赋看，农户良好的家庭禀赋，对劳动力资源非农配置有着正向促进作用，且对劳动力务工配置影响高于兼业。从影响农户劳动力配置的具体因素来看，在家庭社会资本、人力资本与经济资本中，人力资本因素最为关键，尤其是健康状况与受教育年限，人力资本越丰富的家庭其劳动力更倾向于配置到非农部门。二从结构制约看，农户家庭结构对劳动力资源非农配置有显著影响，但并非单一的抑制或促进，且家庭结构对劳动力务工配置的影响同样高于兼业；居住安排中核心家庭对劳动力资源非农配置有显著负向影响，仅与配偶居住家庭对劳动力务工配置有影响。在结构制约的诸多因素中，务工占劳比对劳动力资源务工配置有显著影响，且是最重要的影响因素，却对劳动力兼业配置无显著影响，这一差异表明贫困农户家庭劳动力外出务工经历与在工作地所建立的社会网络，较大地降低了劳动力外出就业成本与风险，对家庭其他劳动力外出务工有很大的促进作用，因而务工占劳比越高的家庭其劳动力越倾向于选择外出务工。仅与配偶居住家庭劳动力的较高的年龄是限制其务工就业的重要因素，核心家庭的劳动力实际照料压力较高，劳动力实际照料压力越小的家庭其劳动力越倾向于配置到非农部门。

结合当前贫困农村劳动力配置现状，提出以下几点建议：（1）提升家庭人力资本水平是提高家庭收入、增加家庭总福利的关键。现实中，受教育水平低、缺乏专业技能，是贫困农村劳动力在劳动力市场的竞争力较低的重要原因之一，故当地政府应当大力发展农村教育并加大对农村劳动力提供免费技能培训力度，提高人力资本水平，政府可以通过政府信用建立劳动力—政府—企业三方联系平台，帮助农村劳动力沟通供求信息，能有效降低劳动力求职成本，帮助劳动力走出农村、脱离农业。（2）完善农村社会保障机制，解决农村劳动力外出务工的后顾之忧。家庭的赡养负担与照料压力是制约农户劳动力非农配置的重要因素，加强农村养老院建设，采用集中赡养方式，强化公共医疗服务可以有效减轻农户家庭劳动力的赡养、照料负担与心理压力，有助农户劳动力资源非农配置。

第三节 土地流转对农村劳动力流动的影响*

一 引言

劳动力和土地是农村最核心、最活跃的两大生产要素，农村结构转型的过程便是劳动力流动与土地流转的过程。在这一过程中，劳动力流动与土地流转的相互影响关系，一直是学术界关注的焦点问题。一般认为二者之间相互影响、相互促动，劳动力流动是土地流转的动因，土地流转反过来进一步推动劳动力转移，但这种关系存在着明显的阶段性特征（W. A. Lewis，1954；Fei-Ranis，1961；D. J. Bagne，1969；Stark，1991）。在二元结构转型的前期阶段，城乡差距使得农村对劳动力流动的"推力"作用明显，农村劳动力大规模外出流动，高度紧张的人地关系明显改善，农民对土地的依赖减轻，为土地流转创造了条件，成为推动土地流转的动因（贺振华，2006；李明艳等，2010；蒲艳萍，2010；张永丽等，2016）。随着刘易斯转折点的来临，劳动力流动特征发生了重大改变，劳动力流动的规模逐渐趋于稳定、结构进一步优化；城乡关系明显改善，城乡之间的"推力"和"拉力"并存（崔丽霞，2009；熊萍，2012；费喜敏等，2014）；资本、技术等现代生产要素向农村流动，传统农业向现代化农业转型升级，土地流转规模进一步扩大，农村结构转型步伐进一步加快。农村结构转型的过程是生产要素不断流动重组和优化配置的过程，在这一阶段，劳动力流动继续推动土地流转进程，土地流转反过来促进农村劳动力的进一步流动（陶然，2005；蔡昉等，2006；刘晓宇等，2008；胡奇，2012；张会萍等，2015），土地流转与劳动力流动产生了很强的交互影响。

综上所述，国内外学者通过构建不同的理论模型、选取不同的研究方法进而总结出了多样化的研究结论，以此为基础又提出了切实可行的建议，对本节的进一步研究提供了宝贵的指导和借鉴价值。然而，一方面由于农村

---

* 本节以同题发表在《干旱区资源与环境》2018年第8期。作者：张永丽（西北师范大学商学院教授）、梁顺强（西北师范大学商学院研究生）。

社会经济问题的复杂性,另一方面受数据资料的局限,关于土地流转对劳动力影响问题的研究依然不足,研究结论也存在一定差异。因此,本节利用1986—2016年相关时间序列数据与2017年10月甘肃省农村社会发展分层抽样调查数据,宏观与微观相结合,通过构建计量VAR模型与OLS回归模型,从土地流转视角对农村剩余劳动力流动问题进行实证研究,进一步分析土地流转对农村劳动力流动影响的研究,探讨中国农村结构转型的规律性特征。

二 数据来源与研究方法

(一)数据来源

本节基于1986—2016年相关时间序列数据与2017年10月甘肃省农村社会发展分层抽样调查截面数据,分别通过建立VAR计量模型与OLS回归模型,分析土地流转对劳动力流动的影响。

1. 时间序列统计数据来源

本研究选用土地流转面积S作为土地流转变量的代理变量;由于农村劳动力流动数量数据不易直接获取,故可通过间接法计算得出,即通过农村实际从业劳动力数量与农业实际从业劳动力数量之差计算表示(王国霞,2007;何建新,2013)。其计算公式为:$TRL=CL-PL$,式中,TRL、CL、PL分别为农村劳动力流动数量、农村实际从业劳动力数量、农业实际从业劳动力数量。选用农村劳动力流动比重这一相对量作为农村劳动力流动变量的代理变量,即为农村劳动力流动数量与农村实际从业劳动力数量之比,其公式为:$R=TRL/PL$。

上述计算公式利用1986—2016年中国土地流转面积与农村劳动力流动量的相关时间序列数据。首先,对农村土地流转面积数据来源进行说明:鉴于本研究所需时间数据跨年度较大(30年),没有专门的文献资料或统计年鉴统一对中国土地流转面积进行收录,因此数据来源通过多种渠道获得,其中1986—1999年是通过村民委员会的个数(来源于《新中国60年农业发展统计汇编》)与其相对应年份平均每个村的土地流转面积(来源于《全国农村社会经济典型数据汇编1986—1999年》)乘积计算得来;2000—2008年来自《中国第二次全国农业普查资料汇编(农民卷)》,2008—2016年的数据是通过整理中华人民共和国农业部发布的相关信息所得。其次,劳动力流动数量数据来源:农业实际从业劳动力数量、农村实际从业劳动力数量均来源于《中国统计年鉴》，农村劳动力流动总量及农村劳动力流动比重则依据上述公式计算而来。

2. 农村实地调查截面数据来源

该数据来源于2017年10月由西北师范大学"三农社"组织的"甘肃省农村社会发展分层抽样调查"，此次调查涉及甘肃省10个市区15个县的15个村。调查村庄多处于黄土高原干旱半干旱山区，生态环境脆弱，基础设施不健全，教育、文化、卫生等公共事业较为落后。调查采取访谈形式填写问卷，调查过程中由于农户有劳动力外出务工、下地务农、走访亲朋等因素，共收回有效问卷1683份，样本农户1683户、7324人。

（二）方法与模型

1. 基于时间序列数据建立 VAR 模型

VAR 即向量自回归模型，它的建立基于选择相关数据的统计性质，这一模型不以严格的经济理论为基础，其原理为：建立模型中每个方程的内生变量为模型中全部内生变量的滞后值的函数。

本节选取农村土地流转面积（S）与农村劳动力流动比重（R）这两个变量来建立 VAR 计量模型，实证分析土地流转对农村劳动力流动的效应。设 $\{y_{1t}, y_{2t}\}$ 为模型的两个时间序列变量，它们分别为两个回归方程的被解释变量，它们的 p 阶滞后值为解释变量，这样一个二元的 VAR（p）系统被建立：

$$\begin{cases} Y_{1t}=\beta_{10}+\beta_{11}Y_{1,t-1}+\cdots+\beta_{1p}Y_{1,t-p}+\gamma_{11}Y_{2,t-1}+\cdots+\gamma_{1p}Y_{2,t-p}+\varepsilon_{1t} \\ Y_{2t}=\beta_{20}+\beta_{21}Y_{1,t-1}+\cdots+\beta_{2p}Y_{1,t-p}+\gamma_{21}Y_{2,t-1}+\cdots+\gamma_{2p}Y_{2,t-p}+\varepsilon_{2t} \end{cases} \quad (1-5) \\ (1-6)$$

式中，$\{\varepsilon_{1t}\}$ 与 $\{\varepsilon_{2t}\}$ 各自不存在自相关，但这两个方程中的随机误差项之间具有"同期相关性"。

2. 基于横截面数据建立 OLS 回归模型

借鉴相关学者的研究方法，其模型的设定大都构建土地流转面积与农村劳动力流动量的一次线性函数，以此建立一元线性回归基本模型。本研究以农户家庭为单位，考虑到其他农户家庭特征（家庭抚养比、家庭经济资本、家庭社会关系、劳均受教育年限）影响劳动力的流动，将其加入基本模型作为控制变量，其变量设置及描述如表1-12所示，由此，建立多元OLS回归模型：

$$Y = \alpha + \beta X + \gamma_1 X_1 + \gamma_2 X_2 + \gamma_3 X_3 + \gamma_4 X_4 + \varepsilon \quad (1-7)$$

式中，α 为截距项，X 为农村土地流转面积，β 为 X 的回归系数，Y 为劳动力流动量；X_1、X_2、X_3、X_4 分别表示四个控制变量，即家庭负担、家庭经济资本、家庭社会关系、劳均受教育年限；γ_1、γ_2、γ_3、γ_4 分别是各个控制变量的回归系数，ε 为随机误差项。

表 1-12　　　　　　　　　　变量设置及统计描述

变量类型	变量名	代理变量或度量方法	均值	标准差
被解释变量	劳动力流动（Y）	农户家庭劳动力流出数量（人）	1.12	1.20
解释变量	土地流转（X）	农户家庭土地流转面积（亩）	2.58	3.02
控制变量	家庭抚养比（X_1）	家庭非15—64岁人数占劳动力数的比例（%）	0.51	0.52
控制变量	人均耕地面积（X_2）	家庭人均耕地面积（亩）	2.12	2.26
控制变量	家庭社会关系（X_3）	有无亲戚朋友在城镇工作并给予帮助：有=1，无=0	0.34	0.44
控制变量	劳均受教育年限（X_4）	家庭劳动力平均受教育年限(年)	5.33	3.21

三　结果与分析

（一）VAR 模型结果与分析

1. 平稳性检验

在整个实证分析过程中，对数据的处理分析都利用 Stata14.0 统计软件进行操作并汇报相关分析结果。在进行计量分析前，为了保证数据的平稳性和消除可能存在的异方差，这里用它们的对数形式来考察，对模型中土地流转面积与劳动力流动比重两个变量做对数处理，分别记为 lns、lnr。为了防止伪回归现象，VAR 模型在运用之前要求系统中各个变量必须平稳。因此，我们通常用单位根检验方法验证相关序列数据的平稳性。

下面首先通过 ADF 检验方法分别对处理变量 lns、lnr 进行单位根检验，具体检验结果如表 1-13 所示。

表 1-13　　　　　　　　　　ADF 检验结果

变量	检验类型	t 统计量	5% 临界值	结论
lns	含常数项、趋势项	0.285	−2.989	不平稳
lnr	含常数项、趋势项	−0.669	−2.989	不平稳
Δ(lns)	含常数项、不含趋势项	−3.928	−2.992	平稳
Δ(lnr)	含常数项、不含趋势项	−3.129	−2.992	平稳

通过表 1-13 的检验结果可以看出，变量 lns 与变量 lnr 的 t 统计量都大于 5% 临界值，说明二者都不平稳；经过各自一阶差分处理后的变量 Δlns 与变量 Δlnr 的 t 统计量都小于 5% 临界值，这种情形下都变为平稳序列。因此，本节采用 Δlns、Δlnr 的序列数据来建立 VAR 模型。根据 AIC、SC 取值最小的准则及 LR 似然比检验综合对比考虑，确定变量滞后期阶数为二阶。因此，建立 VAR（2）模型。

然后再检验建立 VAR（2）模型的稳定性，通常用 AR 根对所估计出的 VAR 模型进行检验。从图 1-1 可以看出，模型中所有的估计点都在单位圆内，得到我们预期的有效结果，因此建立的 VAR 模型稳定，说明所选取的两个序列变量间存在长期的稳定关系，可以进一步分析。

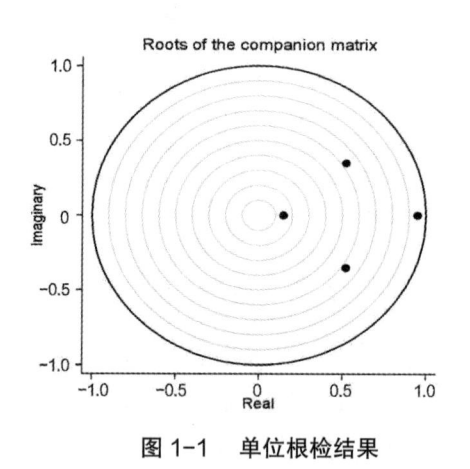

图 1-1 单位根检验结果

2. Johansen 协整检验

根据上文检验结果 lns 与 lnr 都为一阶单整序列，因此，可以进行协整检验。基于已构建的 VAR 模型，采用 Johansen 协整法对序列变量 Δlns、Δlnr 进行检验，以验证二者之间的长期均衡关系，在这之前按照 SC 和 AIC 准则确定滞后阶数为 2，具体检验结果如表 1-14 所示。

在表 1-14 中，根据协整秩迹检验结果，只存在一个线性无关的协整向量（表 1-14 中用星号标出），在 5% 显著性水平上拒绝"协整秩为 0"的原假设，但无法拒绝"协整秩为 1"的原假设，最大特征值检验结论也与此相同，表明 Δlns 与 Δlnr 在 5% 的显著性水平上只存在一个协整关系，也就是说土地流转面积与劳动力流动之间只有一个协整关系。

表 1-14　　　　　　　　　　特征根迹检验结果

最大秩	参数	对数函数	特征值	迹统计量	5% 临界值
0	10	47.537908	0	19.2577	15.41
1	14	57.108447	0.50783	0.1166*	3.76
2	14	57.166743	0.00431		

表 1-15 为协整方程（cointegrating equation），以 "_cel" 表示，由表 1-15 中的信息，可得两个变量之间的协整方程为：

lnr = −3.04 + 0.19lns　　　　　　　　　　　　　　　　（1-8）

由上式可以看出，lnr 与 lns 两个变量之间具有长期的均衡关系。从单个变量来看，lns 的系数对应 p 值在 5% 显著性水平上显著，上式协整方程表明土地流转与劳动力流动正相关，土地流转对劳动力流动的正向影响作用显著。

表 1-15　　　　　　　　　　协整方程检验结果

beta	系数	标准误	Z 统计量	p 值	［95% 置信区间］
_cel					
lnr	1				
lns	0.191	0.022	−8.43	0.000	−0.230　−0.143
_cons	−3.041				

3. Granger 因果检验

VAR 模型建立之后，已验证所选取的两个变量 lnp 与 lns 之间存在协整关系，对于二者是否存在因果关系需要进一步进行验证。通常用格兰杰因果检验来检验两变量间的因果关系，即一个变量前期变化能够有效地解释另一个变量的变化。

表 1-16　　　　　　　　　　格兰杰因果检验结果

原假设	Obs	chi2 统计量	p 值
lnr 不是 lns 的格兰杰原因	30	1.490	0.475
lns 不是 lnr 的格兰杰原因	30	8.620	0.013

通过表 1-16 分析，对于原假设：lnr 不是 lns 的格兰杰原因，其 chi2 统计量对应的 p 值在 5% 的显著性水平上不显著，因此接受原假设 lnr 不是 lns

的格兰杰原因；对于原假设：lns 不是 lnr 的格兰杰原因，其 chi2 统计量对应的 p 值在 5% 的显著性水平上显著，因此拒绝原假设，即说明 lns 是 lnr 的格兰杰原因。

在滞后期为两期、5% 的显著性水平上，通过格兰杰因果检验可以得出：

（1）土地流转面积是农村劳动力流动比重的格兰杰原因，即说明加快土地流转能有效促进农村劳动力流动。

（2）农村劳动力流动数量比重不是土地流转面积的格兰杰原因，即说明劳动力流动比重过去变化不能有效地解释当前土地流转的变化。

综合分析，就是 lns 是 lnr 的先导指标，即通过 lns 的前期变化能有效地解释 lnr 当前的变化。这说明加快土地流转对促进劳动力流动有影响作用。

4. 脉冲响应函数分析及方差分解

通过以上分析，验证了构建的 VAR（2）模型已通过稳定性检验、协整检验及单向格兰杰因果检验，因此，可以进行脉冲响应函数分析与方差分解。为更加直观地描述两个变量间的具体影响程度，我们利用脉冲响应函数（impulse response function, IRF）进一步对 VAR 分析结果进行检验，如图 1-2 所示。

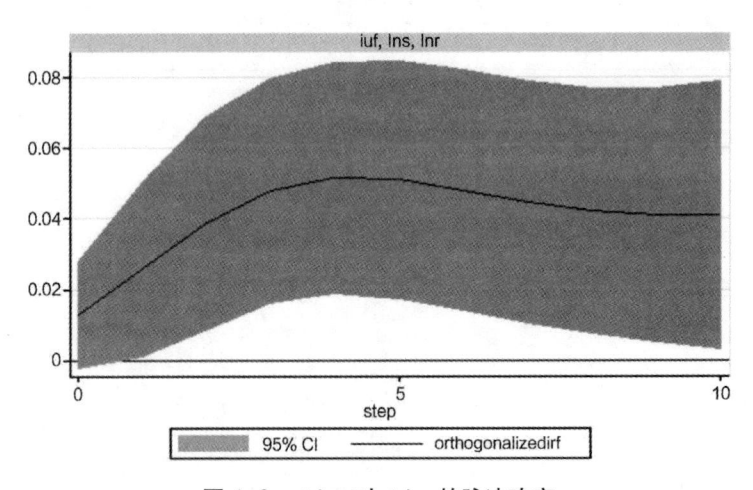

图 1-2 Δlns 对 Δlnr 的脉冲响应

从图 1-2 中可以观察到，在第一期给 Δlns 一单位的冲击下，Δlnr 有略微的负响应，但到第二期立刻转变为正响应，其原因可能是因为土地流转政策效应的滞后性，土地流转对劳动力流动影响在初始期具有一定滞后效应，从第二期开始影响一直为正向，在第四期正响应达到最大，之后开始慢慢减弱，一直到第十期，Δlnr 对 Δlns 的响应仍然为正。总的来说，Δlnr 对于 Δlns 的冲击基本上是正向响应，这说明土地流转对农村劳动力流动的效应一直是正向的、积极的。因此，政府通过出台相关政策及措施，加快土地流转进程以促进更多的农村剩余劳动力向非农部门流动。

VAR 模型中的方差分解，即分析影响内生变量结构冲击的贡献度，进一步评价冲击对某个变量不同时期的影响效果。

如表 1-17 所示，在 Δlns 预测方差分解中，对 Δlns 进行向前 1 期的预测，其预测方差完全来源于它本身；即使向前做 10 期的预测，依然有 72.0% 的预测方差来源于 Δlns 自身，其余的 28.0% 来源于 lnr，这意味着 Δlnr 对 Δlns 虽然有一定影响作用，但作用较少，Δlns 主要还是受其自身的影响。在 Δlnr 预测方差分解中，对 Δlnr 进行向前 1 期的预测，其预测方差有 90.6% 来源于它本身，意味着其余的 9.4% 来源于 Δlns；若向前做 10 期的预测，则只有 6.4% 的预测方差来源于 Δlnr 自身，其余的 93.6% 来源于 Δlns，这意味着 Δlns 对 Δlnr 的贡献度为 93.6%，即 Δlns 对 Δlnr 影响作用很大。这说明土地流转对农村劳动力流动具有正向影响作用，且随着农村结构转型的推进其影响力在不断增强。

表 1-17　　　　　　　　Δlns 与 Δlnr 的方差分解

期数	Δlns 预测方差分解		Δlnr 预测方差分解	
	（1）	（2）	（3）	（4）
0	0	0	0	0
1	1	0	0.094311	0.905689
2	0.999381	0.000619	0.169926	0.830074
3	0.288017	0.711983	0.288017	0.711983
4	0.419621	0.580379	0.419621	0.580379
5	0.528402	0.471598	0.528402	0.471598
6	0.603051	0.396949	0.603051	0.396949
7	0.651769	0.348231	0.650423	0.049577
8	0.684013	0.315987	0.807594	0.050213
9	0.690453	0.280438	0.921902	0.062406
10	0.720251	0.279749	0.936159	0.063841

注：（1）Δlns 为冲击向量，Δlns 为响应向量；（2）Δlnr 为冲击向量，Δlns 为响应向量；（3）Δlns 为冲击向量，Δlnr 为响应向量；（4）Δlnr 为冲击向量，Δlnr 为响应向量。

（二）OLS 模型结果与分析

考虑到异方差等问题，本节在回归过程中采用稳健标准误来提高估计结果的准确性。其基本回归结果如表 1-18 所示。

表 1-18　　　　　　　　　　OLS 回归结果

解释变量	模型一	模型二
常数项	-3.32*** (0.14)	-2.82*** (0.43)
核心变量		
土地流转面积（X）	0.13** (0.056)	0.11** (0.054)
控制变量		
家庭抚养比（X_1）	-0.24* (0.143)	-0.19* (0.11)
人均耕地面积（X_2）	-0.034** (0.014)	-0.031** (0.0015)
家庭社会关系（X_3）	0.08 (0.13)	0.11 (0.54)
劳均受教育年限（X_4）	0.021** (0.0106)	0.022* (0.013)
F	56.43***	43.65***
R-squared	0.45	0.42
Number of obs	1683	1683

注：***、**、* 分别表示 1%、5%、10% 的显著水平，括号内数值为稳健标准误差。

在进行回归分析后，本节采用方差膨胀因子法对模型主要解释变量进行了多重共线性检验，结果发现 Mean VIF=1.36，结果显著小于经验法则所要求的最低门槛数值 10，有效地控制了回归分析中多重共线性带来的影响。

从模型一来看，模型调整 R^2 为 0.45，说明模型的拟合效果较好，解释变量与控制变量能较好地解释被解释变量，模型的 F 值在 1% 的显著性水平上显著，说明模型整体显著；从变量系数来看，土地流转面积回归系数在 5% 的显著水平上显著，表明土地流转对劳动力流动具有显著正向影响，更具体地，土地流转面积每增加 100 亩，农村劳动力流动人数增加 13 人。其他控制变量，家庭抚养比与家庭人均耕地面积对劳动力流动具有显著负向影响，其原因可能是家庭负担与家庭人均耕地面积对劳动力的流动具有约束作用；劳均受教育年限对劳动力流动正向影响显著，其原因在于劳动力文化程度越高，更易追求更高的收入与更广的职业发展空间，流动的倾向越强。

四 讨论

本节为研究土地流转对农村劳动力流动影响，在实证分析中应用两套数据、采用两种计量方法，旨在探讨中国农村结构转型的规律性特征。VAR 模型中通过协整检验、格兰杰因果检验、脉冲响应函数分析及方差分解，其结论如下：土地流转与劳动力流动具有长期的均衡关系，土地流转对劳动力流动正向效应显著，且随着时间的推移影响力不断增强；土地流转面积是农村劳动力流动比重的格兰杰原因，农村劳动力流动数量比重不是土地流转面积的格兰杰原因。同时，OLS 回归模型结果表明，土地流转对劳动力流动具有显著正向影响，更具体地，土地流转面积每增加 100 亩，农村劳动力流动人数增加 13 人；家庭抚养比与家庭人均耕地面积对劳动力流动负向影响显著；劳均受教育年限对劳动力流动正向影响显著。但从因果关系上看，两个模型的分析结果仅能说明土地流转对劳动力流动的单向因果关系，即土地流转面积是劳动力流动的原因，并不能说明劳动力流动是土地流转面积的原因。

基于前面理论部分与文献回顾部分的论述，及 VAR 模型中格兰杰因果检验其结果只是统计意义上的"预测"，并不能真实反映二者的因果关系，为进一步探讨与检验土地流转与劳动力流动双向因果关系，即由于二者的因果关系导致模型存在内生性问题。本节借鉴目前学术界普遍采用的内生性检验方法：Hausman 检验。在 OLS 回归模型中使用该方法进行检验，根据 Hausman 检验结果，其卡方对应 p 值为 0.0000，因此，在 5% 显著性水平上拒绝原假设，则认为存在内生性，即认为由于土地流转与劳动力流动双向因果导致的内生性问题，因此，需要使用工具变量法（iv）对模型中的内生性问题进行解决。

为解决模型中存在的内生性问题，得到关于土地流转对劳动力流动的影响程度更为准确的估计，考虑家庭劳动力人数作为工具变量进行识别。通过检验所选取的工具变量是有效的，满足两项基本条件：其一，家庭劳动力人数与土地流转面积具有较强的相关性；其二，经过对工具变量的过渡识别检验，家庭劳动力人数为外生变量即与误差项不相关。因此，本节选取家庭劳动力人数作为工具变量，基于 OLS 回归模型利用工具变量法对样本总体进行回归分析，其具体估计的结果如表 1-18 模型二所示。

结果显示，土地流转对劳动力流动具有显著正向影响。更具体地，土地流转面积每增加 100 亩，农村劳动力流动人数增加 11 人。与模型一相比，在控制内生性的条件下，土地流转对劳动力流动影响程度更低，估计结果显然更加合理、精确；其他控制变量的符号与显著性与 OLS 估计结果基本一致。这表明利用工具变量法与用 OLS 估计得到的结果基本一致。

五 结论及启示

本节基于 1986—2016 年相关时间序列数据与 2017 年 10 月甘肃省农村社会发展分层抽样调查截面数据，分别通过建立 VAR 计量模型与 OLS 回归模型，就土地流转对劳动力流动的影响进行了实证分析，其结论如下：（1）土地流转与劳动力流动正相关。（2）土地流转面积是农村劳动力流动比重的格兰杰原因，土地流转对农村劳动力流动具有正向促进作用，并且土地流转对农村劳动力流动的影响力是不断增强的。（3）土地流转与劳动力流动相互影响，相互促进，劳动力流动是土地流转的前提，土地流转促进了劳动力流动的进程。（4）土地流转对农村劳动力流动正向效应显著，更具体地，土地流转面积每增加 100 亩，农村劳动力流动人数增加 11 人。

根据以上实证分析结论，为加快土地流转进程，促进农村劳动力向非农产业流动，推动农村结构转型，得到如下启示：第一，完善土地承包的"三权分置"制度，加快农业的现代化与产业化进程；第二，进一步加快城乡一体化制度建设进程，促进农村劳动力流动与市民化进程，享受美好生活，为城市发展"增砖添瓦"；第三，加大农村劳动力就业培训力度，提高农村劳动力自身的职业素质与职业技能，拓宽农村劳动力非农就业空间。

第四节 欠发达地区农户市场行为影响因素及效应分析[*]

一 引言

市场经济与中国农村所取得的每一个进步息息相关，市场化激发了农民增收、农业发展和农村社会经济乃至整个社会经济的增长（蔡立雄等，

---

[*] 本节以同题发表在《上海经济》2019 年第 1 期。作者：张永丽（西北师范大学商学院教授），杨红、张佩（西北师范大学商学院研究生）。

2008；朱舜，2014）。在乡村振兴战略与精准扶贫战略实施的关键时期，尊重市场规律、按照市场逻辑配置资源是引导农户脱贫致富的有效手段。随着中国农村市场化改革的持续深化，农户依靠市场配置资源以获取最大利益的行为不断推动着农村市场化、专业化程度的提高及分工的深化。但是，由于中国区域发展差距比较大，西部欠发达地区农村市场化水平相对较低，农户整体处于半市场化状态，农户市场参与行为及其效应表现出很强的异质性。

关于农户市场行为的研究与探索，国内外学者已经积累了大量的成果。由于国外农户以家庭式农场经营为主，市场化、专业化及规模化程度普遍较高，因此，国外研究主要依托于理论模型的构建。Backer（1965）提出了新农户经济行为模型，利用数学方法得出农户可以把生产决策同消费决策分开的结论；在此基础上，Barnum & Squire（1979）和 Low（1986）都将"时间"因素和劳动力市场考虑到农户行为模型中，并成为农户市场行为分析的有力工具；后续大量研究结合比较静态分析和一般均衡分析，将企业理论、生产理论和消费理论等理论融入农户经济学中。

中国农村正处于市场化改革的进程中，非农产业发展、剩余劳动力流动、现代农业发展等全方位的社会经济结构转型正在如火如荼地开展，在此背景下，国内研究呈现出典型的中国化特色。总括这些研究，主要集中于三个方面：一是关于农户生产要素配置行为的研究。在劳动力资源配置方面，农户家庭劳动力资源配置的方式主要包括：专职农业生产、专职外出务工、专职个体生产经营和兼业等（张永丽，2009），且大量研究表明农户家庭劳动力市场参与和城镇化及农业产业化、机械化具有双向影响（吕炜等，2015；周振等，2016；晏小敏等，2016）；在土地资源配置方面，农村土地流转有利于保障农民利益，促进农民增收（李俊高等，2016；詹王镇，2016），推动农业产业化、规模化（黄鹤群，2015），进而提高农村市场经济发展（冒佩华等，2015；宋宜农，2017）；在农户融资行为方面，许多研究发现农户参与资本市场能够促进收入增长、缩小收入差距，从而推动区域经济均衡发展（李雅宁等，2015；冯海红，2016）；在技术采纳行为方面，学者们一致认为农业科学技术的应用是实现农户增收、农业增效的重要途径（黄俊，2006；周波等，2011；刘玉春等，2016；杨义武等，2016）。二是关于农产品销售行为的研究。齐文娥（2009）和乌云花等（2009）

结合不同的农村社会调查资料，发现农户仍然选择小商贩或批发商等上门收购的传统渠道来出售农产品。交易成本对农产品销售行为的影响近年来备受学者青睐，屈小博等（2007）和黄祖辉等（2008）将交易成本分成三类：信息成本、谈判成本和执行成本，侯建昀等（2014）进一步指出农户通过比较需要付出的交易成本和心理预期的大小，选择自给自足还是参与市场。三是关于专业化经济组织参与行为的研究，学界一致认为参与专业化经济组织是农户降低交易成本，增加收入的有效途径。张永丽（2005）认为农业经济组织能够降低市场交易成本的原因在于临时性且规模小的传统市场交易方式被一系列或强或弱的长期契约关系所取代，而农产品交易规模越大，交易成本被农业经济组织降低的成效越明显（徐旭初，2005）。温涛等（2015）提出农业经济组织通过促进农业劳动分工来推进农业专业化，最终达到农业增效、农民增产的目标。

已有文献中，农户在生产、交换、分配和消费环节中的市场行为一直受到学者们的广泛关注，但由于农户市场行为作为一种复杂的社会经济现象，涉及层面广，数据可获性差，鲜有学者对其进行系统的梳理与归纳。张永丽等（2018）将农户市场行为概括为农业领域市场参与和非农领域市场参与。但欠发达地区农村市场化水平整体不高，农业专业化、规模化程度低，因而农户市场参与程度较低。就农户参与市场而言，在农业领域，涉及劳动、资本、土地和技术等要素的市场配置，及农产品销售；在非农领域，由于欠发达地区有限的资本、贫瘠的土地和落后的非农产业，非农就业成为农户参与非农领域市场的主要方式。

鉴于此，本节将农户市场行为界定为：以市场为导向来实现利润最大化的农户，在既定的环境和资源约束下从事的市场参与行为，并将其划分为：农业为主的市场参与、非农为主的市场参与、兼业为主的市场参与和自给自足等。其中，农业为主的市场参与指农户从生产到消费环节主要参与农业领域市场，而未涉足非农领域市场，即家庭劳动力没有从事非农就业；非农为主的市场参与指农户依赖于非农就业，所从事的农业生产仅用于自我消费；兼业为主的市场参与指农户从生产到消费环节既参与农业领域市场参与，又参与非农领域市场；自给自足指农户通过农业生产来满足自我消费。利用甘肃省农村社会调查资料，本节拟从农户行为理论切入，先探讨影响农户选择不同市场行为的因素；然后，检验不同市场行为选择造成的后果。

二 数据、模型与变量

（一）数据来源

本节使用的数据来源于西北师范大学"精准扶贫与区域发展研究中心"于2016年对甘肃省8个市区的14个建档立卡村进行的农村社会调查，其中调查问卷涉及的主要内容包括村庄市场条件、村庄交易环境、农户家庭人口信息、农户要素配置情况、农户收支状况和农户农业生产经营、非农就业、非农经营等内容。

此次农村调研以甘肃省六盘山片区和秦巴山片区为主，包括了兰州市、白银市、定西市、天水市、平凉市、庆阳市、临夏州、陇南市8个市区的14个建档立卡贫困村，调查村庄绝大多数处于黄土高原干旱半干旱山区，自然条件差，基础设施薄弱，市场发展滞后。调查采用入户访谈和问卷调查的方式，共收集问卷1749份，即样本农户为1749户，共计8319人。

（二）模型设定

本节拟探究农户市场行为的影响因素及其效应，研究过程分两步：先探讨农户市场行为的影响因素；再对农户市场行为的效应进行分析。结合上文对农户市场行为的界定及样本农户市场行为的特征，本节将样本农户分为：农业为主参与市场的农户、兼业为主参与市场的农户、非农为主参与市场的农户和自给自足的农户四类。

在分析农户市场行为效应时，即分析农户市场行为如何影响农户家庭收入、家庭支出及家庭福利时，通常存在内生性问题。由于不可观测因素（如农户自身能力、动机等）可能会影响农户市场行为，进而影响农户市场行为效应的分析，因此用传统的OLS模型会使不可观测因素介入农户市场行为的影响因素中，从而产生有偏误的估计。

针对上述问题，为获取一致性估计，最常用的方法是Heckman两阶段模型（1978）。理论上，Heckman两阶段模型第一步中的二项选择能够被拓展到多项选择中，但实际上，对处理多项选择中的内生性问题的研究较少。因此，本研究借鉴Mengwen Wu等（2013）的方法，构建了一个扩展的Heckman两阶段模型。

在第一阶段，研究农户市场行为的影响因素，即农户选择不同市场行为的概率大小。选择的模型为多元Logit回归模型，农户选择第j种市场行为的概率可以用下式表示：

$$P_{ij} = \frac{\exp(\beta_j x_i)}{\sum_{k=1}^{j} \exp(\beta_k x_i)}, \ i=1,2,3,\cdots,n; j=0,1,2,3 \tag{1-9}$$

在上面的公式中，i 表示第 i 个农户，j 表示农户市场行为的类型，n 表示样本总量，x_i 代表影响农户市场行为的各个控制变量。

在第二阶段，依据第一阶段的回归模型，计算出逆米尔斯比率（Inverse Mills Ratios），然后把逆米尔斯比率（IMR）引入到第二阶段的回归模型中，用于检测农户市场行为的效应，其中逆米尔斯比率（IMR）表示影响农户市场行为选择的不可观测因素。

第二阶段的回归模型是多元线性回归模型，模型表达式如下：

$$Y = \beta_0 + \sum_{i=1,2,\cdots}^{i=1} \beta_i x_i + \beta_j IMR_j, \ i=1,2,3,\cdots,n; j=0,1,2,3 \tag{1-10}$$

（三）变量选取及说明

在指标的选取方面，根据既有研究成果，结合样本农户的实际状况，本节设置了各种可能对农户市场行为产生影响的变量。

对解释变量的分类，有学者根据影响因素的效应从经济效应与社会效应进行划分，分为经济因素与社会因素；也有学者根据各个影响因素的特质，分为户主个人特征、家庭因素和其他因素等三个层面。本节采用后者。

从统计数据（见表1-19）来看，样本户主特征为：以男性为主，户主平均年龄是48.708岁，已婚比例较高，平均受教育年限是5.885年，健康状况较好。样本家庭特征为：家庭平均总人口是4.76人，家庭人口年龄中位数的平均值是36.707，家庭0—14岁人口平均占比15.0%，家庭65岁以上人口平均占比11.5%，家庭学生人口平均占比22.30%，家庭男性人口平均占比55.5%，家庭患病人数平均占比20.3%，家庭劳动力平均受教育年限是6.608年，大部分劳动力具备小学以上文化水平。此外，家庭平均人均耕地面积2.621亩，加入农业组织机构（如农业合作社或农民协会）的农户占样本总量43.9%，低保户占26.9%；样本其他特征为：21.7%的农户有亲朋好友在城里工作，家庭年信息费用支出为921.823元，家庭到最近集市距离平均为8.025公里。

表 1-19　　　　　　　　变量的描述性统计分析

变量	变量含义及说明	最大值	最小值	均值	标准差
Beha	农户市场行为：农业为主市场参与=1；兼业为主市场参与=2；非农为主市场参与=3；自给自足=0	3	0	2.272	0.878
Gend	性别：男=1；女=2	2	1	1.035	0.185
Age	户主年龄（岁）	84	20	48.708	10.503
Marr	户主婚否：已婚=1；未婚=2	2	1	1.026	0.158
Educ	户主受教育年限（年）	18	0	5.885	3.544
Heal	户主健康状况：健康=1；慢性病=2；大病=3；残疾=4	4	1	1.224	0.600
Popu	家庭总人口（人）	11	1	4.756	1.543
Medi	家庭人口年龄中位数（岁）	83	10	36.707	11.510
Child	家庭0—14岁人口占比（%）	0.67	0	0.150	0.164
Elder	家庭65岁以上人口占比（%）	1	0	0.115	0.183
Stud	家庭学生人口占比（%）	0.8	0	0.223	0.194
Male	家庭男性人口占比（%）	1	0	0.535	0.168
Dise	家庭患病人口占比（%）	1	0	0.203	0.234
Ave-Edu	家庭劳动力平均受教育年限（年）	14.67	0	6.608	2.759
Land	家庭人均耕地面积（亩）	31.90	0	2.621	2.665
Orga	是否加入农业组织机构（农业合作社或农民协会）：是=1；否=0	1	0	0.439	0.496
Allo	低保户：是=1；否=0	1	0	0.269	0.444
Mess	有无亲友在城里工作：有=1；无=0	1	0	0.217	0.470
Info	家庭年信息费用支出（元）	5100	0	921.823	1090.711
Dist	家庭到最近集市距离（公里）	60	0.1	8.025	10.676

三　实证结果分析

（一）农户市场行为影响因素

利用统计软件Stata14.0，对所调查的1749家农户市场行为进行了多元逻辑回归分析。经检验，涉及的各变量间无高度相关性，且不存在多重共线性。另外，将自给自足的农户（$y_i = 0$）作为对照组，这样可以得到3个Logit模型：

$$\ln[\frac{p(y=j/x')}{p(y=4/x')}]=\beta'_j x', j=1,2,3 \qquad (1-11)$$

其中，$p(y=0/x')$ 为参照组的概率，$p(y=j/x')$ 表示农户选择其他 j 种市场行为的概率。模型估计结果见表 1-20。

1. 户主个人特征

（1）户主性别是影响农户市场行为选择的显著变量，其在三个回归模型中的系数分别为 -1.477、-1.624 和 -1.055，说明欠发达地区户主是男性的农户参与市场的概率更大。（2）户主年龄是影响农户选择兼业为主市场参与的显著因素，但不是影响农户选择农业为主市场参与和非农为主市场参与的显著因素。原因可能是样本中户主平均年龄偏大，因而对非农领域的新事物、知识和技术等的接受能力弱，又不愿意放弃长期从事且已适应并熟练掌握的农业生产技能。（3）三个模型中的户主婚否、户主受教育年限和户主健康状况，统计上都不显著，表明其并非影响农户市场行为的主要因素。

2. 家庭因素

（1）家庭总人口是影响农户市场行为的显著性变量，原因可能在于：其一，农户家庭总人口越多，家庭劳动力数量往往越大，故其参与生产活动的渠道与方式也越多样化；其二，家庭总人口数量越大，家庭负担往往越重，这激励了农户选择效率较高的市场参与方式来发挥自身比较优势。（2）家庭人口年龄中位数和家庭 0-14 岁人口占比均未通过显著性检验，但其系数特征表明家庭老龄人口、儿童人口越多，农户选择以农业为主参与市场的可能性越大。（3）家庭 65 岁以上人口占比是影响农户市场行为的显著变量，且回归系数在三个模型中皆为负值，表明家庭 65 岁以上人口越多，农户越容易选择自给自足，这与中国农村老年人口"退而不休"的社会现实相符。（4）家庭学生人口占比是影响农户选择非农为主市场参与和兼业为主市场参与的显著因素，但不是影响农户以农业为主参与市场的显著因素。原因可能是：在欠发达地区，农户家中的学生大多在本村或离家较近的镇上接受学前、小学和初中教育，而农业生产活动的灵活性正好能够满足农户对这些学生的看管与监护。（5）家庭男性人口占比对农户市场行为的影响不显著。但回归系数特征在一定程度上表明，家庭男性人口越多，农户参与非农领域市场的可能性越大。原因可能是：其一，受"男主外，女主内"的传统观念影响，农村女性往往承担着照顾孩子和老人的主要责任；其二，有些农户依旧持有"重男轻女"的落后思想，这在一定程度上表现为农村男性受教育程度高于女性，所以农村男性参与市场的门槛相对较低。（6）家庭患病人数占比是影响农户选择非农为主市场参与的显著因素，原因可能在于患病人口通常需要被照顾而牵制其他劳动力的生产活动，同时，非农领域市场参与在时间和空间上要求较严格。（7）家庭劳动力平均受教育年限是影响农户选择兼业为主市场参与和非农为主市场参与的显著因素。这可能是因为非农生产活动往往需要较高水平的专业知识和技能，而农户家庭劳动力受教育水平的提高能够帮助其越过参与非农领域市场的门槛。（8）人均耕地面积是影响农户市场行为的显著性变量，这是因为土地在农业生产资料中的地位是至高无上的，它是一切农业生产活动得以施展的核心对象。农户家庭耕地面积不仅是农户从事农业生产的基础，而且是影响农户农业为主市场参与的重要影响因素。（9）是否加入农业组织机构对农业为主农户市场行为作用不明显，其原因可能是：在欠发达地区，农业组织机构不健全，没有与农户形成利益共同体，无法发挥对应的功能，所以很难改善农业经营主体小且弱的状况。（10）是否为低保户对农户选择兼业为主市场参与影响显著，可能的原因是这类农户通常自我发展能力较差，生产能力弱，通常需要政府、社会或企业等组织的帮扶来参与市场。

3. 其他因素

（1）有无亲朋好友在城里工作不是农户市场行为的显著影响因素。理论上，城里工作的亲朋好友对农户了解、理解并处理一定市场信息具有帮助作用，进而促进农户市场参与。原因可能是欠发达地区农户并没有充分挖掘、利用这一有利条件。（2）家庭年度信息费用支出是影响农户市场行为的显著性变量，这可能是因为农户家庭电话费、网费和流量费等信息费用支出，既可以协助农户获取一定的市场信息，也能够帮助农户习得参与市场所欠缺的知识和技能，进而提高农户的市场参与程度。（3）距离最近集市路程是农户从事兼业为主市场参与的显著影响因素。一方面，距离最近集市路程越远，信息越闭塞，从而对市场信息的获取难度越大；另一方面，距离最近集市路程越远，农户参与集市交易所需支付的交通费用、时间成本和精力耗费等交易成本越大，因此，农户距离最近集市路程越远，农户参与市场的可能性越小。

表 1-20　　　　　农户市场行为的多元逻辑回归模型

	农业为主市场参与	兼业为主市场参与	非农为主市场参与
户主个人特征变量			
Gend	−1.477**（0.659）	−1.624***（0.574）	−1.055**（0.503）
Age	−0.007（0.016）	−0.024*（0.015）	−0.012（0.014）
Marr	0.468（0.692）	−0.914（0.820）	0.359（0.595）
Educ	−0.044（0.051）	−0.062（0.046）	−0.018（0.045）
Heal	−0.014（0.219）	−0.234（0.205）	−0.222（0.196）
家庭因素变量			
Popu	0.335***（0.130）	0.704***（0.117）	0.515***（0.114）
Medi	0.006（0.020）	0.006（0.018）	−0.011（0.018）
Child	0.547（1.119）	−1.370（1.029）	−0.409（1.003）
Elder	−2.134**（0.846）	−2.548***（0.780）	−1.911***（0.727）
Stud	−1.353（0.936）	−2.395***（0.846）	−3.487***（0.828）
Male	−0.581（0.793）	0.541（0.719）	0.715（0.684）
Dise	−0.696（0.625）	−0.700（0.566）	−0.900*（0.546）
Ave−Edu	0.039（0.066）	0.096*（0.060）	0.105*（0.058）
Land	0.315***（0.058）	0.274***（0.056）	−0.162***（0.058）
Orga	−0.160（0.309）	−0.576**（0.278）	−0.406（0.273）
Allo	0.125（0.302）	−0.572**（0.277）	−0.103（0.268）
其他因素变量			
Mess	−0.319（0.298）	−0.187（0.260）	−0.361（0.260）
Info	0.002***（0.001）	0.002***（0.000）	0.002***（0.001）
Dist	−0.015（0.010）	−0.032***（0.009）	−0.011（0.009）
Cons	−0.303（1.917）	2.345（1.788）	1.997（1.638）
$Pseudo-R^2$		0.188	
样本量		1749	

注：（1）*、**和***分别表示在10%、5%和1%的水平上显著；（2）括号中为标准误。

（二）农户市场行为效应分析

1. 农户市场行为的收入效应

利用上文探讨农户市场行为影响因素过程中建立的多元 Logit 模型，计算出逆米尔斯比率（Inverse Mills Ratios）来估计影响农户市场行为的不可观测因素，并将其与农户市场行为作为解释变量代入农户市场行为收入效应模型中。其他解释变量与上文探讨农户市场行为影响因素过程中的解释变量一致，被解释变量采用农户家庭人均纯收入的对数值。回归结果见表 1-21。

（1）农户市场行为变量。实证结果显示，自给自足、农业为主市场参与和非农为主市场参与对农户收入的影响均通过了1%的显著性检验。从回归系数分别为-1.390、-0.378和0.399可以看出，非农为主市场参与对农户收入具有积极影响；而农业为主市场参与和自给自足对农户收入具有负向作用。另外，兼业为主市场参与对农户收入作用不明显。原因可能在于：一方面，样本农户所在区域自然条件差，土地边际生产率低；另一方面，农户市场参与意识薄弱、能力不足，以及交通、通信和信息等基础设施建设不到位。从而导致市场交易条件落后、农业生产经营效率较低。

（2）户主个人特征变量。其中，户主性别在四个模型中均未通过10%的显著性检验，而户主年龄、户主婚姻状况、户主受教育年限和户主健康状况等多数通过了显著性检验。表明户主阅历、人力资本积累和是否结婚对家庭收入作用明显，也反映出户主对农户家庭的重要性。

（3）家庭因素变量。家庭总人口变量在模型1、模型3和模型4中均显著，且系数为负，表明农户家庭总人口越多，越不利于农户增收，这主要是因为家庭总人口越多的农户，其抚养和赡养负担往往较重；家庭人口年龄中位数对农户收入影响不显著，表明家庭人口年龄集中趋势与农户收入关系不大；家庭0—14岁人口占比和家庭65岁以上人口占比对农户家庭收入作用不强，但系数的符号表明农户家庭0—14岁人口对家庭收入有抑制作用，而家庭65岁以上人口对家庭收入有一定的正向影响，这主要是因为农户家庭0—14岁人口不仅没有收入能力，而且需要被照顾而牵制其他劳动力的工作，而农村65岁以上人口"退而不休"；家庭学生人口占比在四个模型中均通过了1%的显著性检验，且系数为负值，说明农户家庭学生人口对家庭收入增收的抑制作用明显；家庭男性人口占比在模型1和模型2中通过了显著性检验，这说明农户家庭男性对农户从事农业生产作用比较大；家庭患病人口占比是影响农户收入的显著性因素，其系数为负，表明农户家庭患病人口越多，农户增收的难度越大；家庭劳动力平均受教育年限在四个模型中均通过了1%的显著性检验，且系数为正，说明农户家庭劳动力受教育程度是影响农户增收的关键因素。在家庭其他因素中，农户家庭人均耕地面积在模型2、模型3和模型4中都通过了显著性检验，但对应系数特征说明农户家庭人均耕地面积对农户收入的正向作用不明显，这主要是因为样本农户所在地区多数属于山大沟深、自然条件较差的黄土高原地区，不利于农户种植高价值农产品，且土地生产率低下；而农户是否加入农业组织机构和是否为低保户对农户收入影响大多不显著。

（4）其他因素变量。农户家庭是否有亲朋好友在城里工作对非农为主农户收入作用显著正向，但对其他农户收入作用不明显；而农户家庭年度信息费用支出和距离最近集市路程是农户收入的显著影响因素，皆通过了1%的显著性检验，根据其系数符号可以看出，农户家庭信息费用支出对农户家庭增收有积极的作用，而距离最近集市路程越远，越不利于农户家庭收入增长。

（5）逆米尔斯比率。在模型2、模型3和模型4中均通过了1%的显著性检验，且系数为正，表明影响农户选择农业为主市场参与、兼业为主市场参与和非农为主市场参与之外的不可观测因素对农户收入有较强的正向作用。

表1-21　　　　　　　　农户市场行为收入效应回归结果

变量	自给自足	农业为主市场参与	兼业为主市场参与	非农为主市场参与
市场行为变量			
Mark	−1.390***（0.088）	−0.378***（0.068）	0.023（0.044）	0.399***（0.041）
其他变量			
Gend	−0.026（0.121）	0.118（0.120）	0.161（0.125）	−0.050（0.111）
Age	0.008***（0.002）	0.004*（0.002）	0.010***（0.002）	0.006***（0.002）
Marr	−0.317**（0.132）	−0.424***（0.136）	0.039（0.166）	−0.399***（0.134）
Educ	0.016**（0.007）	0.020***（0.008）	0.026***（0.008）	0.008（0.007）
Heal	−0.096***（0.037）	−0.154***（0.039）	−0.077**（0.038）	−0.070*（0.037）
Popu	−0.070**（0.036）	−0.006（0.019）	−0.137***（0.023）	−0.072***（0.016）
Medi	−0.002（0.003）	−0.004（0.003）	−0.004（0.003）	0.003（0.003）
Child	−0.014（0.155）	−0.394**（0.175）	0.289*（0.172）	−0.117（0.158）
Elder	0.036（0.169）	0.012（0.152）	0.150（0.165）	−0.000（0.145）
Stud	−0.857***（0.218）	−1.291***（0.149）	−0.920***（0.118）	−0.326***（0.123）
Male	0.235**（0.120）	0.549***（0.138）	0.155（0.129）	0.033（0.128）
Dise	−0.275***（0.109）	−0.327***（0.104）	−0.325***（0.105）	−0.194*（0.104）
Ave−Edu	0.041***（0.011）	0.061***（0.011）	0.041***（0.011）	0.029***（0.011）
Land	0.016（0.011）	−0.044***（0.015）	−0.033***（0.013）	0.163***（0.021）
Orga	−0.068（0.047）	−0.145***（0.044）	0.003（0.043）	−0.063（0.040）
Allo	0.065（0.045）	−0.061（0.051）	0.187***（0.053）	−0.005（0.045）

续表

变量	自给自足	农业为主 市场参与	兼业为主 市场参与	非农为主 市场参与
Mess	0.045(0.043)	0.049(0.042)	0.001(0.042)	0.091**(0.042)
Info	0.0003**(0.0001)	0.0002***(0.000)	0.0002***(0.000)	0.000(0.000)
Dist	−0.017***(0.002)	−0.020***(0.002)	−0.014***(0.002)	−0.022***(0.002)
逆米尔斯比率	0.020(0.016)	0.094***(0.016)	0.084***(0.016)	0.098***(0.016)
Cons	9.080***(0.317)	9.996***(0.337)	8.939***(0.293)	8.826***(0.286)
$Adj-R^2$	0.302	0.216	0.202	0.244

注：(1) *、** 和 *** 分别表示在10%、5%和1%的水平上显著；(2) 括号中为标准误。

2. 农户市场行为的支出效应

本部分的被解释变量采用农户家庭人均消费支出的对数值，而解释变量与上文农户市场行为收入效应模型中的解释变量一致。回归结果见表1-22。

（1）农户市场行为变量。根据表1-22所示的回归结果，自给自足和非农为主市场参与是农户家庭消费支出的显著性影响因素，分别通过了1%和5%的显著性检验，而农业为主市场参与和兼业为主市场参与对农户家庭消费支出作用不明显。原因可能是：从事农业生产活动的农户自给自足程度较高，在衣食住行等基本生活需求方面开销不大；而选择以兼业为主参与市场的农户，由于农业生产环节的烦琐和远距离务工的不确定性，往往选择在离家较近的乡镇从事非农活动，故其花销也相对较小。

（2）户主个人特征变量。实证结果显示，除了户主婚否是农户家庭消费支出的显著性影响因素外，户主性别、户主年龄、户主受教育年限和户主健康状况等均对农户家庭消费支出影响不大。这可能是因为户主已婚的农户家庭结构更完整，日常生活需求的层面较多，故其日常生活开支也较大。

（3）家庭因素变量。家庭总人口对农户家庭消费支出具有显著影响，模型1通过100%显著性检验，其余三个模型中均通过了1%的显著性检验，但根据对应系数的符号可以看出，农户家庭人均消费支出随着农户家庭总人口的增加而下降，这可能是因为欠发达地区农户家庭消费支出主要用于家庭重大项目上，并非日常消费，所以随着农户家庭总人口的增加，尽管总消费支出增大，但农户家庭人均消费支出却在下降；农户家庭人口年龄中位数对农户家庭消费支出影响不明显；家庭0—14岁人口占比对农户家庭消费支出具有显著的负向影响，表明随着家庭 0—14 岁人口的增加，农户家庭消费支出反而减少，因为欠发达地区落后的市场条件使得未成年人口在衣、食和娱乐等方面的花销较城市同龄人口少很多，而且绝大多数身康体健、正在接受义务教育，故对家庭消费支出影响不大；家庭 65 岁以上人口对农户家庭消费支出作用不明显，这可能是因为农村年长者通常具有勤俭节约的优秀习惯，而且"退而不休"的传统往往可以保障其自给自足；家庭学生人口占比是农户家庭消费支出的显著性影响因素，在四个模型中均通过了 1% 的显著性检验，且其系数为正，表明家庭学生人口是农户家庭消费支出的中坚力量，特别是农户家庭有高中或以上学历的学生，其高额学费和生活费通常占据着农户家庭消费支出的绝大部分，而且欠发达地区通常存在陪读现象，因为高中和大学学校通常位于离农村较远的县城或省城，为实现学生顺利、高效完成学业，农户往往会选择陪读，这又进一步增加了农户家庭开支；家庭男性人口占比对农户家庭消费支出作用不明显；家庭患病人口占比对农户家庭消费支出具有显著正向影响，从其在四个模型中的系数分别为 0.310、0.340、0.338 和 0.412 可以看出，家庭医疗费用支出是农户家庭开支的又一重大部分；家庭劳动力受教育年限是农户家庭消费支出的显著性影响因素，通过了 1% 的显著性检验，且其系数为正，原因可能在于农户家庭劳动力受教育年限越长，参与市场的可能性越大，为此支付的交易费用也越多；农户家庭人均耕地面积对自给自足和非农为主两类农户的家族消费支出存在着显著的正向影响，但对其他两类农户的影响不显著；模型 1 和模型 4 通过 1% 显著性检验；是否加入农业组织机构和是否为低保户等家庭其他因素对家庭消费支出影响不显著。

（4）其他因素变量。有无亲朋好友在城里务工对农户家庭消费支出作用不明显；家庭年度信息费用和距离最近集市路程是农户家庭消费支出的显著性影响因素，且距离最近集市路程变量在四个模型中均通过了 1% 的显著性检验，从其系数符号方向可以看出，距离集市距离越远，农户家庭消费支出越小，原因可能是距离集市越远，农户参与市场的便利性与可能性会下降，从而市场消费支出越少。

（5）逆米尔斯比率。在模型 2、模型 3 和模型 4 中均通过了 1% 的显著性检验，且其系数均为正，表明农户农业为主市场参与、兼业为主市场参与和非农为主市场参与之外的不可观测因素对农户家庭消费支出具有显著正向影响。

表 1-22　　　　　　　　农户市场行为的支出效应回归结果

变量	自给自足	农业为主市场参与	兼业为主市场参与	非农为主市场参与
市场行为变量				
Mark	−0.623***(0.091)	0.009(0.067)	0.019(0.043)	0.095**(0.041)
其他变量				
Gend	−0.050(0.125)	0.134(0.118)	0.155(0.122)	0.026(0.111)
Age	−0.0004(0.002)	−0.002(0.002)	0.002(0.002)	−0.0003(0.002)
Marr	−0.413***(0.136)	−0.503***(0.134)	−0.183(0.162)	−0.470***(0.134)
Educ	−0.012(0.008)	−0.006(0.008)	−0.002(0.008)	−0.013*(0.007)
Heal	0.016(0.038)	−0.013(0.038)	0.042(0.037)	0.045(0.037)
Popu	−0.064*(0.038)	−0.056***(0.018)	−0.147***(0.022)	−0.104***(0.016)
Medi	0.003(0.003)	0.001(0.003)	0.001(0.003)	0.005*(0.003)
Child	−0.451***(0.160)	−0.692***(0.173)	−0.210(0.169)	−0.462***(0.158)
Elder	−0.144(0.175)	0.022(0.150)	0.098(0.161)	−0.009(0.146)
Stud	0.728***(0.225)	0.602***(0.147)	0.871***(0.116)	1.213***(0.123)
Male	0.043(0.124)	0.249*(0.136)	−0.033(0.126)	−0.106(0.128)
Dise	0.310***(0.113)	0.340***(0.103)	0.338***(0.103)	0.412***(0.104)
Ave−Edu	0.069***(0.011)	0.075***(0.010)	0.062***(0.011)	0.056***(0.011)
Land	0.033***(0.012)	−0.023(0.015)	−0.010(0.012)	0.114***(0.021)
Orga	−0.035(0.048)	−0.064(0.043)	0.040(0.042)	−0.001(0.040)
Allo	0.073(0.047)	−0.002(0.050)	0.172***(0.051)	0.050(0.045)
Mess	−0.050(0.045)	−0.023(0.041)	−0.057(0.041)	−0.003(0.042)
Info	0.0004***(0.0001)	0.0002***(0.000)	0.0002***(0.000)	0.0002***(0.000)
Dist	−0.013***(0.002)	−0.014***(0.002)	−0.010***(0.002)	−0.015***(0.002)
逆米尔斯比率	0.027(0.017)	0.062***(0.016)	0.055***(0.016)	0.068***(0.016)
Cons	8.245***(0.327)	8.688***(0.332)	7.998***(0.287)	8.031***(0.287)
$Adj-R^2$	0.226	0.207	0.206	0.210

注：（1）*、**和***分别表示在10%、5%和1%的水平上显著；（2）括号中为标准误。

3. 农户市场行为的福利效应

（1）农户市场行为与家庭食品、健康和教育等支出。随着农村市场化程度和农户收入水平的提高，农户更加注重粮食、肉类和蔬菜等营养食品的消费，以及健康、知识和能力等方面的人力资本投资。而食品营养、医疗保健和教育投资等是衡量农户生活现状和农户福利的重要技术指标，为此本部分测出不同市场行为农户在相应方面的支出情况，以期发现农户市场行为对家庭食品、健康和教育等支出的影响。

依据表1-23，在食品营养支出方面，自给自足的农户、农业为主市场参与的农户、兼业为主市场参与的农户和非农为主市场参与的农户的开支依次增加，分别为529.57元、1095.00元、1419.42元和2202.97元。在医疗保健和教育投资方面，自给自足的农户分别以4374.50元和2609.91元，处于最低支出水平，而其他市场行为在对应项目的花销上相差不大。

表1-23　　　农户市场行为与家庭食品、健康和教育等支出情况

市场行为	食品营养（元/户）	医疗保健（元/户）	教育投资（元/户）
农业为主市场参与	1095.00	5288.92	5831.74
兼业为主市场参与	1419.42	4908.18	5432.95
非农为主市场参与	2202.97	4976.69	5039.02
自给自足	529.57	4374.50	2609.91

（2）农户市场行为与家庭资产状况。为进一步探讨不同市场行为与农户福利之间的关系，本节从直接体现农户福利水平高低的家庭住房质量和家庭生产、生活条件视角出发，对农村调查资料进行了汇总处理。其中，在住房质量方面，本节构建的指标依据是将砖混结构住房视为住房质量良好，把窑洞和土坯住房视为住房质量较差；在家庭生产、生活方面，本节从农户家庭是否拥有电视机、洗衣机和电冰箱等日用电器和农户机械，以及是否拥有摩托车和小轿车等交通用具方面来衡量。

表1-24显示，在住房质量方面，非农为主市场参与的农户中，拥有砖混结构住房的农户占比高达76.88%，而自给自足的农户中，拥有砖混结构住房的农户仅占41.44%。在电器和交通工具拥有情况方面，总体上兼业为主农户较低于其他类型农户，而在自给自足的农户中占比最小。在农用机械拥有情况方面，拥有农用机械的农户在不同市场行为农户中占比大小依次为：兼业为主市场参与的农户、农业为主市场参与的农户、非农为主市场参与的农户、自给自足的农户。

表 1-24　　　　　　　　农户市场行为与家庭资产状况

市场行为	住房指标（户,%）		拥有电器（户,%）			拥有交通工具（户,%）		拥有农用机械（户,%）
	窑洞/土坯	砖混结构	电视机	洗衣机	电冰箱	摩托车	小轿车	
农业为主市场参与	54（32.34）	113（67.66）	166（99.40）	105（62.87）	55（32.93）	92（55.09）	5（2.99）	116（69.46）
兼业为主市场参与	162（26.73）	443（73.10）	597（98.51）	507（83.66）	300（49.50）	452（74.59）	45（7.43）	440（72.61）
非农为主市场参与	200（23.12）	665（76.88）	848（98.03）	679（78.50）	480（55.49）	527（60.92）	59（6.82）	369（42.66）
自给自足	65（58.56）	46（41.44）	94（84.68）	46（41.44）	22（19.82）	36（32.43）	1（0.90）	29（26.13）

注：括号内数值表示百分比（%）。

（3）农户市场行为与贫困发生率。本节采用的是西北师范大学"精准扶贫与区域发展研究中心"2016年的农村社会调查数据，故贫困农户界定的依据为家庭人均收入（2015年）小于2800元的农户，非贫困农户界定的依据为家庭人均年收入（2015年）大于或等于2800元的农户。

根据表1-25，占总样本量最大比例的是选择非农为主市场参与的农户，有865家，占49.46%，其家庭人均纯收入为8210.11元，人均消费支出3966.87元；选择兼业为主市场参与的农户占样本总量34.65%，其家庭人均纯收入是6835.62元，人均消费支出是3808.73元；农业为主市场参与的农户仅有167户，其家庭人均纯收入为4978.58元，家庭人均消费支出为4214.69元；自给自足的农户仅占样本总量6.35%，其家庭人均纯收入和家庭人均消费支出分别为2318.39元和2894.28元，均处于最低水平。

表 1-25　　　　　　　　农户市场行为与贫困发生率

市场行为	户数（户）	家庭人均纯收入（元）	家庭人均消费（元）	贫困户数（户）	贫困发生率（%）
农业为主市场参与	167	4978.58	4214.69	59	35.33
兼业为主市场参与	606	6835.62	3808.73	103	17.00
非农为主市场参与	865	8210.11	3966.87	93	10.75
自给自足	111	2318.39	2894.28	79	71.17

另外，从表1-25还可以看出，农户家庭人均纯收入按非农为主市场参与、兼业为主市场参与、农业为主市场参与和自给自足依次降低，而贫困发生率却按此依次升高，其中农业为主市场参与的农户贫困发生率为35.33%，自给自足的农户贫困发生率高达71.17%。由此可以看出，欠发达地区农户从事农业生产不利于收入增加，反而更容易陷入贫困，这与上文农户市场行为收入效应检验中所得结论一致。

四 结论与政策建议

本节利用甘肃省1749个样本的调查数据，探究了农户市场行为的影响因素及其效应，主要得到以下结论：第一，欠发达地区农户市场化水平整体较低，且绝大多数农户选择以兼业为主的市场参与；第二，家庭人口结构是影响农户市场行为的核心因素，其次，在欠发达地区交易费用是制约农户参与市场的又一重要因素；第三，非农为主市场参与对农户家庭收入具有显著正向影响，其次兼业为主市场参与对农户家庭收入也有较强正向影响，而农业为主市场参与对农户增收效果较差，进而表明从事非农活动是欠发达地区农户脱贫致富的有效手段；第四，影响农户市场行为的不可观测因素对农户家庭收入和消费支出影响显著。

在乡村振兴战略背景下，针对欠发达地区小规模生产经营的分散农户，如何优化其市场行为以适应市场环境，提高生产经营效率，进而脱贫致富。基于以上结论，本节提出以下政策启示。

第一，统筹规划农村市场基础设施建设，改善市场交易环境与条件。农村市场基础设施是推动农村经济发展的有效载体，是实现农业现代化的重要保障，因此农村基础设施的建设要符合当地经济发展规律，并结合农村实际发展现状，特别是配套服务体系的同时建设，满足各项服务信息咨询、交通运输、食宿接待等设施协调发展。组建功能完善、辐射带动能力强、具备现代化交易手段的多功能市场，有效提高农村经济发展。

第二，提高农户组织化程度，破除小生产对接大市场障碍。欠发达地区高度分散化的农户，参与非农生产活动的机会和能力不足，且在交通和通信相对落后的条件下，使得其在市场交换中处于劣势地位，降低了应得收入。因此需在借鉴世界各国发展农村合作经济组织成功经验的基础上，通过合作化、企业化、股份化等多种形式，构建农村新型的农工商关系，完善农村合作经济组织体系。同时，重视政策法规体系建设，通过合作组织基本法指导各类合作社发展，形成完整配套、上下衔接的农村合作组织法律法规体系。此外，坚持对内服务、对外协调的宗旨，农村合作经济组织应为农户提供产前、产中、产后的各种服务，积极组织农民参与市场竞争，提高农民进入市场的能力。

第三，提高农村人口发展能力，加深农村分工专业化。参与非农领域市场是农户脱贫和增收的重要途径。特别是在自然条件恶劣的欠发达地区，依赖农牧业维持生计的农户很容易陷入生态性贫困和地缘性贫困，而非农领域市场参与可以有效弥补资源禀赋不足和生存空间的脆弱，因此通过多途径获得收入对于农户来说显得尤为重要。可以对农户进行职业教育或技能培训以提高农村人口发展能力，组织广覆盖、多层次、多方式的培训形式对农村青壮年劳动力展开全面的技能培训。也可以通过鼓励有选择地建立培训基地和支持民办技能培训机构的发展来促进农村劳动力对农业现代化生产技术、非农产业技能、用人单位所需要的各种技能的学习和掌握，实现一人一技或者一人多艺，达到多渠道就业的目的。

第四，优化空间结构、产业布局，强化农户市场参与。从空间结构上看，建设中心村庄，推动城镇化，实现区域农村经济发展，以经济发展促进区域发展，加快欠发达地区工业化和新型城镇化进程。充分发挥劳动力流动、异地搬迁等政策，鼓励农户参与非农领域市场，使偏远山区农村人口逐步搬离山区，彻底摆脱自然条件的束缚。从产业结构上来看，相比较而言第三产业对农村人口技能和素质要求较低，而且门类广、行业多，因此成为农户参与非农领域市场的首要选择。所以在产业发展和结构调整上尽量摆脱第一、第二产业占比过大的不合理态势，而应推动第三产业发展。农户的非农市场参与也在一定程度上推动了农业现代化的速度，为农村地区经济发展实现农业现代化生产创造条件，以此推动产业结构的升级和优化。

第二章 农村教育发展与反贫困

第一节 农户家庭教育收益率的测量及其影响因素[*]

一 引言及文献回顾

人力资本尤其是教育投资已成为当前世界各国反贫困的主要行动计划和政策着力点。农村教育的发展水平在一定程度上决定着农村经济和社会发展，然而，目前中国农村教育的现状是主要为农户投资、政府投资力度相对不足。基于经济学理性小农的假定，农户在进行教育投资决策时需符合"教育投资的预期回报大于其成本才能实现积极的投资行为"这一理性选择原则，不然农户投资的积极性难以被激发。因此，用教育收益率衡量教育投资回报意义重大。那么，农户家庭教育收益率有多大？究竟是哪些因素影响着教育投资回报？

近年来，关于教育收益率的研究越来越成为当前教育经济学、社会学、经济学、教育学讨论与研究的核心问题之一。教育经济学对教育收益率的研究主要集中在教育收益率的测算方面，部分学者对农村地区、农民工群体的教育收益率进行了测算（侯风云，2004；刘燕梅等，2013；孙百才，2013；方超等，2017）；还有学者探究了农村教育收益与收入差距的关系，尤其是农民工的教育收益率以及农民工受教育水平对家庭收入结构的影响（韩俊等2007；黄斌等，2014；杨娟和高曼，2015；宋玉兰等，2017）。

社会学大多数学者基于微观家庭的角度，从家庭出身、父母职业、户口所在地为切入点对教育收益率进行研究。家庭出身视角的研究发现，出身于

---

[*] 本节以同题发表在《华南农业大学学报》（社会科学版）2018年第3期。作者：张永丽（西北师范大学商学院教授）、梁顺强（西北师范大学商学院研究生）。

普通家庭的子女教育回报率低于出身于富裕家庭的子女教育回报率（张翼、薛进军，2009）；父母职业视角的研究认为，父母在主要劳动力市场工作与在次要劳动力市场工作其子女的教育回报存在一定差异，前者高于后者（罗楚亮，2007；王孙禹、范静波，2011；舒强、张学敏，2013）。户口所在地视角研究发现，中国居民的人力资本收益率存在城乡差异，城镇居民人力资本收益率显著高于农村居民人力资本收益率（侯风云，2005；梁润，2011）；部分学者基于"社会资源理论"，研究认为社会人通过动员周边的社会嵌入型资源进而得到较高的社会经济地位，从而获得较高的经济收入（林南、俞弘强，2003；刘祖云、刘敏，2005；林南、敖丹，2010）。此外，也有研究认为农村社会关系对增加农民收入产生积极效应，进而对人力资源的回报产生影响（唐为等，2011）。

经济学大多以农户为研究主体，认为农户家庭经济资本为子女接受教育提供基本的物质保障，其数量在一定程度上决定了资本可承受范围内子女获教育资源的"量"与"质"的特征，进而会对教育收益率产生影响，经济资本越高的农户家庭，相应地子女的教育收益率也越高（Corcoran，1990；宁光杰，2009；袁诚、张磊，2009；胡颖森、黄瑞、彭锐，2011；陈力、胡颖，2012）。但也有研究发现经济资本对人力资本收益率产生的效应不显著，代际收入间的相关性非常小（Behrman and Taubman，1985）。

此外，教育学研究发现，父母的文化程度、教育理念等对子女接受高等教育会产生正向的代际传递效应（李德显等，2015；张意忠，2016)。

综上所述，已有的有关教育收益率方面的研究文献对本节的进一步研究提供了十分宝贵的指导和借鉴价值。关于教育收益率测算方面的研究已相对成熟，但由于农村社会经济问题的复杂性、相关数据资料获取的局限性，以贫困地区农户为单位对家庭教育收益率进行测算的研究还很少；关于教育收益率影响因素的研究，已有的相关文献从社会学、经济学、教育学等方面进行分析，而从综合化、体系化视角针对贫困地区农户家庭教育收益率影响因素的研究更是少之又少。因此，为了弥补前人研究的不足，更准确测算与分析农户家庭教育收益率及其影响因素，本节利用2016年对甘肃省14个贫困村1749个农户的调查资料，首先对农户家庭教育收益率进行了测算，在此基础上分析影响农户家庭教育收益率的因素，以期为当前开展的教育精准扶贫提供借鉴。

二 农户教育收益率影响因素分析框架

鉴于本节的研究对象属于建档立卡贫困村，其具有一定特殊性，农户生产、生活水平普遍较低，目前正处于由自给自足向市场经济的转型阶段，因此利用恰亚诺夫及詹姆斯·斯科特的小农经济分析框架（恰亚诺夫，1996；詹姆斯·C.斯科特，2001）和社会学关于家庭资本的相关理论来分析影响农村教育收益率的主要因素（Bourdieu P.，1986）。

一是农户家庭个人劳动力资源配置受家庭条件约束。农户家庭集生产与消费于一身，以家庭为单位进行决策，首先为维持家庭生计进行生产，其次才为市场生产，其生产动机是安全第一和避免风险，决策目标是家庭效用最大化，即农户劳动力、土地等资源配置等决策过程中，服从家庭效用最大化原则（张永丽，2005）。对于贫困地区农户来说，劳动力是农户最基本的生产投入要素，外出务工是农户实现增收的主要途径，务工收入占农户家庭可支配收入的60%左右；但家庭劳动力在外出务工选择、职业选择、打工地选择等方面，必须考虑到老人、小孩、非健康人口的照顾以及子女教育等一系列问题，服从家庭的需要，并受家庭负担约束，即家庭负担影响着劳动力就业和职业选择，进而影响着劳动力的教育收益率。

二是农户家庭人力资本作用的发挥受家庭资本的影响。社会学相关研究将家庭资本分为经济资本、社会资本、文化资本（Bourdieu P.，1986；Coleman J.S.，1988），人力资本作用的发挥受家庭资本的影响。从影响机理来看，第一，家庭经济资本是基础，影响着其他资本作用的发挥，家庭经济资本越高，抵抗风险的能力越强，决策越趋于理性；经济资本越高，人力资本越能得到支撑；经济资本越高，越有能力进行社会资本投资并获得较高的社会资本。第二，社会资本是人力资本作用发挥的必备条件，在以"熟人"构成的中国农村社会，社会交往、社会关系网络等因素与市场制度紧密联系在一起，对农户的市场信息、就业选择、资源使用、非农经营、民间借贷等经济行为发挥着非常重要的作用。对于欠发达地区大部分农户来说，资源非常有限，社会资本在很大程度上影响着人力资本作用的发挥，对家庭的影响甚至可能超过人力资本。第三，农户的文化资本即思维方式、行为习惯等，是一种隐秘的社会竞争机制，并且有着非常强的家庭传承性，对农户的影响根深蒂固。近年来关于精神性贫困、文化贫困等问题受到广泛关注，在反贫困过程中表现为部分贫困户价值取向、思维方式、行为习惯落后于一般状态，自身发展动力不足，"等靠要"等思想严重，事实上可以认为是一种家庭文化资本不足的表现。

因此，本节基于以上理论分析框架将构建影响农户家庭教育收益率的四维度综合指标体系，从家庭约束、家庭经济资本、家庭社会资本、家庭文化资本等视角进一步实证分析和解释其对农户家庭教育收益率的影响程度。

三 数据来源与描述性统计

（一）数据来源

本节所使用的数据来源于2016年对甘肃省14个贫困村的农村社会发展分层抽样调查，其中调查问卷内容主要涉及村庄基本概况、农户家庭人口结构、劳动力外出、资产负债状况、收支情况、生产经营、医疗卫生、教育培训等内容。本次调查以甘肃省的六盘山片区和秦巴山片区为主，包括甘肃省8个市区的14个建档立卡贫困村，调查村庄多处于黄土高原干旱半干旱山区，生态环境脆弱，基础设施不健全，教育、文化、卫生等公共事业较为落后。调查采取访谈形式填写问卷，调查过程中由于农户有劳动力外出务工、下地务农、走访亲朋等原因，共收回有效问卷1749份，样本农户1749户，涉及人口8319人，其中劳动力人数5039人，户均人口数4—5人，户均劳动力人数2—3人，户均在读学生人数为1—2人，农户家庭赡养系数0.51，家庭非健康人口比例19%，如表2-1所示。

表2-1　　　　　　　　　　样本户人口概况

分项	样本总体
户数（户）	1749
人数（人）	8319
劳动力人数（人）	5039
户均人口数（人）	4.8
户均劳动力人数（人）	2.9
户均在读学生人数（人）	1.2
家庭赡养系数	0.51
家庭非健康人口比例（%）	19

（二）农户家庭劳动力受教育水平与收入状况

从农户劳动力受教育程度来看，农村劳动力整体受教育水平比较低。在受教育年限上，农户劳均受教育年限为5.9年，户主平均受教育年限为5.9年。在劳动力受教育层次上，初中文化程度人数最多，占比32%；其次是小学文化程度占比30.5%；文盲人数的比例仅次于小学，其占比约为23.7%；高中与大专及以上文化程度人数占比相对较小，分别为9.3%、4.5%。

从收入状况来看，农户劳均年收入为7577.6元，其收入水平比较低。从收入结构来看，外出务工收入是农户家庭收入的最主要来源，占比约为64.5%；其次为农业收入，占比为22.3%；非农经营收入对家庭总收入贡献度最小，占比仅为6.4%，如表2-2所示。

表2-2　农户家庭劳动力受教育水平与收入状况

分项	样本农户
1.教育状况	
劳动力平均受教育年限（年）	5.9
户主平均受教育年限（年）	5.9
劳动力受教育程度（%）	
文盲	23.7
小学	30.5
初中	32.0
高中	9.3
大专及以上	4.5
2.收入状况	
劳均年收入（元）	7577.6
务工收入占家庭总收入比例（%）	64.5
务农收入占家庭总收入比例（%）	22.3
非农经营收入占家庭总收入比例（%）	6.4

四　农户家庭教育收益率的测量

（一）模型建立与变量选取

本部分首先通过明瑟收入函数测算农户家庭的教育收益率。其基本方程为：

$$\ln Y = \alpha + \beta EDU + \gamma_1 EXP + \gamma_2 EXP^2 + \varepsilon \tag{2-1}$$

其中，Y表示农户家庭劳均收入，EDU指家庭劳动力的平均受教育年限，

EXP 表示家庭劳动力的平均工龄[①]，α 为常数项，ε 表示误差项，β、γ₁、γ₂ 分别是各个解释变量的回归系数，β、γ₁ 分别表示教育收益率与工龄收益率。

鉴于仅包含两个因素的明瑟方程不足以充分解释教育收益率的变化原因，通常可能会导致基本方程测算出来的教育收益率 β 偏高，因此，需要加入一些其他的解释因素使得测算结果更加精确。在方程中加入控制变量是最常用的方法，考虑到其他因素对农户收入可能存在的影响，本节在基础的明瑟方程中加入了务工人数比例、家庭非健康人口比例、人均耕地面积、家庭人口负担比、家庭从事非农经营等控制变量，如表2-3所示，这样拓展的明瑟收入方程为：

$$\ln Y = \alpha + \beta EDU + \gamma_1 EXP + \gamma_2 EXP^2 + \Sigma \eta_j X_j + \varepsilon \quad (2-2)$$

表2-3　　　　　　　　　主要解释变量的名称与描述

变量	变量描述	均值	方差
家庭劳均受教育水平	家庭劳动年龄人口（15—65岁）的平均受教育年限（年）	5.88	7.71
家庭劳均工龄	家庭劳动年龄人口（15—65岁）的平均工龄（年）	29.03	73.74
家庭劳均工龄的平方	家庭劳动年龄人口（15—65岁）的平均工龄的平方	916.68	323623.24
务工比例	家庭打工人数占家庭总人数的比例(%)	0.37	0.04
非健康人口比例	家庭患病人口占总人口的比例（%）	0.19	0.05
人均耕地面积	家庭人均耕地面积(亩/人)	2.62	7.10
家庭人口负担比	家庭非15—65岁人数占总人数的比例(%)	0.26	0.05
家庭是否从事非农经营	家庭从事非农经营的赋值1，否则为0	0.07	0.06

在此基础上，为进一步揭示农户家庭不同教育层次教育收益率的差异，本节将家庭劳动力平均受教育年限分为文盲、小学、初中、高中和大专及以上这五个教育层次，五个教育层次在总体样本数据中分别占比为9.6%、44.6%、36.1%、8.5%和1.2%。将不同的教育层次作为虚拟变量代替式（2-1）、式（2-2）中的教育年限变量再进行回归分析。

（二）基本回归结果分析

本节在整个实证分析过程中，对数据的处理分析都利用Stata14.0统

---

① 参考侯风云（2004），劳动力平均工龄 = 劳动力平均年龄 - （劳动力平均受教育年数+7）。

计软件进行操作并汇报相关分析结果。在进行回归分析前，本节采用方差膨胀因子法对模型主要解释变量进行了多重共线性检验，结果发现 Mean VIF=6.36，除了家庭劳均收入与家庭劳均收入的平方项外，其他解释变量的 VIF 值均在 1 左右，结果显著小于经验法则所要求的最低数值 10，有效地控制了回归分析中多重共线性带来的影响。考虑到异方差等问题，本节采用稳健标准误来提高估计的准确性。

按受教育年限估计的教育收益率见表 2-4。其中模型 1 表示利用基础的明瑟方程回归所得结果，模型 2 表示加入控制变量后所得出拓展明瑟方程的回归结果。

首先，从样本整体的回归结果来看，两个模型户均受教育年限的估计系数都在 1% 显性水平上显著，模型 1 显示基础的明瑟回归估计的样本总体的教育收益率为 6.1%，模型 2 显示加入控制变量后的教育收益率为 4.5%，由此可以测算出农户家庭教育收益率为 4.5%—6.1%。其次，回归结果中工龄的系数显著，表明对农户劳动力而言劳动年龄的增长带来收入显著的增长，工龄平方项的系数显著为负，符合经验，说明家庭劳均收入与劳动工龄呈现倒"U"形关系。再次，从其他控制变量的系数来看，务工人数比例、人均耕地面积、家庭从事非农经营对农户家庭劳均收入均有显著的正向影响，家庭非健康人口比例则对农户家庭劳均收入有显著的负向影响。

表 2-4　　　　依受教育年限的教育收益率回归结果

解释变量	样本总体	
	模型 1	模型 2
常量	8.070***(0.207)	7.624***(0.211)
劳均受教育水平	0.061***(0.008)	0.045***(0.008)
劳均工龄	0.023**(0.011)	0.025**(0.011)
劳均工龄的平方	-0.0005***(0.000)	-0.0004***(0.000)
务工比例		1.423***(0.097)
人均耕地面积		0.029***(0.007)
家庭从事非农经营		0.495***(0.075)
家庭非健康人口比例		-0.208**(0.082)
家庭人口负担比		0.001(0.090)
R^2	0.066	0.195
F 值	40.989***	46.757***
样本量	1749	1749

注：***、**、* 分别表示 1%、5%、10% 的显著水平，括号内数值为标准误差。

按不同受教育层次的教育收益率比较回归结果如表2-5所示。从总体来看，两个模型中所有层次的教育回归系数都在1%的显著性水平上显著。通过计算得出各个层次的年均教育收益率[①]，相对于文盲（基准组）来说，小学、初中、高中和大专及以上的年均教育收益率分别为6.3%、7.3%、7.8%、13.6%。表明农户家庭年均教育收益率随着家庭平均教育年限的提高而递增。

表2-5　　　　　　　依受教育层次的教育收益率回归结果

解释变量	总体 模型3	总体 模型4
常量	8.143***(0.203)	7.656***(0.207)
小学	0.363***(0.074)	0.285***(0.069)
初中	0.450***(0.080)	0.331***(0.075)
高中	0.663***(0.103)	0.505***(0.097)
大专及以上	1.110***(0.197)	0.928***(0.184)
劳均工龄	0.017(0.012)	0.020*(0.011)
劳均工龄的平方	−0.0004**(0.000)	−0.0003*(0.000)
务工比例		1.427***(0.097)
人均耕地面积		0.031***(0.007)
家庭从事非农经营		0.499***(0.074)
非健康人口比例		−0.205**(0.082)
家庭人口负担比		−0.0002(0.090)
R^2	0.068	0.199
F值	21.145***	35.829***
样本量	1749	1749

注：***、**、*分别表示1%、5%、10%的显著水平，括号内数值为标准误差。

五　农户家庭教育收益率影响因素分析

利用明瑟收入函数测算农户家庭的教育收益率后，基于前面建立的理论分析框架对影响农户家庭教育收益率的因素进一步进行实证分析。

（一）模型建立与变量选取

本部分通过构建计量OLS回归模型和分位数回归模型，更进一步地探讨

[①] 当解释变量为虚拟变量时，必须取虚拟变量系数估计值的反对数并减去1再乘以100来表示这个解释变量值的单位变化导致因变量的百分比变化，即$E_i=[exp(\beta_i)-1]/d_i$，其中E_i为各个层次的年均教育收益率，β_i为回归系数，以文盲为基准变量，d_i为第i层次教育年限与文盲（基准组）受教育年限之差（$i=1,2,3,4;d_1=6,d_2=9,d_3=12,d_4=15$）。

家庭教育收益率的影响因素，将家庭教育收益率作为被解释变量，用家庭劳均收入与劳均受教育年限的比值①作为代理变量表示，来考量家庭的教育收益率，用家庭负担、家庭经济资本、家庭社会资本、家庭文化资本作为解释变量，以讨论和解释不同因素对农户家庭教育收益率的影响程度，并探析其内在的原因。在解释变量的选取中，家庭负担用家庭非健康人口比例和家庭赡养系数两个指标来表示；经济资本用家庭耕地面积、家庭生产性资产价值、家庭存款和贷款余额（数据在本研究中缺失）、家庭务工人数比例、家庭是否从事非农经营等指标表示；家庭社会资本状况包括社会资本投资、社会关系网络、户主是否为党员、户主是否为干部等指标，社会资本投资用家庭通信费用、网络费用和婚丧嫁娶支出费用的总和代替，社会关系为家庭有无亲戚朋友在城里工作并给予帮助、有无家人在行政事业单位工作等指标；家庭的文化资本用家庭未来发展规划来表示②。变量设置及描述统计如表2-6所示，首先建立OLS回归模型为：

$$\ln(Y/EDU) = \alpha + \beta X_i + \varepsilon \tag{2-3}$$

其中，$\ln(Y/EDU)$ 与家庭教育收益率的高低同方向变化，$\ln(Y/EDU)$ 较大的家庭，其教育收益率也相对较高。α 为模型的截距，X_i 为解释变量。

表2-6　　　　　　　　　变量设置及统计描述

变量类型	变量名	代理变量或度量方法	均值	标准差
家庭约束	家庭非健康人口比例	家庭非健康人口数占家庭劳动力数的比例（%）	0.19	0.22
	家庭负担系数	家庭非15—64岁人数占劳动力数的比例（%）	0.51	0.52
家庭经济资本	家庭耕地面积	家庭人均耕地面积（亩）	2.61	2.54
	家庭生产性资产价值	家庭人均生产性资产原值（元）	1624.96	4059.20
	家庭务工人数比例	家庭务工人数占家庭劳动力数的比例（%）	0.37	0.31
	家庭是否从事非农经营	是=1，否=0	0.07	0.25

---

① 当家庭劳均受教育年限为0时，家庭劳均收入与劳均受教育年限的比值将没有意义，所以以下将家庭劳均受教育年限为0的70户样本删除，对剩下的1679户家庭进行分析。

② 家庭规划为"无计划，边走边看"用1表示，家庭计划为"打工赚钱供孩子上学，希望孩子将来能有出息"用2表示，家庭计划为"搞好种植业或者养殖业或者家庭经营，日子越过越红火"用3表示，数值越大表示家庭计划越好，即家庭文化资本越高。

续表

变量类型	变量名	代理变量或度量方法	均值	标准差
家庭经济资本	家庭劳动力比例	家庭劳动力人数占家庭总人数的比例（%）	0.65	0.22
家庭社会资本	社会资本投资	家庭人均通信费用、网络费用与婚丧嫁娶支出之和（元）	427.38	388.36
	社会关系网络	有无亲戚朋友在城镇工作并给予帮助：有=1，无=0	0.10	0.29
		有无家人在行政事业单位工作：有=1，无=0	0.22	0.42
	户主是否为党员身份	户主是否是党员身份：是=1，否=0	0.10	0.34
	户主是否为干部身份	户主是否是干部：是=1，否=0	0.02	0.15
家庭文化资本	家庭未来发展规划	三种规划按优良程度赋值为3，2，1	2.12	0.57

考虑到 OLS 的估计结果有均值意义的局限性，教育对不同人群收入的影响程度不同，其所产生的异方差性问题将会影响 OLS 估计的有效性，若直接用 OLS 估计会得到有偏估计结果。近年来国内外学术界常见的处理方式是采用分组回归、半参数分析方法、局部线性匹配法等解决教育异质性回报问题（李雪松、詹姆斯·赫克曼，2004；简必希、宁光杰，2013）。鉴于这一情况，若对样本进行分组回归，这一方法的明显缺陷是无法有效利用全部样本的信息。因此，本节用分位数回归的方法既可克服异质性的影响又可得到更加稳健的回归结果。

分位数回归方法，即将条件分位数与回归方法相结合，假设给定 y|x 的总体 q 分位数 $y_q(x)$ 是 x 的线性函数，于是建立分位数回归模型：

$$y_q(x_i) = \alpha_q + x_i \beta_q \tag{2-4}$$

其中，y=ln（Y/EDU），β 称为"q 分位数回归系数"，x_i 为方程中的 i 个解释变量。在分位数回归模型中常采用 bootstrap 法，本节分别选取农户家庭教育收益率的 0.1、0.5、0.9 分位数的回归结果，将农户家庭教育收益率划分为低、中、高三个层次，以此来揭示各个解释变量对不同教育收益率分布段的影响程度，进而更详细地刻画农户的教育收益率的差异，以便深入地了解产生农户家庭收益率差距的原因。

（二）实证结果

两种模型的估计结果如表 2-7 所示，OLS 模型回归结果的 F 值在 1% 的显著性水平上显著，说明模型整体显著，模型中的解释变量能够较好地解释被解释变量。从估计系数来看，家庭人均耕地面积、家庭务工人数比例、家庭从事非农经营、社会资本投资、家庭有亲戚朋友在城里工作并给予帮助、户主为党员身份、户主为干部身份、家庭未来计划对家庭教育收益率都有显著的正向影响，家庭赡养系数对家庭教育收益率的负向影响显著。由此可见，家庭约束、家庭经济资本、社会资本和文化资本都对家庭教育收益率有着一定的影响。

表 2-7　　　　　　　　教育收益率影响因素分析

解释变量		OLS	分位数回归		
			0.1	0.5	0.9
家庭约束	家庭赡养系数	−0.197**(0.097)	−0.167**(0.067)	−0.043(0.051)	−0.017(0.054)
	家庭非健康人口比例	−0.049(0.05)	−0.239*(0.134)	−0.0623(0.073)	−0.203(0.232)
家庭经济资本	人均耕地面积	0.026***(0.008)	0.013*(0.007)	0.018**(0.008)	0.027**(0.014)
	家庭生产性资产价值	2e−07(0.00)	4.92e−08(0.00)	6.84e−06(0.00)	1.32e−05**(0.00)
	家庭务工人数比例	0.829***(0.103)	1.025***(0.137)	0.928***(0.093)	0.658***(0.188)
	家庭从事非农经营	0.275***(0.079)	0.084(0.130)	0.100***(0.031)	0.046(0.118)
	家庭劳动力比例	0.017(0.137)	−0.29(0.189)	−0.004(0.137)	0.17(0.199)
家庭社会资本	社会资本投资	0.0001***(0.000)	0.00034***(0.0001)	0.00035***(0.000)	0.00039***(0.000)
	家庭有亲戚朋友在城里工作并给予帮助	0.101*(0.059)	0.141(0.145)	0.009(0.066)	0.087(0.065)
	家庭有人在行政事业单位工作	0.103(0.097)	0.153(0.179)	0.038(0.086)	0.388***(0.104)
	户主为党员身份	0.036*(0.019)	0.017(0.105)	0.029(0.065)	0.037**(0.015)
	户主为干部身份	0.013**(0.006)	0.02(0.178)	0.116(0.125)	0.08*(0.045)

续表

解释变量		OLS	分位数回归		
			0.1	0.5	0.9
家庭文化资本	家庭未来计划	0.101***(0.038)	0.186***(0.058)	0.084*(0.045)	0.13**(0.052)
常数项		6.419***(0.092)	5.33***(0.158)	6.409***(0.071)	7.292***(0.154)
R^2		0.094	0.076	0.067	0.042
F 值		17.370***			
样本量		1679	1679	1679	1679

注：***、**、*分别表示1%、5%、10%的显著水平，括号内数值为标准误差。

在分位数回归结果中，各个解释变量在不同分位上对农户家庭教育收益率的影响系数变化较明显，分析如下。

（1）家庭约束方面，家庭赡养系数与家庭非健康人口比例回归系数在0.1分位点处负向显著，表明提高家庭赡养系数与家庭非健康人口比例对低教育收益率农户影响较大，即家庭赡养系数每提高1个单位，相对地其教育收益率将分别降低16.7%、23.9%。

（2）家庭经济资本方面，人均耕地面积回归系数在0.5分位上正向显著，表明增加中等教育收益率农户的人均耕地面积对其教育收益率提高有显著正向作用；家庭生产性资产价值回归系数在0.9分位数回归中显著，表明对高教育收益率农户而言，家庭生产性资产价值对其教育收益率有显著的正向作用；家庭务工人数比例系数在三个分位上均显著且呈现不断递减的趋势，表明家庭务工人数比例对教育收益率的正向影响程度由低教育收益率农户到高教育收益率农户依次递减。

（3）家庭社会资本方面，社会资本投资对教育收益率有显著影响，社会资本投资分位数回归系数随着分位数的上升呈现逐渐上升的趋势，这表明增加社会资本投资对由低到高教育收益率农户影响程度依次增强。家庭有人在事业单位工作在0.9分位数回归中正向显著，表明对于高教育收益率的农户家庭而言，有人在事业单位工作的家庭比没有在事业单位工作的家庭教育收益率高38.8%。户主身份是党员与户主身份是干部二者回归系数在0.9分位上均正向显著，表明对高教育收益率的农户来说，户主为党员的家庭比户主非党员的家庭教育收益率高 3.7%，户主为干部的家庭比户主非干部的家庭教育收益率高 8%。

（4）家庭文化资本方面，家庭未来发展计划分位数回归系数在三个分位上均显著，表明家庭未来发展计划对教育收益率的影响呈现"U"形特征。具体来说，对于低、中、高教育收益率的农户来说，家庭未来发展计划优良程度每提高 1 个单位，其相应教育收益率分别提高 18.6%、8.4%、13%。

六 结论与政策建议

（一）结果与讨论

本节利用甘肃省 14 个建档立卡贫困村的入户调查数据，首先通过建立与拓展明瑟收入方程对农户家庭教育收益率进行了测算，在此基础上通过建立 OLS 回归模型和分位数回归模型进一步分析影响农户家庭教育收益率的因素，其结论如下。首先，农户家庭的教育收益率显著，农户家庭年均教育收益率随着家庭平均受教育年限的提高而递增，即教育作为反贫困的主要途径能够给家庭带来比较高的教育回报。其次，OLS 回归结果显示家庭约束、家庭经济资本、家庭社会资本、家庭文化资本等因素对农户家庭教育收益率有一定影响。最后，进一步分位数回归显示，对低教育收益率农户而言，家庭约束对其教育收益率有显著负向影响；对高教育收益率农户而言，家庭社会资本对其教育收益率有显著正向影响；家庭经济资本中的家庭务工人数比例、人均耕地面积与家庭文化资本对农户的教育收益率有显著正向影响。

（二）政策建议

针对以上分析结果，为提高贫困地区农户家庭教育收益率，帮助贫困人口打赢贫困攻坚战，提出以下政策建议。

1.加大人力资本特别是教育方面的投资，帮助贫困人口实现"贫困摘帽"

首先，国家教育资源配置向西部农村贫困地区倾斜，进一步优化农村教育资源配置，促进城乡义务教育均衡发展，全方位提高贫困地区教育水平。其次，一方面，大力发展高等教育和职业教育，提高农村学生高等教育入学率和受教育水平，摆脱家庭资本不足对教育收益率的不良影响；另一方面，应尽快解决贫困地区高职、中职学校专业教师短缺、师资力量薄弱、专业设置与社会需求脱节、实训基地建设落后等问题，形成完善的职业教育体系。最后，通过各种手段降低农村家庭教育负担，提高农户家庭子女受教育水平，特别是高中及以上教育的入学水平。

2. 提高农村劳动力非农就业层次和水平，提高农户家庭教育收益率

鉴于样本农户不同程度地分布在六盘山片区和秦巴山片区，通过区域发展带动扶贫开发、以扶贫开发促进区域发展依然是集中连片特困区扶贫开发的主要途径。因此，一方面应该通过进一步加快区域工业化和新型城镇化建设进程，增强区域发展能力，提高对贫困人口的渗透、辐射和带动能力，实现相对贫困人口稳定脱贫；另一方面通过工业化和城镇化带动农村劳动力进一步向非农领域转移，提高教育收益率。同时，针对农民工流动过程中存在就业层次低、就业稳定性比较差等问题，应该进一步深化就业制度、教育制度、社会保障制度等体制改革，建立城乡一体化的劳动力市场，并通过立法保障农民工的合法权益，通过城镇化与农民工市民化摆脱生态贫困，实现年轻人口的永久性转移和脱贫，确实发挥非农产业与城镇化在反贫困中的地位和作用。

3. 加强农村社会资本建设，提高农户家庭教育收益率

精准扶贫应该鼓励并逐步实现开发式扶贫与开放式扶贫的有机结合，打破贫困人口以血缘、亲缘、地缘为主的社会网络体系，通过市场发展、信息传播、网络建设、"走出去"与"引进来"等措施逐步形成以业缘为主的发散型、开放型社会关系网络，将农户纳入社会化生产网络体系；鼓励农户通过参加社会活动、通信媒介、外出务工等途径积极建立良好的社会关系网络，打破封闭的社交禁锢，拓宽获取资源和信息的渠道，构建良好的社会关系；鼓励通过东西扶贫协作、定点帮扶、"三支一扶"等形式输入外部社会资本，通过这些途径实现贫困人口社会资本和人力资本的有机结合，以提高农户家庭教育收益率。

4. 优化精准扶贫政策体系，激发内生动力，提高农户家庭教育收益率

优化农村精准扶贫政策体系，实现公共政策、功能性政策、竞争性政策的有机结合，激发内生动力。首先，加大贫困地区公共服务政策力度，重点解决农村反映最为强烈的教育、医疗、社会保障等问题，降低教育成本，完善农村以疾病预防和救治相结合的医疗体制；其次，功能性政策以农村生产生活条件改善和制度体系完善为主，重在加大农村基础设施建设和各项制度建设，降低农村交易成本；最后，竞争性政策应以贫困人口物质性资源的获得、增收能力建设为主，以贫困人口的广泛参与与合作为竞争性条件，激发贫困

人口的内生动力，逐步改变等靠要等精神贫困问题，形成积极进取、健康向上的农村文化资本。

第二节　贫困与非贫困家庭教育收益率的差异及原因分析*

一　引言

人力资本投资特别是发展教育已经成为世界各国反贫困的主要行动计划和政策着力点。中国也一直将教育扶贫作为反贫困的重要举措，特别是2014年实施精准扶贫战略以来，教育作为"五个一批"[①]工程的重要内容之一，是各个地区精准扶贫的重要着力点，受到社会各界的高度关注。党的十九大报告明确提出要坚决打赢脱贫攻坚战，注重扶贫同扶志、扶智相结合，进一步确定了教育在扶贫脱贫中的战略地位。那么农村教育的收益率究竟有多大？贫困人口和非贫困人口的教育收益率是否存在差异？怎样才能最大限度地发挥教育在反贫困中的作用？

对于教育收益率的研究非常之多，绝大部分研究主要集中在两个方面：一是关于教育收益率的测算方法的不断完善和应用；二是对不同群体、不同受教育水平、不同地区教育收益率的差异比较研究。关于教育收益率的测算，学者们多采用明瑟方程并针对其内生性和选择偏差等问题，对测量方法不断进行改进。为了解决内生性问题，研究中普遍使用工具变量法，并且以往的研究都采用家庭背景信息作为工具变量，近年来，学者们选取配偶的受教育年限以及父母的受教育年限作为工具变量。为了解决样本选择偏差问题，多数研究采用Heckman两步法，对教育收益率的测算表明考虑样本选择偏差与采用OLS进行估计得到的结果存在一定差异，但与内生性问题相比，选择性偏差所引起的偏误程度并不严重。另外，还有一些学者聚焦于异质性问题，采用半参数分析方法、局部线性匹配法等对教育异质性回报进行了诸多有益

---

* 本节以同题发表在《教育与经济》2018年第3期。作者：张永丽（西北师范大学商学院教授）、李青原（西北师范大学商学院研究生）。

① 2015年10月16日，习近平同志在减贫与发展高层论坛上首次提出"五个一批"的脱贫措施，为打通脱贫"最后一公里"开出破题药方。

的探索。

以经济学领域为主,也有大量研究侧重于对不同群体的教育收益率进行测算与差异比较,旨在探讨导致收入分配和社会经济发展差距的原因。对不同地区的教育收益率进行比较发现,城镇的教育收益率高于农村,东部地区的教育收益率高于中西部,而城乡教育收益率差异的扩大是城乡收入差距扩大的重要原因;对不同性别的教育收益率的研究表明,女性的教育收益率高于男性;还有研究认为受教育程度越高的群体教育的回报越大;杨娟等(2015)认为高收入群体的教育回报高于低收入群体,贫困家庭对子女的早期教育投资较少,子女在义务教育阶段的人力资本存量低,则高等教育参与率也低,最终导致收入差距扩大并在代际固化。一些学者则对不同群体教育收益率存在差异的原因进行了探讨,如王海港和李实等(2007)认为劳动力市场化程度导致了城镇教育收益率的地区差异;黄志岭和姚先国等(2009)验证了女性受教育程度的提高降低了其在劳动力市场受歧视程度,由此获得比男性更高的教育回报,造成了教育收益率的性别差异。但受限于数据,关于教育收益率测算及差异分析的研究大都集中在城镇人口。

农村教育收益率的研究越来越受到学者们的重视。部分学者对农村地区、农民群体的教育收益率进行了测算,如侯风云(2004)估计了中国农村不同形式的人力资本收益率;孙百才等(2013)测算了西部少数民族地区农村居民的教育收益率;刘万霞等(2011)估计了农民工的教育收益率。还有学者探究了农村教育收益与收入不平等问题,研究表明,教育对收入差距有很大影响,但研究结论存在较大差异。近年来"教育致贫"现象引起了学界的高度关注,余世华(2006)认为教育成本分担不合理、教育收费行为不规范以及个体和家庭的教育投资偏差导致了因教育消费带来的贫困;有研究从教育的投资—收益视角,认为大部分贫困家庭为了摆脱贫困陷阱举债投资教育,却难以带来相应的劳动力市场回报,使家庭陷入教育债务困境,形成新的教育贫困陷阱,引发教育致贫问题;张永丽等则从教育的成本—收益视角,认为这是一个短期投资和长期收益矛盾引发的悖论。

总体来看,对于教育收益率的测算已经比较成熟,对不同群体教育收益率差异的研究也越来越丰富,但仍需要在以下方面进行深化:一是农村社会经济问题比较复杂且处于动态变化中,要解决教育致贫及教育精准扶贫问题需要不断提供新的经验;二是对农村不同群体教育收益率的研究有待进一步探讨；三是对农村不同群体教育收益率差异的研究多为理论解释，研究结论缺乏实证检验。本节利用2016年对甘肃省14个贫困村1749个农户的调查资料，对贫困家庭和非贫困家庭的教育收益率进行比较，对导致差别的原因进行了实证分析，以期为当前开展的教育精准扶贫提供借鉴。

二 数据来源与统计性描述

（一）数据来源与样本概况

本节使用的数据源于西北师范大学"精准扶贫与区域发展研究中心"于2016年在甘肃省贫困县进行的农村社会调查，共涉及甘肃省8个市区的14个建档立卡贫困村。调查采取分层抽样、当面访谈的形式，共获得1749户、8319人的有效信息，这些信息主要包括家庭人口结构、劳动力外出、资产状况、收支情况、医疗卫生、教育培训等。其中，建档立卡贫困户[①]767户共计3556人，非贫困户982户共计4763人。贫困户与非贫困户在家庭人口数、劳动力数、在读学生数上均存在着一定差异，两类家庭户均人口数分别为4.6人与4.9人，户均劳动力数分别为2.7人与3.0人，户均在读学生数分别为1.17人与1.09人。样本概况见表2-8。

表2-8　　　　　　　　　　　样本农户概况

	样本总体	贫困户	非贫困户
户数（户）	1749	767	982
人数（人）	8319	3556	4763
劳动力人数（人）	5039	2065	2974
户均人口数（人）	4.8	4.6	4.9
户均劳动力数（人）	2.9	2.7	3.0
户均在读学生人数（人）	1.13	1.17	1.09

（二）贫困与非贫困家庭基本情况比较

1. 家庭劳动力教育、就业与收入状况

对贫困与非贫困家庭劳动力教育、就业与收入状况进行比较，可以发现：

[①] 在多维贫困背景下，简单以收入为标准划分贫困户与非贫困户有失偏颇。建档立卡贫困户是在综合考虑收入、教育、健康、住房等情况下，通过农户申请、民主评议和逐级审核的方式识别的，相对于以单一收入标准进行自主划分更为准确合理，因此本节所界定的贫困户为建档立卡贫困户。

从劳动力受教育程度来看，贫困家庭与非贫困家庭存在差距，贫困户劳均受教育年限为 5.3 年，而非贫困户劳均受教育年限为 6.3 年。从劳动力就业状况来看，贫困户以农业为主，有 40.8% 的劳动力从事农业，外出务工的比例为 29.1%，非农经营仅有 4.4%；而非贫困户以外出务工为主，务工比例高达 38.5%，从事农业的比例为 26.7%，非农经营为 8.2%。从收入状况来看，贫困户的收入水平明显低于非贫困户。贫困户劳均年收入为 6639.5 元，而非贫困户为 8310.3 元。在收入结构上，务工收入是农户收入的最主要来源，务工收入的差距是两类家庭收入差距形成的主要原因，贫困户劳均年务工收入为 4249.3 元，非贫困户为 5376.8 元；两者非农经营收入差距较大，贫困户劳均年非农经营收入只有 159.3 元，而非贫困户为 789.5 元；贫困户劳均年务农收入为 1626.7 元，非贫困户为 1711.9 元，差别不大。贫困户与非贫困户劳动力受教育水平、就业与收入状况比较如表 2-9 所示。

表 2-9　　　　　　劳动力受教育水平、就业与收入状况比较

	贫困户	非贫困户
1. 教育水平		
劳动力平均受教育年限（年）	5.3	6.3
2. 就业状况		
农业（%）	40.8	26.7
外出务工（%）	29.1	38.5
非农经营（%）	4.4	8.2
兼业（%）	25.7	26.6
3. 收入状况		
劳均年收入（元）	6639.5	8310.3
劳均年务农收入（元）	1626.7	1711.9
劳均年务工收入（元）	4249.3	5376.8
劳均年非农经营收入（元）	159.3	789.5

2. 家庭负担与家庭资源禀赋

农户家庭负担主要源于家庭非健康人口与非劳动力人口。贫困户的非健康人口比例与人口抚养比分别为 22% 与 91%，而非贫困户分别为 18% 与 79%，贫困户的非健康人口比例与人口抚养比均显著高于非贫困户，表明贫困户面临更大的家庭负担约束。

家庭经济资本是农户生存和发展的基础，主要用人均耕地面积、人均生产性固定资产原值、人均耐用品资产原值①来衡量。贫困户与非贫困户的人均耕地面积分别为 2.61 亩与 2.59 亩，贫困户略高于非贫困户，但差异并不显著；在人均生产性固定资产原值与人均耐用品资产原值上，非贫困户均显著高于贫困户。

家庭社会资本包括社会资本投资与社会关系，社会资本投资用家庭人均年通信费用、网络费用和婚丧嫁娶支出费用之和来表示，社会关系用家庭有无亲戚朋友在城里工作并给予帮助（有 =1，无 =0）、有无家人在行政事业单位工作（有 =1，无 =0）、户主是否为党员（是 =1，否 =0）这三个指标衡量。在社会资本投资上，贫困户与非贫困户分别为 288.46 元与 533.61 元，差异显著；在社会关系的各指标值上，贫困户均显著低于非贫困户。

此外，家庭文化资本在农户家庭发展中的作用越来越重要，其概念是在文化资本②的基础上发展而来的，可以衡量和反映一个家庭价值观念、思维方式、决策方式、风险态度等，很大程度上影响着家庭成员学业成就和未来发展。现有的研究对家庭文化资本的测度未形成统一标准，有研究认为家庭文化资本由父母受教育程度、家庭文化习惯和家庭文化期待三个因子构成。鉴于此，本研究用家庭未来发展规划③衡量家庭文化资本。一方面，家庭未来发展规划在一定程度上反映了农村家庭决策者（父母等）的受教育水平和思维方式；另一方面，家庭未来发展规划也在一定程度上代表了家庭文化习惯、文化期待和风险态度。在家庭未来发展规划上，贫困户与非贫困户的均值分别为 2.18 与 2.29，非贫困户的家庭未来发展规划显著优于贫困户。

总体来看，贫困户与非贫困户的家庭负担和家庭资源禀赋存在着显著差异（见表2-10），贫困户的家庭负担比非贫困户大，资源禀赋比非贫困户差。

---

① 依据程名望等（2014）对经济资本的界定，生产性固定资产原值为农业经营性资产原值与非农经营性资产原值之和，农业经营性资产为农机具，非农经营性资产包括小商店、卡车、货车等；耐用品资产原值为电视机、电冰箱、电脑、小汽车、摩托车、电动车等原值之和。

② 最早源于布迪厄《文化资本与社会炼金术》中文化资本的定义及分类。

③ 家庭规划为"无计划，边走边看"用 1 表示，家庭计划为"打工赚钱供孩子上学，希望孩子将来能有出息"用 2 表示，家庭计划为"搞好种植业或者养殖业或者家庭经营，日子越过越红火"用 3 表示，数值越大表示家庭计划越好，即家庭文化资本越高。

表 2-10　　　　　　　贫困户与非贫困户样本配对 t 检验

变量类型	变量名	贫困户 均值	贫困户 标准差	非贫困户 均值	非贫困户 标准差	t 值
家庭负担	非健康人口比例	0.22	0.24	0.18	0.20	3.98***
	人口抚养比	0.91	0.87	0.79	0.80	3.39***
家庭经济资本	人均耕地面积	2.61	2.49	2.59	2.58	0.16
	人均生产性固定资产原值	1224.49	2206.30	1931.22	5015.30	-3.57***
	人均耐用品资产原值	1822.37	4048.93	3010.17	3633.53	-4.70***
家庭社会资本	社会资本投资	288.46	261.16	533.61	433.67	-13.59***
	亲友帮助	0.07	0.26	0.12	0.32	-3.23***
	家人职业	0.19	0.39	0.25	0.43	-3.11***
	户主为党员	0.11	0.31	0.14	0.35	-2.03**
家庭文化资本	家庭未来发展规划	2.18	0.62	2.29	0.56	-3.70***

注：***、**、* 分别表示在 1%、5%、10% 的水平上统计显著。

三　贫困与非贫困家庭教育收益率的测算与比较

（一）研究方法

现有的研究都是基于明瑟方程估计城镇及农村居民个体的教育收益率，在对教育收益率进行测算时，会出现内生性、样本选择偏差以及异质性问题。而已有研究表明，与其他两者相比，对测算结果造成较大偏误的是内生性问题。内生性的主要来源有三个：遗漏变量偏误、联立方程偏差（双向因果关系）和测量误差偏差。变量遗漏与测量误差是导致教育收益率产生内生性的主要原因，除了个人的受教育年限影响工资性收入外，个人能力对其受教育年限与收入也具有正向作用，明瑟方程由于遗漏了个人能力变量而使得个体的受教育年限成为内生变量。研究中常用两种方法解决内生性问题：一是选取合适的工具变量；二是利用面板数据采取滞后一期的前定变量。由于数据类型限制，解决该问题的普遍做法是：选取父母的受教育年限、配偶的受教育年限以及家庭人口规模等作为工具变量，大量研究验证了这些工具变量的可取性。

与现有的研究有所不同，本节研究贫困家庭与非贫困家庭的教育收益率，受教育年限采用的是家庭劳均受教育年限。一方面，基于明瑟方程构建的模型存在变量遗漏问题；另一方面，家庭劳均收入可能在一定程度上影响家庭劳均受教育年限，即两变量之间可能会具有双向因果关系，以上两方面均会导致模型存在内生性问题。为了能够更准确地估计贫困与非贫困家庭的教育收益率，本节将选取合适的工具变量进行 2SLS 回归，并使用代理变量衡量部分难以观测却可能对农户家庭收入产生影响的因素，以纠正内生性带来的偏误。

（二）模型建立与变量设置

为了测算农村家庭教育收益率，本节对明瑟收入函数进行扩展并构建了如下模型：

$$\ln Y = \alpha + \beta EDU + \gamma_1 EXP + \gamma_2 EXP^2 + \sum \eta_i X_i + \lambda EDU*Z + \varepsilon \qquad (2-5)$$

在该模型中，被解释变量 $\ln Y$ 表示农户家庭劳均收入的对数，核心解释变量 EDU 指家庭劳动力的平均受教育年限，EXP 表示家庭劳动力的平均工龄[①]，EXP^2 为家庭劳均工龄的平方，系数 β 即为教育的收益率；考虑到影响农户家庭收入的因素比较复杂，本节在基础的明瑟方程中加入了家庭务工比例、家庭是否从事非农经营、人均耕地面积、非健康人口比例、人口抚养比等控制变量 X_i，系数 η_i 为对应的控制变量 X_i 的边际收益；$EDU*Z$ 为受教育水平与贫困户变量的交互项，Z 为 [0,1] 虚拟变量，该交互项用以测算贫困与非贫困家庭教育收益率的差异，如果系数 λ 显著为负，则表示贫困户的教育收益率低于非贫困户，如果 λ 显著为正，则表明贫困户的教育收益率高于非贫困户。内生变量为家庭劳均受教育水平，最终采用家庭人口规模、家庭人口平均年龄作为教育变量的工具变量，在 2SLS 回归分析中将具体讨论工具变量的选取和检验。主要变量的设定与描述统计见表 2-11。

表 2-11　　　　　　　主要变量的设定与描述统计

变量	变量描述或度量方法	贫困户均值	贫困户标准差	非贫困户均值	非贫困户标准差
家庭劳均受教育水平	家庭劳动力的平均受教育年限（年）	5.34	2.76	6.32	2.63
家庭劳均工龄	家庭劳动力的平均工龄（年）	29.46	7.95	27.71	7.55
家庭劳均工龄的平方	家庭劳动力平均工龄的平方	931.06	504.20	824.80	456.54
家庭务工比例	家庭务工人数与家庭总人数之比（%）	0.21	0.20	0.26	0.21

---

① 参考侯风云（2004），劳动力平均工龄 = 劳动力平均年龄 – 劳动力平均受教育年限 –7。

续表

变量	变量描述或度量方法	贫困户均值	贫困户标准差	非贫困户均值	非贫困户标准差
家庭是否从事非农经营	家庭是否从事非农经营：是 =1，否 =0	0.03	0.16	0.10	0.30
人均耕地面积	家庭人均耕地面积（亩）	2.61	2.49	2.59	2.58
非健康人口比例	家庭患病人数与总人数之比（%）	0.22	0.24	0.18	0.20
人口抚养比	家庭非劳动力数与劳动力数之比（%）	0.91	0.87	0.79	0.80
家庭是否为贫困户	家庭是否为建档立卡贫困户：是 =1，否 =0	0.44	0.50	—	—

注：变量"家庭是否为贫困户"是对样本总体进行描述性统计。

（三）实证分析结果

由前文分析可知，传统 OLS 所估计的教育收益率是有偏的和不一致的，以下从实证的角度验证 OLS 对家庭教育收益率估计有偏的结论，并通过工具变量法来估计和比较贫困与非贫困家庭教育收益率。在进行回归分析前，本部分对主要解释变量进行了多重共线性检验，发现除了家庭劳均工龄与家庭劳均工龄的平方项外，其他解释变量的 VIF 值均在 1 到 1.6 之间，且 mean VIF=6.02，显著小于经验法则所要求的最低数值 10，有效地控制了回归分析中多重共线性带来的影响。考虑到异方差等问题，本节采用聚类稳健标准差来提高估计的准确性。

传统 OLS 估计的教育收益率见表 2-12 模型 1。首先，主要解释变量家庭劳均受教育水平的系数为 0.042 且在 1% 的水平上统计显著，表明在控制其他变量不变的情况下，非贫困户的劳均受教育水平提高 1 年，会使得家庭劳均收入增加 4.2%，即非贫困家庭的教育收益率为 4.2%；交互项的系数为 –0.013 且在 1% 的水平上统计显著，表明贫困户与非贫困户的教育收益率存在显著差异，前者的教育收益率比后者低 1.3%，可得贫困户的教育收益率为 2.9%。其次，从其他变量的估计结果来看，家庭劳均工龄的回归系数在 10% 的水平上显著为正，家庭劳均工龄的平方项系数在 10% 的水平上显著为负，表明在控制其他变量的情况下，家庭劳均收入随着劳均工龄的增加先增大再减小，即劳均工龄与劳均收入呈倒"U"形关系，符合现实经验；家庭务工比例、家庭从事非农经营和人均耕地面积的系数均在 1% 的水平上显著为正，即对收入有显著正效应，且务工能够为家庭带来最大的边际收益；此外，家庭非健康人口比例的系数为负但不显著，人口抚养比的系数为负且在1%的水平上显著，表明人口抚养比对收入有显著的负效应。

接下来，本节用2SLS对教育收益率进行估计。借鉴以往的研究并结合本研究的实际情况，选取家庭人口规模、家庭人口平均年龄作为工具变量。首先，家庭人口规模、家庭人口平均年龄与家庭劳均受教育年限具有相关性；其次，家庭人口规模、家庭人口平均年龄对家庭收入水平通常不具有直接影响。基于前文所构建的模型利用工具变量法对样本总体进行回归分析，估计的结果如表2-12模型2所示。为了检验作为工具变量所必须具备的两个条件，即外生性和与内生变量具有相关性，本节在对模型进行两阶段最小二乘法回归后，分别进行了过度识别检验以及弱工具变量的检验。

在工具变量外生性检验中，由于p值为0.9012，故接受原假设，认为（家庭人口规模，家庭人口平均年龄）外生，与扰动项不相关。在工具变量与内生变量相关性检验中，虽然Shea's Partial R^2只有0.0621，但F统计量为44.4997，p值远小于0.01，在1%的水平上统计显著。如果对内生解释变量的显著性进行名义显著性水平（nominal size）为5%的Wald检验，假如可以接受真实显著性水平（true size）不超过15%，因最小特征值统计量为55.9307，大于对应的临界值11.59，所以拒绝弱工具变量的原假设，即不存在弱工具变量，很好地证实了工具变量与内生变量的相关性。由此，本节选取的工具变量通过了有效工具变量的检验，下面对模型2进行分析。

回归结果显示，主要解释变量的系数均显著，其他变量的系数与利用OLS估计得到的系数没有太大差别。教育变量的系数为0.078且在5%的水平上统计显著，即非贫困户的教育收益率为7.8%，与OLS估计的结果相比有所提高，表明在使用工具变量控制内生性的情况下，农户家庭劳动力接受教育为家庭带来的收益更高，较好地验证了农村家庭的教育回报问题；交互项的系数为-0.019且在1%的水平上统计显著，表明贫困与非贫困家庭的教育回报存在显著差异，贫困户的教育收益率比非贫困户低1.9%，在此模型中贫困户的教育收益率为5.9%，与模型1相比也有所提高；劳均工龄、劳均工龄的平方的系数分别为0.020与-0.0002且均在10%的水平上统计显著，表明工龄与收入呈倒"U"形关系，符合现实情况。由此可见，在存在内生性问题时，用OLS得到的是对家庭教育收益率下偏的估计，2SLS能够修正内生性带来的偏误，得到更优的结果，而 OLS 与 2SLS 回归的结论一致，都表明贫困与非贫困家庭教育收益率存在显著差异，贫困家庭的教育收益率显著低于非贫困家庭。

表 2-12　　　　　　　传统 OLS 回归与 2SLS 回归结果比较

	模型 1（OLS）		模型 2（2SLS）	
家庭劳均受教育水平	0.042***	(0.007)	0.078**	(0.033)
家庭劳均工龄	0.010*	(0.006)	0.020*	(0.001)
家庭劳均工龄的平方	−0.0001*	(0.000)	−0.0002*	(0.000)
家庭务工比例	1.269***	(0.089)	1.237***	(0.094)
家庭从事非农经营	0.452***	(0.066)	0.407***	(0.077)
人均耕地面积	0.020***	(0.007)	0.017**	(0.007)
家庭非健康人口比例	−0.040	(0.082)	−0.034	(0.077)
人口抚养比	−0.085***	(0.024)	−0.086***	(0.024)
教育 * 贫困户	−0.013***	(0.005)	−0.019***	(0.007)
常量	8.003***	(0.189)	7.555***	(0.435)
R^2	0.21		0.20	
F 值（chi2 值）	49.26***		414.06***	
样本量	1749		1749	

注：***、**、* 分别表示在 1%、5%、10% 的水平上统计显著，括号内数值为稳健标准误。

（四）稳健性检验

在上文的计量分析中，计算家庭教育收益率使用的被解释变量为家庭劳均年收入的对数。为了控制工作时间的影响，这里用家庭劳均日收入对数作为被解释变量，对模型进行稳健性检验。农户家庭的具体工作时间比较复杂，样本农户中有 73.8% 的劳动力从事农业、打工或非农经营，还有 26.2% 的劳动力采取了"打工兼农业"或者"个体兼农业"的兼业模式。农业劳动时间有着很强的季节性，调查显示[①]：一个完全从事农业生产的劳动力年工作时数为 204 天，专业打工者则为 324 天，专业个体经营者则为 290 天。调查还显示：贫困户与非贫困户在劳动就业方面有很大差别：贫困户从事农业生产的比例较高，家庭劳动力年工作时间相对较短；非贫困户外出打工和从事非农工作的比例较高，年工作时间相对较长，可能对回归结果造成影响。鉴于此，

---

① 源于西北师范大学"精准扶贫与区域发展研究中心"近年来的农村入户调查，本节使用的是 2016 年的调查成果。

用家庭劳均日收入对数替代上文模型中的被解释变量，同样基于前文模型进行回归，以检验模型及结论的稳定性，回归结果见表2-13。

模型3为传统OLS回归，模型4为2SLS回归。以2SLS回归结果为例，估计得到非贫困家庭的教育收益率为7.6%且在5%的水平上显著；交互项系数为-0.015且在5%的水平上显著，即贫困户教育收益率比非贫困户低1.5%，可得贫困户的教育收益率为6.1%。比较表2-12与表2-13的回归结果可以发现，采用家庭劳均日收入对数作为被解释变量之后，各变量的系数及其显著性与使用劳均年收入对数为解释变量时基本一致。由此可见，上文的主要发现和结论是稳健的。

表2-13　　　　　　　　　　稳健性检验回归结果

	模型3（OLS）		模型4（2SLS）	
家庭劳均受教育水平	0.039***	（0.007）	0.076**	（0.033）
家庭劳均工龄	0.009*	（0.005）	0.020*	（0.001）
家庭劳均工龄的平方	-0.0001*	（0.000）	-0.0002*	（0.000）
家庭务工比例	1.272***	（0.089）	1.239***	（0.094）
家庭从事非农经营	0.452***	（0.066）	0.407***	（0.077）
人均耕地面积	0.020***	（0.007）	0.016**	（0.007）
家庭非健康人口比例	-0.039	（0.076）	-0.033	（0.077）
人口抚养比	-0.085***	（0.024）	-0.085***	（0.024）
教育*贫困户	-0.010*	（0.005）	-0.015**	（0.007）
常量	5.720***	（0.189）	5.267***	（0.435）
R^2	0.20		0.20	
F值（chi2值）	48.12***		406.72***	
样本量	1749		1749	

注：***、**、*分别表示在1%、5%、10%的水平上统计显著，括号内数值为稳健标准误。

四　贫困与非贫困家庭教育收益率存在差异的原因分析

以上回归分析说明，贫困户劳动力的教育收益率明显低于非贫困户，那么导致这种差异的原因是什么？这是一个非常有价值的问题。本节的研究对象都属于建档立卡贫困村，大部分农户生产生活水平不高，处于自给自足向市场经济转型的阶段，因此用恰亚诺夫及詹姆斯·斯科特的小农经济分析框架和社会学关于家庭资本的相关理论来解释。

首先,农户家庭个人劳动力资源配置受家庭条件约束。农户家庭集生产与消费于一身,以家庭为单位进行决策,先为维持家庭生计进行生产,之后才为市场生产,其生产动机是安全第一和避免风险,决策目标是家庭效用最大化,即在农户劳动力、土地等资源配置过程中,服从家庭效用最大化原则。对于贫困地区的农户来说,劳动力是农户最基本的生产要素,外出务工是农户增收的主要途径,务工收入占农户家庭可支配收入的60%左右。但家庭劳动力在外出务工选择、职业选择、打工地选择等方面,必须考虑到对老人、小孩、非健康人口的照顾以及子女教育等一系列问题,受家庭负担约束,即家庭负担影响着劳动力就业和职业选择,进而影响着劳动力的教育收益率。

其次,农户家庭人力资本作用的发挥受家庭资本的影响。社会学相关研究将家庭资本分为经济资本、社会资本和文化资本。从影响机理来看,第一,家庭经济资本是基础,影响着其他资本作用的发挥。经济资本越高,家庭抵抗风险的能力越强,决策越趋于理性;经济资本越高,越有能力进行社会资本投资并获得较高的社会资本。第二,社会资本是人力资本作用发挥的必备条件。在以"熟人"构成的中国农村社会中,社会交往、社会关系网络等因素与市场制度一起,对农户的市场信息、就业选择、资源使用、非农经营、民间借贷等经济行为起重要作用。对于欠发达地区的大部分农户来说,资源非常有限,社会资本在很大程度上影响着人力资本作用的发挥,对家庭的影响甚至可能超过人力资本。第三,农户的文化资本即思维方式、行为习惯等,是一种隐秘的社会竞争机制,并且有着非常强的家庭传承性,对农户的影响根深蒂固。近年来精神性贫困、文化贫困等问题受到广泛关注,在扶贫过程中,部分贫困户价值观念、思维方式等比较落后,缺乏内生发展动力,"等靠要"思想严重,事实上可以认为是一种家庭文化资本不足的表现。

基于以上理论分析,并结合第二部分的描述性统计结果,即贫困户与非贫困户在家庭负担和家庭资本上存在显著差异,为进一步揭示贫困户与非贫户教育收益率存在差异的原因,建立如下模型:

$$\ln Y = \alpha + \beta EDU + \gamma_1 EXP + \gamma_2 EXP^2 + \sum \eta_i X_i + \sum \lambda_j EDU * C_j + \varepsilon \qquad (2-6)$$

在该模型中,变量 C_j 代表家庭负担与家庭资本。家庭负担 FC 包括非健康人口比例 FC_1 与人口抚养比 FC_2;家庭经济资本 EC 包括人均耕地面积

EC_1、人均生产性固定资产原值 EC_2、人均耐用品资产原值 EC_3；家庭社会资本 SC 包括社会资本投资 SC_1 与社会关系 SC_2，社会资本投资用家庭人均年通信费用、网络费用和婚丧嫁娶支出费用之和来表示，社会关系用家庭有无亲戚朋友在城里工作并给予帮助 SC_{21}、有无家人在行政事业单位工作 SC_{22}、户主是否是党员 SC_{23} 来衡量；家庭文化资本 CC 用家庭未来发展规划 CC_1 作为代理变量。其他变量设置与前文模型一致。

主要解释变量为交互项 $EDU*C_j$，若其系数 λ_j 显著为正，表示 C_j 对教育变量具有正效应，即在保持其他变量不变的情况下，C_j 越大则教育收益率越高；若 λ_j 显著为负，表示 C_j 对教育变量具有负效应，即在保持其他变量不变的情况下，C_j 越大则教育收益率越低。由于贫困户与非贫困户在 C_j 上存在着显著差异，故在统计上显著的 λ_j 可以解释贫困户与非贫困户教育收益率的差异。回归结果见表2-14。

首先，分析家庭负担对教育收益率的影响。$EDU*FC_1$ 的系数为 -0.028，但不显著，表明非健康人口比例对教育收益率无显著作用；$EDU*FC_2$ 的系数为 -0.021 且在5%的水平上显著，表明家庭人口抚养比对教育收益率有显著负效应。贫困户的人口抚养比显著高于非贫困户，因而在其他变量保持不变，只考虑家庭负担因素时，贫困户的教育收益率低于非贫困户。

其次，分析家庭资本对教育收益率的作用。从家庭经济资本来看，$EDU*EC_1$ 和 $EDU*EC_3$ 的系数分别在10%和1%的水平上显著为负，表明人均耕地面积和人均耐用品资产原值对教育收益率具有显著负效应，但贫困户与非贫困户在人均耕地面积上无显著差异，因此在保持其他变量不变的情况下，非贫困户因其人均耐用品资产原值较高而有较低的教育收益率。从家庭社会资本来看，$EDU*SC_1$ 的系数为正且在1%的水平上统计显著，表明社会资本投资对教育收益率具有显著正效应，在保持其他变量不变的情况下，因贫困户的社会资本投资显著低于非贫困户，故贫困户的教育收益率低于非贫困户。在家庭社会关系中，$EDU*SC_{23}$ 的系数为 0.035 且在1%的水平上统计显著，表示户主是否为党员对教育收益率具有显著正效应，在保持其他变量不变的情况下，户主的党员身份能为家庭额外带来3.5%的教育收益，因而贫困户的教育收益率低于非贫困户。从家庭文化资本来看，$EDU*CC_1$ 的系数在10%的水平上显著为正，表明在控制其他变量不变的情况下，家庭文化资本水平较高的家庭具有较高的教育收益率，故非贫困户的教育收益率高于贫困户。

整体来看，家庭负担对教育收益率具有负效应，贫困家庭因其家庭负担较大而具有较低的教育收益率；家庭社会资本和文化资本对教育收益率具有正效应，非贫困家庭因其家庭社会资本和文化资本水平较高而具有较高的教育收益率。由此可见，贫困与非贫困家庭教育收益率存在差异的原因主要为两者家庭负担与家庭资本的差异。

表 2-14　　　　　　　　教育收益率差异的原因分析

		系数	标准误
家庭劳均受教育水平	EDU	0.034**	0.015
家庭劳均工龄	EXP	0.011*	0.006
家庭劳均工龄的平方	EXP^2	−0.0001	0.000
教育*家庭负担	$EDU*FC_1$	−0.028	0.025
	$EDC*FC_2$	−0.021**	0.010
教育*家庭经济资本	$EDU*EC_1$	−0.003*	0.002
	$EDU*EC_2$	7.68e−07	6.80e−07
	$EDU*EC_3$	−0.066***	0.024
教育*家庭社会资本	$EDU*SC_1$	0.0001***	0.000
	$EDU*SC_{21}$	0.005	0.010
	$EDU*SC_{22}$	0.035***	0.006
	$EDU*SC_{23}$	−0.010	0.007
教育*家庭文化资本	$EDU*CC_1$	0.007*	0.004
其他控制变量	X_i	YES	
常数项	cons	7.775***	0.199
R^2		0.28	
F 值		41.46***	
样本量		1749	

注：***、**、* 分别表示在 1%、5%、10% 的水平上统计显著，标准误为稳健标准误，YES 表示变量已控制。

五　结论及政策建议

（一）结论

本节利用甘肃省 14 个建档立卡贫困村的入户调查数据，从劳动力受教育水平、收入状况、劳动力就业状况等方面对贫困与非贫困家庭特征进行了比较，并测算了两类家庭教育收益率，得出以下研究结论：首先，教育能够给农村家庭带来比较高的收益，教育和人力资本投资在农村家庭增收中发挥着重要的作用，是反贫困的主要途径。其次，贫困家庭的教育收益率显著低于非贫困家庭，因此，提高贫困家庭的教育回报具有重要的现实意义。最后，贫困家庭在劳动力受教育水平、家庭负担、家庭资本等方面均劣于非贫困户，家庭负担、家庭经济资本、家庭社会资本和家庭文化资本制约了贫困家庭教育收益率的提高，教育收益率又影响了贫困家庭教育投资和家庭资本的积累，从而使得家庭陷入"贫困陷阱"。

（二）政策建议

为提高贫困地区人口的教育收益率，帮助贫困人口走出贫困陷阱，本节有以下政策建议。

1. 以大力发展教育为突破口，帮助贫困人口走出贫困循环陷阱

第一，国家教育资源配置进一步向西部地区、贫困地区、农村地区倾斜，进一步优化农村教育资源配置，促进城乡义务教育均衡发展，全方位提高贫困地区教育水平。第二，大力发展高等教育和职业教育，提高农村学生高等教育入学率和受教育水平，摆脱家庭资本不足对教育收益率的不良影响；应尽快解决贫困地区高职与中职学校专业教师短缺、师资力量薄弱、专业设置与社会需求脱节、实训基地建设落后等问题，形成完善的职业教育体系。第三，尽快将贫困地区高中教育纳入义务教育的范围，减轻农户家庭的教育负担，避免部分贫困家庭子女初中毕业后过早加入到打工的行列，防止贫困的代际传递。

2. 提高农村劳动力非农就业的层次和水平，提高贫困家庭教育收益率

样本农户主要分布在六盘山片区和秦巴山片区，通过区域发展带动扶贫开发、以扶贫开发促进区域发展依然是集中连片特困区扶贫开发的主要途径。因此，一方面，通过进一步加快区域工业化和新型城镇化建设进程，增强区域发展能力，提高对贫困人口的渗透、辐射和带动能力，实现相对贫困人口稳定脱贫；另一方面，通过工业化和城镇化带动农村劳动力进一步向非农领域转移，提高教育收益率。同时，针对农民工流动过程中存在着就业层次低、就业稳定性比较差等问题，应该进一步深化就业制度、教育制度、社会保障制度等体制改革，建立城乡一体化的劳动力市场，并通过立法保障农民工的合法权益，通过城镇化与农民工市民化摆脱生态贫困，实现年轻人口的永久性转移和脱贫，切实发挥非农产业与城镇化在反贫困中的地位和作用。

3. 优化农村精准扶贫政策体系，激发贫困人口内生动力

第一，进一步加大贫困地区公共服务政策力度，重点解决农村反映最为强烈的教育、医疗和社会保障等问题，完善农村以疾病预防和救治相结合的医疗

体制，减少"因病致贫"，消除"因学致贫"。第二，功能性政策以农村生产生活条件改善和制度体系完善为主，重在加大农村基础设施建设和各项制度建设，降低农村交易成本。第三，竞争性政策应以贫困人口物质资源的获得和增收能力的提高为主，落实好产业扶贫、金融扶贫、易地搬迁、危房改造等，以贫困人口的广泛参与与合作为竞争性条件，激发贫困人口的内生动力，逐步改变"等靠要"等精神贫困问题，发展积极进取、健康向上的农村文化资本。

4.加强农村社会资本建设，实现贫困人口人力资本和社会资本的有机结合

精准扶贫应该鼓励并逐步实现开发式扶贫与开放式扶贫地有机结合，打破贫困人口以血缘、亲缘、地缘为主的社会网络体系，通过市场发展、信息传播、网络建设、"走出去""引进来"等措施逐步形成以业缘为主的发散型、开放型社会关系网络。具体措施有：通过积极促进各类村级组织建设，提高农村信息化程度，增强农村社会网络强度；通过"合作社＋农户""企业＋农户"等渠道，将农户纳入社会化生产网络体系；鼓励农户通过社会活动、通信媒介、外出务工等途径建立良好的社会关系网络，打破封闭的社交禁锢，拓宽获取资源和信息的渠道，构建良好的社会关系；鼓励通过东西扶贫协作、定点帮扶、"三支一扶"等形式输入外部社会资本，实现贫困人口社会资本和人力资本地有机结合。

第三节 贫困地区农村教育收益率的性别差异[*]

一 引言

发展教育是世界各国反贫困的主要行动和政策着力点，中国也一直将教育扶贫作为反贫困的重要举措。自2014年实施精准扶贫战略以来，教育作为"五个一批"[①]工程的重要内容之一，是培育贫困人口可持续发展能力、

---

[*] 本节以同题发表在《中国农村经济》2018年第9期。作者：张永丽（西北师范大学商学院教授），李青原、郭世慧（西北师范大学商学院研究生）。

[①] 2015年10月16日，习近平总书记在"减贫与发展高层论坛"上首次提出"五个一批"的脱贫措施，即"发展生产脱贫一批、易地搬迁脱贫一批、生态补偿脱贫一批、发展教育脱贫一批、社会保障兜底一批"，为打通脱贫"最后一公里"开出了破题药方，参见http://www.xinhuanet.com/politics/2015-10/16/c_1116851045.htm。

从根本上解决贫困问题的最佳路径。党的十九大报告明确提出要注重扶贫同扶志、扶智相结合，更加明确了教育在扶贫中的战略地位。同时，国际社会的理论研究和实践都表明，发展中国家女性教育投资的回报要高于男性，提高女性人力资本水平成为世界各国反贫困政策的重要内容之一（例如 Word Bank，2001；Sen，1999）。

贫困地区一般地处偏远山区，地形地貌复杂、生态环境脆弱、社会经济发展滞后，是精准扶贫中难以攻克的堡垒。聚焦贫困地区教育扶贫，以教育实现贫困人口脱贫，是打赢脱贫攻坚战必须完成的任务。那么，中国贫困地区农村男性和女性的受教育状况如何？女性的教育收益率是否更高？如何更好地发挥教育在反贫困中的作用？

关于教育与贫困关系的研究，近年来学术界多关注"教育致贫"现象。余世华（2006）认为，教育成本分担不合理、教育收费行为不规范以及个体和家庭教育投资偏差导致了因教育消费带来的贫困；张永丽（2017）则从教育的成本—收益视角认为，这是一个由短期投资和长期收益之间矛盾引发的悖论。关于教育收益率的研究已有大量成果，不同群体教育收益率的比较是目前学术界探讨的重点。研究表明，城镇居民的教育收益率高于农村居民（例如李春玲，2003；聂盛，2005；梁润，2011），且城镇居民教育收益率的城市差异较大（例如王海港等，2007；杜两省、彭竞，2010）；东部地区教育收益率高于中西部地区（例如赵显洲，2015）；非贫困家庭的教育收益率高于贫困家庭（例如张永丽、李青原，2018）；高收入群体的教育回报高于低收入群体（例如杨娟等，2015）；农村居民教育收益率随个人收入的提高呈倒"U"形变化趋势（例如黄斌等，2014），等等。而有意思的是，对近30年教育回报的研究显示，城镇男性和女性教育收益率基本呈现逐年递增的趋势，且在劳动力市场存在性别歧视、男性平均受教育年限和平均工资水平高于女性的现实情况下，大部分研究表明，城镇女性的教育收益率显著高于男性（例如杜育红、孙志军，2003；孙志军，2004；Zhang et al.，2005；袁霓，2005；刘泽云，2008）。进一步研究发现，按地区、部门行业和教育层次等划分，教育收益率的性别差异表现不同。如在西北少数民族地区的少数民族内部，男性教育收益率高于女性（例如孙百才，2013）；在低收入行业中，女性高等教育和高中层次教育的回报都显著高于男性，而在高收入行业内部则相反（例如高梦滔、张颖，

2007)。相比之下，关于农村教育收益率性别差异的研究较少，所得出的结论也与基于城镇的研究有所差别，如孙志军（2002）估计得到的农村男性和女性教育收益率的差异不显著。

为什么教育收益率会存在性别差异呢？对女性教育收益率高于男性，主要有三种解释：一是女性劳动力受教育的机会成本低于男性。明瑟收益率只考虑机会成本而不考虑直接成本，会造成女性的教育收益率较高（例如赖德胜，1998；陈良焜、鞠高升，2004）。二是劳动力市场存在性别歧视。随着受教育水平的提高，性别歧视、补偿性工资和社会分工等对女性的影响都有所减小。不考虑受教育水平与工资性别歧视呈反向关系，就会高估女性的教育收益率（例如 Dougherty，2005；刘泽云，2008；黄志岭、姚先国，2009；娄世艳、程庆亮，2009）。三是劳动力市场存在自选择问题。即女性劳动力中的能力较高者进入劳动力市场，而忽略了能力对收入的影响便高估了教育回报。

在研究方法上，学者们多基于明瑟方程并针对内生性和选择偏差等问题，对估计方法不断进行改进。为了解决内生性问题，研究中普遍使用工具变量法，并选取家庭背景信息、配偶或父母的受教育年限作为工具变量（例如 Trostel et al.，2002；Arabsheibani and Mussurov，2010；Flabbi et al.，2008；Chen and Hamori，2009；Gao and Smyth，2011；黄斌、钟晓琳，2012）。为了解决样本选择偏差问题，研究多采用 Heckman 两步法（例如 Zhang et al.，2002；Heckman and Li，2004；de Brauw and Rozelle，2008；黄志岭、姚先国，2009）。近年来，李雪松、詹姆斯·赫克曼（2004）和简必希、宁光杰（2013）使用倾向得分匹配法来纠正样本选择偏差，对高中和大学阶段教育回报的差异进行了有益的探索。

现有文献对教育收益率性别差异的研究较为充分，但在以下两点上仍有待完善：一是对农村教育收益率性别差异的研究相对较少，尤其缺乏对中国贫困地区的研究经验；二是对不同性别劳动力的教育异质性回报的研究仍然不足，且多数研究未考虑样本自选择问题。本节的特点和创新在于：一是基于 2017 年甘肃省贫困农村的调查数据，估计贫困地区农村教育回报的性别差异，提供关于贫困地区农村的最新研究经验，为教育扶贫提供有效建议；二是充分考虑样本自选择问题，运用倾向得分匹配法准确估计不同性别劳动力在各教育阶段的教育回报。

二 数据来源、模型与变量设置

（一）数据来源与样本描述

甘肃省地处西部欠发达地区，贫困程度深，扶贫攻坚难度大，一直以来是中国贫困人口分布的主要地区，也是中国扶贫攻坚的主战场之一。本节使用的数据来源于西北师范大学"精准扶贫与区域发展研究中心"2017年在甘肃省贫困县进行的农村社会调查，涉及甘肃省10个市（州）的15个建档立卡贫困村。调查采取分层抽样、当面访谈的形式，共获得1735户、7535人的信息，主要涉及家庭人口结构、劳动力外出、资产拥有、收入和支出、医疗卫生和教育培训等方面。本研究对样本进行了筛选，满足15—64岁、非学生、健康状况良好、参与劳动4项条件的共4223人构成总样本，其中，男性样本2315人，女性样本1908人。本研究对样本数据做如下处理：将劳动力受教育水平分为小学、初中、高中和大学[①]，因为不同教育阶段的教学目的、教学内容和教育质量不同，劳动力的教育回报也会存在差异；劳动力的职业包括务农、务工、在企事业单位工作、个体经营和兼业[②]，对应有务农收入、务工收入等各类职业收入，由此计算得到劳动力的月收入[③]。样本基本情况见表2-15。

男性和女性劳动力在年龄、受教育水平、职业和收入方面均存在一定的差异。从年龄来看，男性劳动力的平均年龄为39.5岁，女性为41.1岁，男性略低于女性。从受教育年限来看，男性劳动力的平均受教育年限为7.3年，而女性仅为4.9年，两者受教育水平差距较大。进一步从受教育阶段

[①] 问卷中对劳动力受教育水平的调查包括受教育阶段及受教育年限，受教育阶段包括：小学、初中、高中、中专、大专、本科、研究生。"高中"和"中专"设定为"高中"教育；样本中仅有6人受到过研究生教育，故将"大专""本科"和"研究生"设定为"大学"教育。这样做是对实际情况的一种合理简化，这种简化普遍存在于其他文献中（例如黄志岭，2009；简必希，2013；柳建平，2017）。

[②] 兼业指既从事农业又从事非农工作。调查数据显示，相当多的劳动力会在务农与务工之间分配劳动时间。

[③] 问卷含有关于家庭总收入与各类收入、个体的各类收入与工作时间（月数）的数据。进一步处理可得劳动力的各类月收入：务农月收入 =（家庭年农业总收入 / 务农劳动力数）/ 务农劳动力平均工作时间；务工月收入或月工资 = 务工或在企事业单位工作的年收入 / 工作时间；个体经营月收入 = 个体经营年收入 / 工作时间；若务农与非农工作交替进行，兼业月收入 =（务农月收入 + 非农工作月收入）/2，若同时从事农业与非农工作，兼业月收入 = 务农月收入 + 非农工作月收入。

上比较，男性劳动力中接受过小学、初中、高中和大学教育的比例分别为28.9%、36.4%、12.0%和7.8%，女性劳动力中接受过这四种教育的比例分别为29.4%、22.5%、5.9%和5.7%，男性劳动力中受教育程度未达到小学的比例为14.9%，而女性该比例达到了36.5%，两者受教育程度为小学的比例基本一致，男性受教育程度为初中、高中和大学的比例均高于女性。从职业来看，男性劳动力以从事非农工作为主，其次是务农；女性则以务农为主，其次是从事非农工作。从收入水平来看，男性劳动力平均月收入为2478.2元，女性仅为1491.4元，两者收入水平差距较大。

整体来看，样本劳动力在受教育水平、职业选择和收入水平上均存在较大的性别差异，男性劳动力在受教育水平和收入水平上均明显高于女性。

表2-15　　　　　　　　　样本劳动力基本情况

	总样本	男性	女性
劳动力人数（人）	4223	2315	1908
劳动力年龄（岁）	40.2	39.5	41.1
劳动力受教育年限（年）	6.2	7.3	4.9
受教育程度未达到小学者占比（%）	24.7	14.9	36.5
受教育程度为小学者占比（%）	29.1	28.9	29.4
受教育程度为初中者占比（%）	30.1	36.4	22.5
受教育程度为高中者占比（%）	9.2	12.0	5.9
受教育程度为大学者占比（%）	6.9	7.8	5.7
务农劳动力人数（人）	2030	847	1183
务工劳动力人数（人）	1351	899	452
在企事业单位工作劳动力人数（人）	324	215	109
个体经营劳动力人数（人）	142	80	62
兼业劳动力人数（人）	376	274	102
平均收入（元/月）	2032.4	2478.2	1491.4

（二）模型建立与变量设置

1. 研究方法与模型设定

本节研究教育收益率的性别差异，需考虑以下几个问题：第一，劳动力是否接受某种阶段的教育是一种"自选择"行为，受自身和家庭各方面条件的影响而非随机发生，还可能存在一些不可观测因素，同时影响劳动力对教育阶段的选择及其收入水平。而样本自选择问题和由此带来的内生性问题将导致模型估计结果偏误。第二，可以观测到劳动力接受某种阶段教育后的收入水平，却不可能得到若未接受该阶段教育其当前收入水平，也无法得知未接受过某种阶段教育的劳动力若接受此阶段教育其当前收入水平，这是"反事实缺失"问题。当缺少与实际情况相反的数据时，所用样本便会成为总体的一个非随机样本，使得估计产生偏误。第三，由于未被观测到的异质性的存在，即使具有同样的受教育水平、家庭禀赋等，不同的劳动力仍可能遵循比较优势原则做出不同的决策并获得不同水平的收入，其教育收益率是不同的，不同教育投资得到的回报也会有所差异。这些问题带来的影响不容忽视。

已有研究较多地使用了传统OLS、工具变量法和Heckman两步法等估计教育收益率。然而，多数模型不能很好地解决样本自选择问题且难以进行反事实分析。另外，这些模型在函数形式、误差项分布上也存在着诸多限制。鉴于此，本节使用反事实因果推断分析框架[①]中的倾向得分匹配法（propensity score matching，PSM）对教育收益率进行估计。PSM不仅能够解决由样本自选择造成的有偏估计问题，而且在处理变量内生问题时，没有函数形式、参数及误差项分布等条件限制，也不需要解释变量外生以识别因果效应。本节建立如下模型估计教育收益率：

$$\ln Y_i^d = \alpha X_i + \beta_i D_i + \varepsilon_i \tag{2-7}$$

式中，$\ln Y_i^d$ 代表劳动力 i 的收入水平，X_i 为劳动力 i 可观察的个体及家庭特征变量向量；D 为教育水平向量，代表不同阶段的教育，D_i 为劳动力 i 是否接受过某阶段教育，$D_i=1$ 代表接受过，$D_i=0$ 代表未接受过；β_i 为劳动力 i 的教育收益率；ε_i 是随机分布项。

PSM估计的过程如下：首先，用Logit模型估计样本接受某阶段教育的条件概率拟合值，即倾向得分值（propensity score，PS）；其次，选择合适的匹配方法，根据PS值将处理组样本（$D=1$）与对照组样本（$D=0$）进行匹配；最后，计算出参与者平均处理效应（average treatment effect on the treated，ATT）、非参与者平均处理效应（average treatment effect on the untreated，ATU）以及总样本的平均处理效应（average treatment effect，ATE），公式分

[①] Rubin（1974）提出了"反事实框架"，也称为"鲁宾因果模型"。之后，Rosenbaum和Rubin（1985）提出了倾向得分匹配法，该方法是典型的反事实因果推断分析框架。

别如下：

$$ATT = E(\ln Y^1 - \ln Y^0 | D = 1, X = x) = E(\ln Y^1 | D = 1, X = x) - E(\ln Y^0 | D = 1, X = x) \quad (2-8)$$

$$ATU = E(\ln Y^1 - \ln Y^0 | D = 0, X = x) = E(\ln Y^1 | D = 0, X = x) - E(\ln Y^0 | D = 0, X = x) \quad (2-9)$$

$$ATE = E(\ln Y^1 - \ln Y^0 | X = x) = E(\ln Y^1 | X = x) - E(\ln Y^0 | X = x) \quad (2-10)$$

式中，$\ln Y^1$ 表示接受过某阶段教育的劳动力的收入水平，$\ln Y^0$ 表示未接受过某阶段教育的劳动力的收入水平。在本研究中，三类平均处理效应 ATT、ATU 和 ATE 代表三类教育收益率，ATT 为接受过某阶段教育的劳动力在该阶段教育的收益率，ATU 为未接受过某阶段教育的劳动力若接受该阶段教育所得的收益率，ATE 为样本的平均教育收益率。

2. 变量设置与描述性统计

被解释变量（结果变量）为收入水平，用劳动力月收入的对数 $\ln Y$ 来衡量。核心解释变量（处理变量）为教育变量向量，包括小学教育（educ1）、初中教育（educ2）、高中教育（educ3）和大学教育（educ4）4 个二分类变量。以小学教育变量为例，若劳动力受教育程度为小学，则该变量赋值为 1，否则赋值为 0。

使用 PSM 进行分析时，匹配变量的选取尤为重要。变量 X 应选择家庭背景、个人特征以及尽可能与教育和收入都相关的变量作为匹配变量，以满足条件独立假定（conditional independent assumption），另外也要满足共同支撑假设（common support condition）和平衡性假定（balancing hypothesis）。因此，本节选择父亲受教育水平（feduc）、母亲受教育水平（meduc）、父亲职业（fjob）、出生年份（birth）和地区（region）为匹配变量[①]。父母受教育水平是反映家庭背景的重要变量，受教育水平高的父母更重视子女的教育、更注重培养子女的各项能力，对子女接受更高层次的教育具有示范作用，父母受教育水平高也意味着家庭背景较好，这对子女的收入水平也有积极影响；父亲职业对子女的受教育机会也有一定的影响；样本所处的时代不同，其接受更高阶段教育的可能性也不同，因而出生年份是影响样本教育决策的重要变量；生活在不同地区的个体面临不同的受教育机会，因此需考虑样本所在市（州）。变量的具体设置如下：父亲和母亲受教育水平分别用父亲和母亲

---

① 参考李雪松、詹姆斯·赫克曼（2004）和简必希、宁光杰（2013）对匹配变量的选取。

受教育年限来衡量；父亲职业分为务农、务工、在企事业单位工作和其他，所生成的虚拟变量以"务农"为基准组；出生年份分为1970年之前、1970—1979年、1980—1989年、1990年及之后，所生成的虚拟变量以"1970年之前"为基准组；地区具体包括陇南、定西、庆阳、兰州、武威、天水、平凉、白银、酒泉和临夏共10个市（州）。

使用传统OLS基于明瑟收入函数进行分析时，模型中的变量X还应包括工龄（exp）[①]、工龄的平方（exp^2）、职业（job）和工作地点（$workplace$）。上述变量中虚拟变量的具体设置如下：职业分为务农、务工、在企事业单位工作和其他，所生成的虚拟变量以"务农"为基准组；工作地点分为县内、县外市内、市外省内和省外，所生成的虚拟变量以"县内"为基准组。

变量设置及描述性统计见表2-16。

表2-16　　　　　　　　变量设置及描述性统计

变量名	变量定义和度量方法	男性均值	男性标准差	男性最小值	男性最大值	女性均值	女性标准差	女性最小值	女性最大值
小学教育	劳动力受教育程度为小学：是=1，否=0	0.29	0.45	0	1	0.29	0.46	0	1
初中教育	劳动力受教育程度为初中：是=1，否=0	0.36	0.48	0	1	0.23	0.42	0	1
高中教育	劳动力受教育程度为高中：是=1，否=0	0.12	0.32	0	1	0.06	0.24	0	1
大学教育	劳动力受教育程度为大学：是=1，否=0	0.08	0.27	0	1	0.06	0.23	0	1
父亲受教育水平	父亲受教育年限（年）	3.84	3.30	0	16	3.47	3.05	0	15
母亲受教育水平	母亲受教育年限（年）	2.72	2.79	0	16	2.57	2.51	0	14
父亲职业	务农=1，务工=2，在企事业单位工作=3，其他=4	1.49	1.07	1	4	1.35	1.06	1	4
出生年份	1970年之前=1，1970—1979年=2，1980—1989年=3，1990年及之后=4	2.50	1.16	1	4	2.36	1.13	1	4

[①] 参考侯风云（2004），工龄=年龄-受教育年限-7。

续表

变量名	变量定义和度量方法	男性 均值	男性 标准差	男性 最小值	男性 最大值	女性 均值	女性 标准差	女性 最小值	女性 最大值
地区	从1到10分别对陇南、定西、庆阳、兰州、武威、天水、平凉、白银、酒泉和临夏进行赋值	5.95	3.14	1	10	6.01	3.12	1	10
工龄	工龄（年）=年龄-受教育年限-7	23.18	13.26	0	46	25.30	13.11	0	46
职业	务农=1，务工=2，在企事业单位工作=3，其他=4	2.03	1.15	1	4	1.53	1.13	1	4
工作地点	县内=1，县外市内=2，市外省内=3，省外=4	2.18	1.33	1	4	1.57	1.10	1	4

三 实证分析

（一）倾向得分的估计与分析

为了对接受过某阶段教育的劳动力与未接受该阶段教育的劳动力进行匹配，首先需要估计倾向得分。针对小学、初中、高中和大学4个教育阶段，估计倾向得分时对应使用的样本分别为：受教育程度为小学的劳动力（处理组）和受教育程度未达到小学的劳动力（对照组）、受教育程度为初中的劳动力（处理组）和受教育程度为小学的劳动力（对照组）、受教育程度为高中的劳动力（处理组）和受教育程度为初中的劳动力（对照组）、受教育程度为大学的劳动力（处理组）和受教育程度为高中的劳动力（对照组）（见表2-17）。对各教育阶段的样本按照性别进行分组回归，倾向得分的估计结果见表2-18。

从表2-18可以看出，回归结果大致与经验认识相符合。从父母受教育水平对子女受教育水平的影响来看，父亲受教育水平越高，儿子接受初中和高中阶段教育的概率越高，女儿接受小学和初中阶段教育的概率越高；母亲受教育水平越高，儿子接受初中及以上阶段教育的概率越高，女儿接受高中和大学阶段教育的概率越高。另外，与父亲相比，母亲受教育水平对子女接受高中和大学阶段教育的影响更大。一个可能的解释是，农村家庭的户主一般是父亲，且家庭中外出务工人员也多为父亲，子女的教育和能力培养主要由母亲承担，受教育程度越高的母亲一般对子女的教育要求越高，越倾向于让子女接受更高层次的教育，而不只是初等教育。因而母亲受教育水平对子女接受高中和大学阶段教育具有显著的正向影响。

从父亲的职业对子女受教育水平的影响来看，父亲的职业不同，子女受教育的机会和概率不同，这种影响在高中和大学阶段教育上体现得更加明显。与务农相比，父亲务工则女儿接受初中阶段教育的概率更高，子女接受大学阶段教育的概率更低；父亲在企事业单位工作则子女接受高中阶段教育的概率更高、接受大学阶段教育的概率更低；父亲从事其他职业则儿子接受高中阶段教育的概率更高。可以发现，父亲职业对女儿接受中等和高等教育均有一定的影响。

从出生年份对受教育水平的影响来看，与1970年之前相比，在这之后出生的劳动力接受各阶段教育的概率普遍更高，这也与农村地区教育发展水平低、五六十年代出生的农村劳动力受教育程度普遍较低的现实相符。进一步比较可以发现，从1970年开始，出生年份越靠后的劳动力，其受教育的概率越高，尤其是接受高中和大学阶段教育，而"90后"受教育的机会在各教育阶段均高于其他年代出生的群体。这与中国九年制义务教育的普及和高等教育不断扩张的现实情况相符。

从地区对受教育水平的影响来看，不同地区的劳动力面临不同的受教育机会，劳动力接受各阶段教育的概率存在地区差异，这与地区经济和教育发展水平有关。与陇南市相比，庆阳市和武威市劳动力接受小学阶段教育的概率显著更高，临夏州却更低；定西、庆阳、武威、天水、平凉和白银各市的劳动力接受初中阶段教育的概率显著更高；各地区劳动力接受高中和大学阶段教育的概率也有所不同。另外，多个地区在教育发展中存在性别不平等问题，同一个区域内男性和女性接受各阶段教育的概率存在一定的差异，尤其是在中等和高等教育上男性获得了更多的教育机会。

表2-17　　　　男性和女性各教育层次匹配样本的数量

	小学		初中		高中		大学	
	男性	女性	男性	女性	男性	女性	男性	女性
处理组样本数	669	561	843	430	277	112	181	109
对照组样本数	345	696	669	561	843	430	277	112
样本总数	1014	1257	1512	991	1120	542	458	221

第二章　农村教育发展与反贫困

表 2-18　基于 Logit 模型的估计结果

	小学 男性	小学 女性	初中 男性	初中 女性	高中 男性	高中 女性	大学 男性	大学 女性
父亲受教育年限	0.032 (0.031)	0.053** (0.027)	0.056*** (0.013)	0.058*** (0.015)	0.052*** (0.015)	0.009 (0.021)	0.015 (0.020)	0.024 (0.029)
母亲受教育年限	-0.038 (0.033)	-0.007 (0.031)	0.025* (0.015)	0.003 (0.019)	0.052*** (0.016)	0.060** (0.024)	0.040** (0.018)	0.066** (0.028)
父亲职业（以务农为参照组）							
务工	0.302 (0.399)	-0.149 (0.377)	0.204 (0.133)	0.329* (0.191)	0.021 (0.141)	0.287 (0.196)	-0.410** (0.186)	-0.552** (0.269)
企事业单位	-0.929 (0.598)	0.465 (0.177)	0.015 (0.338)	-0.088 (0.640)	2.800*** (0.216)	2.788*** (0.391)	-0.597*** (0.196)	-0.660** (0.287)
其他	0.107 (0.256)	0.177 (0.228)	0.018 (0.122)	0.162 (0.159)	0.414*** (0.170)	-0.104 (0.295)	-0.096 (0.248)	-0.255 (0.438)
出生年份（以 1970 年之前为参照组）							
1970—1979 年	0.437** (0.173)	0.624*** (0.151)	0.108 (0.091)	0.183 (0.119)	0.289 (0.182)	0.711** (0.330)	0.597** (0.286)	-0.427 (0.467)
1980—1989 年	0.879*** (0.221)	1.269*** (0.195)	0.352*** (0.104)	0.614*** (0.131)	0.528*** (0.187)	0.599* (0.331)	0.916*** (0.290)	0.349 (0.449)
1990 年及之后	1.515*** (0.278)	1.732*** (0.253)	0.823*** (0.108)	1.194*** (0.142)	0.750*** (0.173)	1.004*** (0.312)	0.948*** (0.281)	0.446 (0.432)
地区（以陇南为参照组）							
定西	0.242 (0.415)	1.444*** (0.320)	0.647*** (0.161)	0.458** (0.208)	0.067 (0.238)	0.197 (0.302)	0.256 (0.344)	0.088 (0.463)
庆阳	1.126*** (0.483)	1.481*** (0.304)	0.605*** (0.157)	0.625*** (0.197)	0.329 (0.210)	0.572** (0.283)	0.568* (0.293)	0.405 (0.404)
兰州	0.658** (0.251)	0.028 (0.312)	0.308* (0.170)	0.366 (0.240)	0.636*** (0.241)	0.132 (0.363)	-0.098 (0.394)	0.174 (0.583)
武威	1.821*** (0.633)	1.723*** (0.322)	0.669*** (0.159)	0.875*** (0.196)	0.057 (0.252)	-0.307 (0.332)	0.584 (0.375)	0.422 (0.522)
天水	0.402 (0.316)	1.219*** (0.270)	0.298** (0.134)	0.406** (0.185)	0.348* (0.201)	0.214 (0.286)	-0.105 (0.337)	0.016 (0.466)
平凉	0.264 (0.281)	1.735*** (0.244)	0.482*** (0.126)	0.288* (0.170)	0.346* (0.192)	0.475* (0.267)	0.806*** (0.284)	0.665 (0.408)
白银	0.104 (0.329)	0.892*** (0.265)	0.512*** (0.139)	0.444** (0.188)	0.509*** (0.192)	0.094 (0.290)	0.227 (0.299)	0.700 (0.444)
酒泉	0.004 (0.323)	0.490* (0.278)	0.251* (0148)	-0.005 (0.220)	0.542*** (0.212)	0.338 (0.363)	0.113 (0.350)	-0.064 (0.572)
临夏	-1.274*** (0.224)	-0.360* (0.210)	-0.205* (0.120)	-0.232 (0.175)	0.153 (0.210)	0.194 (0.319)	0.440 (0.329)	0.597 (0.473)
常数项	0.470** (0.239)	-1.613*** (0.224)	-0.705*** (0.115)	-1.197*** (0.172)	-2.260*** (0.163)	-2.268*** (0.364)	-1.455*** (0.379)	-0.916* (0.051)
伪 R^2 (Pseudo-R^2)	0.11	0.11	0.10	0.15	0.31	0.21	0.16	0.13

续表

	小学		初中		高中		大学	
	男性	女性	男性	女性	男性	女性	男性	女性
卡方值（χ^2）	137.76***	187.28***	208.09***	203.54***	387.78***	115.98***	99.11***	40.17***
样本量	1014	1257	1512	991	1120	542	458	221

注：*、**、*** 分别表示在10%、5%、1%的水平上显著；括号内数值为标准误。

（二）共同支撑假设与平衡性假定检验

为确保匹配质量及估计结果的可靠性，需要验证共同支撑假设和平衡性假定。图2-1是分性别展示的劳动力处理组和对照组样本在各教育阶段匹配后的密度函数图①。可以看出，匹配后男性、女性处理组和对照组样本的倾向得分区间具有相当大范围的重叠，表明大多数观察值在共同取值范围内，进行倾向得分匹配仅会损失少量样本，共同支撑条件得到满足。

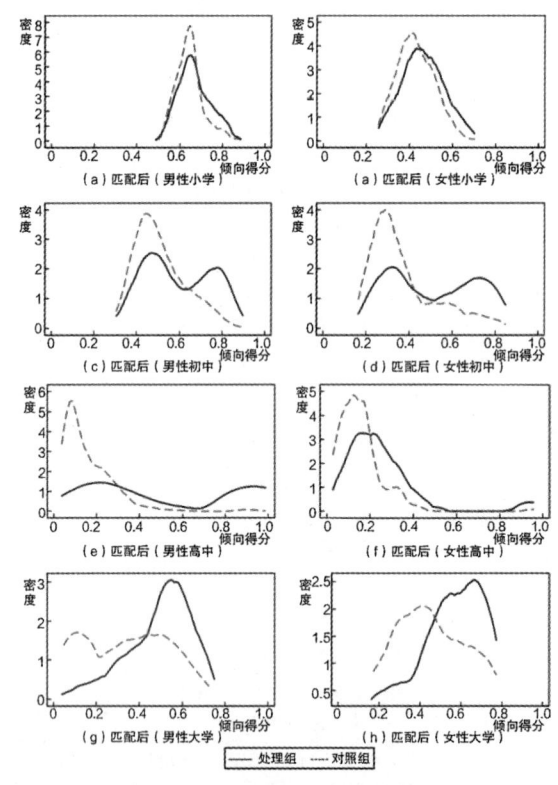

图 2-1 匹配后的密度函数

---

① 男性和女性在小学、初中、高中和大学阶段匹配前后的密度函数图共16幅。限于篇幅，此处展示匹配后的密度函数图，足以对共同支撑假设进行验证。

第二章 农村教育发展与反贫困

本节借鉴 Rubin（2001）的方法，从三个方面进行平衡性检验：比较匹配前后处理组与对照组之间匹配变量的标准化偏差，标准化偏差减小表明两组差异减小；考察匹配后处理组与对照组之间匹配变量的均值是否存在差异，用 t 检验判断差异是否显著；考察伪 R^2（Pseudo-R^2）、卡方（χ^2）、偏差均值（mean bias）、B 值和 R 值[①]，从整体上检验匹配是否满足平衡性假定。具体检验结果见表 2-19[②]。

首先，对标准化偏差的变动和均值差异进行分析。匹配后，8 个分组样本中处理组与对照组各匹配变量的标准化偏差[③]均大幅度减小，匹配后偏差基本上都低于 20%，降低了总偏误，表明匹配比较成功。用 t 检验对处理组与对照组的匹配变量均值进行差异显著性检验，结果表明，匹配后绝大部分变量的均值没有显著差异，个别变量的均值虽然有差异但仍显著，但 t 统计量已经大幅度降低，说明匹配具有一定效果。

其次，对伪 R^2、卡方、偏差均值、B 值和 R 值进行分析。可以发现：整体来看，所有样本匹配后伪 R^2、卡方、偏差均值、B 值和 R 值均显著下降。重点看 B 值和 R 值。男性和女性高中受教育程度样本在匹配后 B 值虽都大于 25%，但相比于匹配前的 138.6% 与 111.0% 已大幅下降；女性大学样本匹配后 B 值为 26.1%，略大于 25%；其他样本匹配后 B 值都小于 25%；所有样本匹配后 R 值均在 1 左右。检验结果表明，匹配显著降低了处理组和对照组之间匹配变量的差异，最大限度降低了样本选择偏误，满足了平衡性假定，样本匹配比较成功。

表 2-19　　　　　　　　　　匹配平衡性假定检验结果

		男性					女性				
		伪 R^2（Pseudo-R^2）	卡方（χ^2）	偏差均值（mean bias）	B 值（%）	R 值	伪 R^2（Pseudo-R^2）	卡方（χ^2）	偏差均值（mean bias）	B 值（%）	R 值
小学	匹配前	0.106	137.32	14.2	81.3*	1.10	0.110	186.54	12.7	81.4*	1.20
	匹配后	0.003	5.89	2.6	13.4	1.24	0.004	5.92	3.6	14.7	1.52

---

① 偏差均值（mean bias）为标准化偏差的均值。B 即 Rubin's B，为处理组与对照组之间 PS 均值的标准化差异；R 即 Rubin's R，为处理组 PS 方差与对照组 PS 方差之比。根据 Rubin（2001），B<25% 以及 R 在 [0.5, 2] 内，可认为匹配平衡性假定条件得到充分满足。

② 限于篇幅，表 2-19 没有呈现 8 个分组样本各匹配变量均值、标准偏差的检验结果，以"小学"为例的检验结果见附表 2-1、附表 2-2，其他组别的检验结果可向笔者索要。

③ 根据 Rosenbaum 和 Rubin（1985）的研究，匹配后处理组与对照组样本之间的标准化偏差小于 20%，则意味着匹配比较成功。

续表

		男性					女性				
		伪 R^2（Pseudo-R^2）	卡方（χ^2）	偏差均值（mean bias）	B值（%）	R值	伪 R^2（Pseudo-R^2）	卡方（χ^2）	偏差均值（mean bias）	B值（%）	R值
初中	匹配前	0.101	208.09	14.9	78.1*	1.75	0.152	203.54	18.3	96.5*	2.08*
	匹配后	0.005	11.08	3.5	16.3	1.18	0.007	7.27	3.9	19.1	0.87
高中	匹配前	0.310	387.78	19.6	138.6*	5.19*	0.231	125.01	19.5	111.0*	4.89*
	匹配后	0.095	70.42	11.3	65.4*	1.40	0.027	7.18	5.7	38.8*	1.06
大学	匹配前	0.161	99.11	19.5	101.6*	0.47*	0.133	40.17	17.9	90.1*	0.87
	匹配后	0.003	1.56	2.4	13.1	1.23	0.012	3.42	5.1	26.1*	0.96

注：B > 25% 或者 R 在区间 [0.5, 2] 外者均标注 *，未标注 * 代表匹配比较成功。

（三）男性和女性教育收益率的估计与分析

基于倾向得分值，本节对样本进行匹配并分别计算出男性和女性在各教育阶段的 ATT、ATU 和 ATE。常用的匹配方法有最近邻匹配、半径匹配、卡尺内最近邻匹配和核匹配，本节使用这 4 种匹配方法得到的结果无明显差异，与已有文献中匹配方法对匹配结果影响不大的结论相一致[1]。卡尺内最近邻匹配是将最近邻匹配和半径匹配相结合的方法，在一定的卡尺范围内寻得分最相近的样本进行匹配。本节样本中男性和女性在各教育阶段的对照组样本量均比较充足，使用该匹配方法完全可以保证匹配的质量，且方差较小，估计效果较好。因此，本节主要讨论卡尺内最近邻匹配法的估计结果[2]（见表 2-20）。

从表 2-20 可以看出，劳动力在不同教育阶段上的教育收益率[3]不同，且男性和女性在同一教育阶段上获得的教育回报不同。在小学阶段，男性的教育收益率为 32.1%，高于女性的 25.5%，计算得到男性和女性小学阶段的年均教育收益率[4]分别为 5.8% 和 4.6%。进一步比较 ATT、ATU 和 ATE 可以发现，

---

[1] 参见 Caliendo 和 Kopeinig（2010）以及简必希、宁光杰（2013）的文献。
[2] 限于篇幅，本节以卡尺内最近邻匹配法为例呈现该方法的估计和检验结果。
[3] 本节重点关注的是已经接受某层次教育的劳动力的教育收益率，即 ATT 的值，无特殊说明的教育收益率均指 ATT。
[4] 本节估计得到的 ATT、ATU 和 ATE 均为各教育阶段整体的教育收益率。一些研究（例如简必希、宁光杰，2013）通过折算得到各教育阶段的年教育收益率。具体而言，小学年教育收益率=ATT/5.5，初中年教育收益率=ATT/3，高中年教育收益率=ATT/3，大学年教育收益率=ATT/3.5。

对于男性和女性劳动力均有 ATT > ATE > ATU，表明若受教育程度未达到小学的两个人均可接受进一步的教育，与选择接受小学教育的人相比，实际上未接受小学教育的人若接受该阶段教育将会获得更低的教育回报。因而在选择是否接受小学教育时，男性和女性劳动力都遵循自己的比较优势，能力高者接受该阶段教育并获得较高的教育回报。

在初中阶段，男性的教育收益率为5.2%，低于女性的19.9%，计算得到男性和女性初中阶段的年均教育收益率分别为1.7%和6.6%。进一步比较ATT、ATU和ATE可以发现，对于男性劳动力有 ATT > ATE > ATU，表明在完成小学阶段教育后，与选择接受初中教育的男性相比，实际上未接受初中教育的男性若接受该阶段教育将会获得更低的教育回报。对于女性劳动力有 ATU > ATE > ATT，表明在完成小学阶段教育后，与选择接受初中教育的女性相比，实际上未接受初中教育的女性若接受该阶段教育将会获得更高的教育回报。因而在选择是否接受初中教育时，男性劳动力遵循比较优势，能力高者接受该阶段教育并获得了更高的教育回报；女性则未能如此，有能力从初中教育中获得更高教育回报的女性没有接受该阶段教育。

在高中阶段，男性的教育收益率为30.4%，低于女性的46.9%，计算得到男性和女性高中阶段的年均教育收益率分别为10.1%和15.6%。进一步比较ATT、ATU和ATE可以发现，对于男性和女性劳动力均有 ATT > ATE > ATU，表明在完成初中阶段教育后，与选择接受高中教育的人相比，实际上未接受高中教育的人若接受该阶段教育将会获得更低的教育回报。因而在选择是否接受高中教育时，男性和女性劳动力都遵循自己的比较优势，能力高者接受该阶段教育并获得更高的教育回报。

在大学阶段，男性的教育收益率为21.9%，低于女性的34.7%，计算得到男性和女性大学阶段的年均教育收益率分别为6.3%和9.9%。进一步比较ATT、ATU和ATE可以发现，对于男性和女性劳动力均有 ATU > ATE > ATT，表明在完成高中阶段教育后，与选择接受大学教育的人相比，实际上未接受大学教育的人若接受该阶段教育将会获得更高的教育回报。因而在选择是否接受大学教育时，男性和女性劳动力均存在有能力者由于家庭条件、教育资源等限制未能接受该阶段教育的情况。

整体上对男性和女性的教育收益率进行比较，可以发现：从各阶段教育的教育回报来看，男性在各阶段的年教育收益率由高到低为：高中＞大学＞

小学＞初中，女性在各阶段的年教育收益率由高到低为：高中＞大学＞初中＞小学，男性和女性均在高中阶段获得最高的年教育收益率，其次是大学阶段；从男性和女性各阶段教育回报的差异来看，在小学阶段，男性的年教育收益率高于女性，在初中、高中和大学阶段，女性的年教育收益率均高于男性。另外，用 OLS 分组回归得到的年教育收益率[①]整体是下偏的，但在各阶段教育上的变化趋势和性别差异与 PSM 的估计结果基本一致，也能得出以上结论。

表 2-20　　　　卡尺内最近邻匹配法与 OLS 估计结果的比较

	小学		初中		高中		大学	
	男性	女性	男性	女性	男性	女性	男性	女性
卡尺范围	0.02	0.02	0.02	0.02	0.02	0.02	0.02	0.02
ATT	0.321***	0.255***	0.052*	0.199**	0.304*	0.469***	0.219**	0.347***
ATU	0.275	0.050	0.019	0.208	0.280	0.329	0.540	0.358
ATE	0.306	0.141	0.037	0.204	0.286	0.361	0.411	0.352
年教育收益率 a（%）	5.8	4.6	1.7	6.6	10.1	15.6	6.3	9.9
年教育收益率 b（%）	4.1	2.7	3.4	4.1	6.3	9.7	6.0	8.8
选择偏差（%）	−1.7	−1.9	1.7	−2.5	−3.8	−5.9	−0.3	−1.1

注：*、**、*** 分别表示在 10%、5%、1% 的水平上显著；a 项的教育收益率由 PSM 估计并计算得到；b 项的教育收益率由 OLS 估计并计算得到；选择偏差为分别使用 OLS 与 ATT 估计并计算得到的年教育收益率之差。

（四）教育收益率的性别差异分析

上文分析表明，在不同教育阶段，男性和女性之间教育收益率都有所差别。那么，从统计意义上看，教育收益率的性别差异是否真实存在，还需进一步检验。检验组间系数差异的方法通常有三种：Chow 检验、似无相关模型检验与费舍尔组合检验（Fisher's permutation test），而费舍尔组合检验[②]具有更宽松的假定条件且不受模型的限制，因此，本节使用该方法对教育收

[①] OLS 的分组方式与 PSM 一致，此处 OLS 估计结果仅作对比使用，只展示受教育程度变量的系数。用 OLS 估计时，年教育收益率 = $[\exp(b_i)-1]/d_i$，其中，b_i 为回归系数，d_i 为第 i 层次教育与上一层次教育的教育年限之差。i 取 1、2、3 和 4，分别代表小学、初中、高中和大学。

[②] 这一方法最早见于 Efron 和 Tibshirani（1993），Cleary（1999）和连玉君等（2010）都使用该方法进行组间系数差异检验。

益率的性别差异进行检验，结果见表2-21。

可以发现，各阶段教育的教育收益率存在着显著的性别差异。在小学阶段，b_0-b_1为-0.057且p值为0.092，表明女性的教育收益率低于男性且两者的差异在10%的水平上显著。在初中阶段，b_0-b_1为0.140且p值为0.011，表明女性的教育收益率高于男性且两者的差异在5%的水平上显著。同样可得，女性在高中和大学阶段的教育收益率均显著高于男性。该检验结果与上文教育收益率的估计结果一致，进一步验证了农村教育收益率性别差异的存在：男性在小学阶段的教育收益率显著高于女性，而女性在初中、高中和大学阶段的教育收益率显著高于男性。

表2-21　　　　　　　　教育收益率的性别差异检验

	b_0-b_1	频数	p值
小学教育	-0.057	209	0.092
初中教育	0.140	28	0.011
高中教育	0.185	9	0.005
大学教育	0.098	34	0.050

注：b_0为女性教育变量系数估计值的均值，b_1为男性教育变量系数估计值的均值。

大量相关研究也证明了教育收益率存在显著的性别差异，且结论多为女性教育收益率显著高于男性。对近30年教育回报的研究表明，男性和女性的教育收益率随时间推移呈上升趋势，且两者的差异持续存在，男性的年教育收益率基本上处于2.1%—14.1%，而女性处于1.6%—16.3%，两者的差值处于-4.8%—0.5%（见表2-22）。通过与现有文献的对比可以看出，本节估计的教育收益率处于中等偏上的位置，并且得到的性别差异也是比较合理的。特别是与对西部地区的相关研究相比，有两点发现：一是西部贫困地区的农村劳动力在高中阶段获得的教育回报最高，这与柳建平等（2017）的研究结果一致；二是本节的样本选择、研究方法和估计结果是合理有效的，在与甘肃有关的研究中，孙志军（2002）与孙百才（2013）均未发现显著的教育收益率的性别差异，而本节按教育阶段对样本进行分组研究，且选取的样本覆盖范围较广，因此更易探察到教育收益率性别差异的存在。

表 2-22　中国各地区教育收益率性别差异的相关研究和主要成果

研究者	数据及研究对象	男性与女性教育收益率	结论
1. 按教育年限计算教育收益率及其性别差异			
赖德胜（1998）	1988 年与 1995 年城市职工样本	1988 年：男性 2.5%，女性 3.7%；1995 年：男性 5.1%，女性 6.0%	女性高于男性
孙志军（2002）	甘肃省农村调查数据	男性 3.6%，女性 3.7%	女性高于男性，但差异不显著
杜育红、孙志军（2003）	2002 年内蒙古赤峰市城镇调查数据	男性 7.5%，女性 9.9%	女性高于男性
陈良焜、鞠高升（2004）	1996—2000 年城镇调查数据	1996 年：男性 4.7%，女性 6.5%；2000 年：男性 6.7%，女性 10.2%	女性高于男性，差异显著
袁霓（2005）	2004 年北京房山区城镇居民调查数据	男性 5%，女性 8%	女性高于男性，差异显著
Zhang et al.（2005）	1988—2001 年数据	1988 年：男性 2.9%，女性 5.2%；2001 年：男性 8.4%，女性 13.2%	女性高于男性
高梦滔（2006）	2000 年山西省 947 个农户微观数据	男性 14.1%，女性 16.3%	女性教育收益率在中高收入组高于低收入组，而男性则相反
刘泽云（2008）	2004 年中国城镇居民入户调查数据，北京、浙江、黑龙江、湖北、四川、陕西 6 省（市）城镇职工	无控制变量：男性 9.6%，女性 11.6%；有控制变量：男性 5.4%，女性 6.7%	女性高于男性，差异显著
黄志岭、姚先国（2009）	2003 年北京、辽宁、浙江、四川、广东和陕西 6 省（市）城镇数据	男性 9.9%，女性 12.4%	女性高于男性，差异显著
娄世艳、程庆亮（2009）	2005 年中国综合社会调查数据，2282 个城镇样本	男性 6.2%，女性 7.5%	女性高于男性
2. 按教育层次或类别计算教育收益率及其性别差异			
诸建芳等（1995）	1992 年城镇数据	基础教育：男性 2.1%，女性 1.6%；职业教育：男性 2.9%，女性 3.1%	基础教育：男性高于女性；职业教育：女性高于男性

续表

研究者	数据及研究对象	男性与女性教育收益率	结论
高梦滔、张颖（2007）	西部地区西宁市、兰州市和白银市城市居民数据	求得相对教育收益率	低收入行业中，女性高等和高中层次教育的回报都显著高于男性，高收入行业中则相反
黄晓波（2009）	广西抽样调查数据	中等教育：男性0.87%，女性16.6%；高等教育：男性22.8%，女性14.4%	中等教育：女性高于男性；高等教育：男性高于女性

注：陈良焜、鞠高升（2004）和Zhang et al.（2005）的研究均使用了连续多年数据，研究得到女性教育收益率在各年均高于男性且男性和女性的教育收益率基本逐年递增，因此，只展示了这两项研究首年和末年教育收益率的估计结果。

四 结论与启示

本节基于2017年甘肃省贫困村调查数据，从受教育水平、收入水平等方面对男性和女性劳动力进行了比较，并运用PSM模型估计了男性和女性劳动力在不同教育阶段的教育回报，得到以下结论。

第一，贫困地区农村劳动力的受教育水平整体偏低，且男性和女性劳动力之间受教育水平存在较大差距。首先，样本劳动力平均受教育年限为6.2年，仅处在小学水平左右；样本中文盲占24.7%，接受过小学、初中教育的劳动力占比均在30%左右，接受过高中、大学教育的劳动力占比均不到10%。其次，男性劳动力的平均受教育程度处于初中水平，而女性则处于小学水平；男性文盲比例远低于女性，男性接受中等、高等教育的比例均高于女性。

第二，贫困地区农村教育的收入效应较强并具有一定的代际传递效应。首先，男性和女性劳动力各教育阶段的教育回报均比较显著，且本节估计结果与相关研究相比处在一般偏上的位置；其次，父母受教育水平越高，子女接受中等、高等教育的概率就越高，尤其是母亲受教育水平对子女接受高中和大学教育均有显著的正向影响，提升女性受教育水平是阻断贫困代际传递的重要手段。

第三，贫困地区农村劳动力各教育阶段的教育收益率不同且存在显著的性别差异，高中及以上教育对贫困地区农村发展意义重大。首先，男性小学阶段的教育收益率显著高于女性，女性初中、高中和大学阶段的教育收益率显著高于男性；其次，女性各阶段教育的年教育收益率由高到低依次为高中、大学、初中和小学，男性则分别为高中、大学、小学和初中，两者高中阶段的教育收益率最高，其次是大学阶段。

第四，对三类平均处理效应即 ATT、ATU 和 ATE 进行比较，男性和女性在某些教育阶段有 ATU > ATE > ATT，表明部分能力较高的劳动力可能由于家庭负担、教育成本、教育资源配置等因素的限制，难以获得更高层次的教育，因而难以更好地发挥人力资本的收入效应，但他们比实际上接受过高层次教育的劳动力有获得更高水平收入的潜质，尤其是在大学教育上。这一现象在男性和女性中存在差别，且多出现在女性劳动力中。

本节研究结论的启示在于：首先，积极推动贫困地区普通高中教育发展，可考虑将高中教育纳入义务教育范围，充分发挥教育的收入效应；其次，提升贫困地区女性整体受教育水平具有极强的现实意义，应促进贫困地区教育的性别公平，尤其重视对女性中等、高等教育人力资本投资，发掘女性在精准脱贫中的潜力，阻止贫困的代际传递；最后，应有针对性地完善教育精准扶贫资助体系和贫困地区定向招生计划，消除贫困学生入学障碍，让更多有能力的贫困学生有机会接受更高、更好的教育。

附表 2-1　　男性小学样本匹配变量均值、标准偏差的检验结果

变量	处理	均值 处理组	均值 对照组	标准偏差（%）	标准偏差减少（%）	t 检验 t	t 检验 p>|t|
父亲受教育年限	匹配前	2.7639	2.3421	17.4	86.4	2.55	0.011
	匹配后	2.75	2.6927	2.4		0.41	0.680
母亲受教育年限	匹配前	2.0962	2.2953	-9.4	45.3	-1.41	0.160
	匹配后	2.0994	2.2082	-5.1		-0.90	0.367
父亲职业（以务农为参照组）							
务工	匹配前	0.0617	0.0292	15.6	85.9	2.22	0.026
	匹配后	0.0602	0.0557	2.2		0.35	0.723
企事业单位	匹配前	0.0105	0.0175	-6.0	90.6	-0.93	0.351
	匹配后	0.0105	0.0099	0.6		0.12	0.905
其他	匹配前	0.0962	0.0848	4.0	70.0	0.59	0.553
	匹配后	0.0964	0.0930	1.2		0.21	0.831
出生年份（以 1970 年之前为参照组）							
1970—1979 年	匹配前	0.3353	0.3391	-0.8	-78.6	-0.12	0.903
	匹配后	0.3358	0.3290	1.5		0.27	0.791
1980—1989 年	匹配前	0.1850	0.1637	5.6	95.6	0.83	0.405
	匹配后	0.1852	0.1843	0.2		0.04	0.965

第二章　农村教育发展与反贫困

续表

变量	处理	均值 处理组	均值 对照组	标准偏差（%）	标准偏差减少（%）	t检验 t	t检验 p>|t|
1990年及之后	匹配前	0.1624	0.0878	22.7	95.2	3.28	0.001
	匹配后	0.1611	0.1576	1.1		0.18	0.859
地区（以陇南为参照组）							
定西	匹配前	0.0451	0.0292	8.4	85.7	1.22	0.222
	匹配后	0.0439	0.0462	-1.2		-0.20	0.842
庆阳	匹配前	0.0571	0.0175	21.0	78.6	2.92	0.004
	匹配后	0.0561	0.0645	-4.5		-0.65	0.519
兰州	匹配前	0.0511	0.0760	-10.2	55.7	-1.58	0.114
	匹配后	0.0515	0.0405	4.5		0.96	0.340
武威	匹配前	0.0526	0.0088	25.6	70.4	3.48	0.001
	匹配后	0.0485	0.0355	7.6		1.18	0.240
天水	匹配前	0.1038	0.0585	16.6	96.3	2.40	0.016
	匹配后	0.1046	0.1062	-0.6		-0.10	0.922
平凉	匹配前	0.1279	0.0906	11.9	98.9	1.75	0.080
	匹配后	0.1288	0.1284	0.1		0.02	0.982
白银	匹配前	0.0767	0.0556	8.5	95.2	1.25	0.212
	匹配后	0.0772	0.0783	-0.4		-0.07	0.945
酒泉	匹配前	0.0752	0.0614	5.5	12.6	0.81	0.419
	匹配后	0.0758	0.0637	4.8		0.86	0.390
临夏	匹配前	0.2211	0.4620	-52.5	96.7	-8.13	0.000
	匹配后	0.2227	0.2307	-107		-0.35	0.729

附表2-2　女性小学样本匹配变量均值、标准偏差的检验结果

变量	处理	均值 处理组	均值 对照组	标准偏差（%）	标准偏差减少（%）	t检验 t	t检验 p>|t|
父亲受教育年限	匹配前	2.8913	2.4708	17.6	94.7	3.11	0.002
	匹配后	2.8525	2.8302	0.9		0.15	0.881
母亲受教育年限	匹配前	2.2645	2.2245	1.9	59.1	0.34	0.736
	匹配后	2.2769	2.2605	0.8		0.13	0.900
父亲职业（以务农为参照组）							
务工	匹配前	0.0344	0.0291	3.0	89.7	0.53	0.598
	匹配后	0.0346	0.3407	0.3		0.05	0.961

续表

变量	处理	均值 处理组	均值 对照组	标准偏差（%）	标准偏差减少（%）	t检验 t	t检验 p>|t|
企事业单位	匹配前	0.0054	0.0029	3.9	1.2	0.69	0.488
	匹配后	0.0055	0.0080	-3.9		-0.50	0.614
其他	匹配前	0.0815	0.0831	-0.6	-205.0	-0.10	0.921
	匹配后	0.0819	0.0772	1.7		0.29	0.770
出生年份（以1970年之前为参照组）							
1970—1979年	匹配前	0.3641	0.3353	6.0	42.7	1.06	0.290
	匹配后	0.3661	0.3496	3.5		0.57	0.568
1980—1989年	匹配前	0.1938	0.1429	13.6	92.3	2.40	0.016
	匹配后	0.1949	0.1910	1.0		0.16	0.870
1990年及之后	匹配前	0.1304	0.0831	15.4	94.8	2.72	0.007
	匹配后	0.1257	0.1282	-0.8		-0.12	0.902
地区（以陇南为参照组）							
定西	匹配前	0.0685	0.0786	-3.9	-18.0	-0.55	0.584
	匹配后	0.0676	0.0795	-4.5		-0.52	0.600
庆阳	匹配前	0.1155	0.0858	9.9	-272.6	1.47	0.141
	匹配后	0.1127	0.2234	-36.8		-3.56	0.001
兰州	匹配前	0.0649	0.0512	5.9	-8.2	0.87	0.384
	匹配后	0.0601	0.0452	6.3		0.77	0.444
武威	匹配前	0.0433	0.0798	-15.2	63.5	-2.06	0.040
	匹配后	0.0413	0.0280	5.6		0.84	0.402
天水	匹配前	0.1227	0.1048	5.6	-120.9	0.83	0.409
	匹配后	0.1203	0.0808	12.4		1.54	0.131
平凉	匹配前	0.1407	0.1454	-1.3	-1156.6	-0.19	0.850
	匹配后	0.1466	0.0886	16.5		2.08	0.038
白银	匹配前	0.1769	0.1132	18.1	-18.3	2.75	0.006
	匹配后	0.1804	0.1054	21.4		2.49	0.013
酒泉	匹配前	0.0938	0.0798	5.0	-52.1	0.73	0.465
	匹配后	0.0902	0.0689	7.6		0.91	0.365
临夏	匹配前	0.0794	0.1144	-11.8	73.5	-1.64	0.101
	匹配后	0.0827	0.0919	3.1		-0.38	0.706

第四节 西部农村教育与减贫研究[*]

一 引言

改革开放以来，中国农村扶贫取得了显著成绩，农村贫困人口大量减少，从 1980 年的 2.2 亿人减少到 2015 年的 5575 万人，贫困发生率也从 1980 年的 26.8%下降到 2015 年的 5.7%。然而，在中国西部农村地区，贫困依然是困扰农村居民生存发展的最大障碍。中国农村贫困人口绝大部分集中在西部，2012 年公布的 592 个国家级贫困县中，西部地区有 375 个，占 63.34%。近年来，党和政府把扶贫工作摆到更加突出的位置，党的十八届五中全会从全面建成小康社会奋斗目标出发，明确到 2020 年中国现行标准下农村贫困人口实现脱贫，贫困县全部摘帽。西部农村贫困地区作为中国扶贫开发工作的重点地区，其是否能顺利脱贫关系到全面小康社会的如期建成。西部地区农村贫困人口越来越集中在生产和生活条件极为恶劣的边缘地区，扶贫规模较大、脱贫难度增加、返贫率高、致贫原因复杂，特别是贫困人口大多具有教育水平低的特征。从一定意义上而言，贫困的根源在于贫困主体的能力贫困，贫困主体的人力资本水平是影响贫困的重要因素，而接受教育又是形成人力资本的基本途径。因此，西部农村扶贫要尤为重视教育扶贫，充分考虑教育对消除贫困的重要作用。

二 文献述评

已有研究大多考虑经济增长的减贫作用和区域性扶贫，经济增长理论认为经济增长产生的涓滴效应能有效减少贫困，林伯强（2003）的研究表明 1985—2001 年中国的经济增长有效地减少了贫困。此外，采用以扶贫项目管理为中心的扶贫政策，通过群体效应达到减贫。然而，随着贫困人口的减少和收入差距的不断扩大，农村扶贫效果边际递减。贫困分布由区域的、整体性的贫困逐渐过渡到个体性贫困。

---

[*] 本节以同题发表在《教育与经济》2017 年第 1 期。作者：柳建平（西北师范大学商学院教授）、刘卫兵（西北师范大学商学院研究生）。

在人力资本理论中,教育在增加人均收入水平和消除贫困方面都有着积极作用。Schultz(1960)认为,个人的收入很大程度上取决于其人力资本水平,教育对人力资本形成起着至关重要的作用,Becker(1975)的研究显示人口总体的平均受教育程度和教育分布状况都会影响收入分配。Sen(1976)指出贫困的真正含义是能力贫困,即贫困人口创造收入能力的贫困,贫困人口的低收入是由于其人力资本水平较低而引起的收入创造能力不足导致的。Raffo等(2009)认为贫困和贫困人口的教育水平是相关的。Tilak(2007)利用印度数据的分析表明,除基础教育外,发展中等教育和高等教育也有利于减少贫困。Barham等(1995)利用一个教育的代际交替模型研究发现,在信贷约束下,贫困家庭的子女难以接受足够的教育,容易导致贫困代际传递。程名望等(2015)根据时间序列数据分析得出基础教育体现出的人力资本对农户收入差距有全面性影响。杨俊等(2010)利用宏观时间序列数据和CHNS数据研究发现教育差距的缩小有利于消除贫困。刘修岩等(2007)基于上海农户调查数据分析得出教育对消除农村贫困有显著影响。

梳理上述文献可以发现,中国学者对教育对贫困影响的研究不多,且多利用宏观全国性数据或东部地区数据对这一问题进行研究,考虑到西部农村地区贫困的复杂性和特殊性,作为人力资本重要组成部分的教育是否也能像已有研究一样能有效促进西部农村贫困减少?本节利用近期对甘肃14个建档立卡贫困村的调查数据,从农户劳动力教育年限和教育水平对农户收入的影响,以及教育对贫困的影响等方面进行实证分析。

三 数据来源与统计性描述

(一)数据来源与数据处理方法

2016年4月我们组织西北师范大学商学院"三农社"部分本科生和研究生,对甘肃部分贫困村进行了入户社会调查。此次调查涉及甘肃省13个国家级贫困县的14个建档立卡贫困村[①],其中陇南市礼县属于秦巴山连片特困地区,

---

① 调查的14个建档立卡贫困村分别为:兰州市永登县通远乡团庄村、白银市景泰县正路乡川口村、白银市会宁县八里湾乡富岔村、天水市张家川县恭门镇城子村、平凉市庄浪县郑河乡史洼村、庆阳市华池县五蛟乡杜右手村、庆阳市镇原县方山乡张大湾村、定西市陇西县宏伟乡文家集村、定西市漳县四族乡四族村、定西市临洮县龙门镇马家湾村、临夏州积石山县小关乡大寺村、临夏州康乐县五户乡五户村、陇南市礼县雷坝乡蒲陈村、陇南市礼县雷坝乡甘山村。

其他12个县均属于六盘山连片特困地区。数据信息涉及被调查农户的家庭成员基本信息和家庭基本经济状况，调查以随机到户访谈形式进行。

数据处理方法为：首先，将家庭成员数据与农户数据对应，确定家庭户主的编号和家庭其他成员的编号，得到以家庭为基本单位并包含各家庭成员信息的数据；其次，根据家庭成员信息确定每个家庭的家庭劳动力，计算得出实证分析所需的家庭人均年收入、家庭人口负担比、家庭劳动力平均受教育年限和家庭劳动力健康状况均值；最后，剔除含有重要信息缺失和异常数据，经过整理，最终用于分析的数据为1717户，共计8268人。

（二）样本数据特征

样本人口特征如表2-23所示，从性别构成来看，男性占52.2%，女性占47.8%；从年龄结构来看，平均年龄为35.76岁，处于16—65岁的人达71.3%，占全部人口的大多数，这一年龄段是构成农村劳动力的主要组成部分；从受教育水平来看，平均受教育年限为5.65年，大多数人的教育水平在初中及以下，小学文化程度的比例最高，达到33.5%，初中、高中、大专及以上分别占26.7%、9.9%、6.0%。

表2-23　　　　　　　　　样本人口基本特征

样本特征	类别	样本量	占比（%）	均值	标准差
性别	男	4320	52.2	—	—
	女	3948	47.8		
年龄	16岁以下	1575	19.0	35.76	20.634
	16—65岁	5897	71.3		
	65岁以上	796	9.6		
受教育水平	文盲	1975	23.9	5.65	4.432
	小学	2771	33.5		
	初中	2206	26.7		
	高中	822	9.9		
	大专及以上	494	6.0		
家庭人口规模	2人及以下	91	5.3	4.82	1.492
	3人	233	13.6		
	4人	394	22.9		
	5人	420	24.5		
	6人	390	22.7		
	7人	144	8.4		
	8人及以上	45	2.6		

样本农户特征如表 2-24 所示，在户主性别构成中，男性、女性分别为 1663 人、54 人，分别占 96.9%、3.1%，说明农村家庭中户主大多为男性；户主的平均年龄为 48.32 岁，40 岁及以下、40 岁以上户主分别为 350 人、1367 人，分别占 20.4%、79.6%；家庭人均年收入为 6871.41 元，其中，家庭人均收入在 2300 元（国家贫困线）以下、2300—6936 元（甘肃全省农民可支配收入平均水平）、6936—11422 元（全国农民可支配收入平均水平）、11422 元以上分别有 248 户、789 户、464 户、216 户，分别占 14.4%、46.0%、27.0%、12.6%；家庭劳动力平均工作年限为 25.57 年，劳动力平均工作年限为 10 年以下、10—20 年、20—30 年、30 年以上分别有 18 户、316 户、982 户、401 户，分别占 1.0%、18.4%、57.2%、23.4%；家庭劳动力健康状况中全部健康的有 921 户，占 53.6%，家庭劳动力中患慢性病、大病以及残疾的共有 796 户，占 46.3%，家庭劳动力健康状况不容乐观。

表 2-24　　　　　　　　样本农户基本特征

样本特征	类别	样本量	占比（%）	均值
户主性别	男	1663	96.9	—
	女	54	3.1	
户主年龄	40 岁及以下	350	20.4	48.32
	40 岁以上	1367	79.6	
家庭人均收入	2300 元以下	248	14.4	6871.41
	2300—6936 元	789	46.0	
	6936—11422 元	464	27.0	
	11422 元以上	216	12.6	
劳动力平均工作年限	10 年以下	18	1.0	25.57
	10—20 年	316	18.4	
	20—30 年	982	57.2	
	30 年以上	401	23.4	
家庭劳动力健康状况	健康	921	53.6	—
	慢性病	746	43.5	
	大病	45	2.6	
	残疾	5	0.3	

注：为与贫困标准 2300 元（2010 年不变价）进行比较，家庭人均收入按 2010 年不变价进行了 CPI 平减。

四 实证分析

(一)教育对农户收入的影响

1. 变量说明与模型设计

由明瑟方程可知,农户家庭收入与劳动力的人力资本水平有关,也与劳动力的工作经验和健康状况有关。当然,家庭特征如户主特征也在很大程度上影响农户家庭收入。由于收入变量是符合正态分布的,因此采用半对数模型。半对数模型是良好的平稳化非线性模型,既能分析教育对农户收入的影响,也能综合考虑其他因素对农户收入的影响。

被解释变量是农户人均年收入的对数,解释变量是劳动力的教育状况、工作经验、健康状况、户主性别、户主年龄。本节用劳动力平均工作年限、平均工作年限的平方作为劳动力工作经验的替代变量。教育状况又分为教育年限和教育水平,分别用模型1和模型2检验劳动力的教育年限和教育水平对农户收入的作用。

具体模型1设定如下:

$$\ln I_k = \alpha_0 + \alpha_1 Edu_k + \alpha_2 Exp_k + \alpha_3 Exp_k^2 + \alpha_4 Hea_k + \alpha_4 Gen_k + \alpha_5 Age_k + u \quad (2-11)$$

其中,I_k为农户中k的人均年收入,Edu_k为农户k劳动力的平均受教育年限,Exp_k、Exp_k^2为农户k劳动力平均工作年限和平均工作年限的平方,Hea_k为农户k劳动力的健康状况均值,Gen_k为农户k户主性别,Age_k为农户k户主年龄。

具体模型2设定如下:

$$\ln I_j = \gamma_0 + \gamma_1 Pri_j + \gamma_2 Jun_j + \gamma_3 Sen_j + \gamma_4 Col_j + \gamma_5 Exp_j + \gamma_6 Exp_j^2 + \\ \gamma_7 Hea_j + \gamma_8 Gen_j + \gamma_9 Age_j + \varepsilon \quad (2-12)$$

其中,I_j为农户j的人均年收入,被解释变量为农户j的人均年收入的对数,Pri_j、Jun_j、Sen_j、Col_j为虚拟变量,当家庭劳动力平均受教育水平为小学时,$Pri_j=1$,否则$Pri_j=0$;当家庭劳动力平均受教育水平为初中时,$Jun_j=1$,否则$Jun_j=0$;当家庭劳动力平均受教育水平为高中时,$Sen_j=1$,否则$Sen_j=0$;当家庭劳动力平均受教育水平为大专及以上时,$Col_j=1$,否则$Col_j=0$。Exp_j、Exp_j^2为农户j劳动力平均工作年限和平均工作年限的平方,Hea_j为农户j劳动力的健康状况均值,Gen_j为农户j户主性别,Age_j为农户j户主年龄。

2. 实证结果与分析

表2-25是运用模型1和模型2得出的受教育年限和受教育水平对农户

收入的影响结果。由模型1的结果可以看出，农户劳动力的平均教育收益率为5.4%，即农户劳动力平均受教育年限每增加1年，农户的收益率平均增加5.4%。由模型2可以看出，受教育水平的提高对农户收入增加有显著影响。在其他条件不变的情况下，与文盲相比，接受过小学阶段教育的劳动力的收入会高出31.8%，接受过初中阶段教育的劳动力的收入会高出44.0%，接受过高中（中职）阶段教育的劳动力的收入会高出70.4%，接受过大专及以上教育的人的收入会高出106.4%。

表2-25　　　　　　　　　　教育对农户收入的影响

变量	1 系数	1 t值	2 系数	2 t值
劳动力平均受教育年限	0.054***	7.863		
小学			0.318***	3.053
初中			0.440***	4.131
高中（中职）			0.704***	5.871
大专及以上			1.064***	5.031
劳动力平均工作年限	0.022*	1.709	0.019	1.450
劳动力平均工作年限的平方	0.000***	−2.128	0.000**	−1.933
劳动力健康状况均值	−0.161***	−3.566	−0.168***	−3.725
户主性别	0.019	0.189	0.023	0.222
户主年龄	0.007***	3.510	0.007***	3.686
常数项	7.922***	34.144	7.894***	31.612
样本量	1717		1717	
F统计量	20.430***		13.544***	

注：***、**和*分别表示通过1%、5%和10%的显著性水平检验。

从各级教育的相对边际收益率①来看，与文盲相比，小学教育的教育收益率为31.8%；与小学教育相比，初中教育的教育收益率为12.2%；与初中教育相比，高中（中职）教育的教育收益率为26.4%；与高中（中职）教育相比，大专及以上教育的教育收益率为36.0%。从各级教育的平均教

---

① 各级教育的相对边际收益率是指相对上一级教育而言，本级教育的收益率。小学、初中、高中（中职）和大专及以上教育的相对边际收益率可以由 $b_i = \gamma_i - \gamma_{i-1}$（$i=2,3,4$；$b_1 = \gamma_1$）计算而得。

收益率[1]来看，小学教育的平均每年的教育收益率为5.3%，初中教育的平均每年的教育收益率为4.1%，高中（中职）教育的平均每年的教育收益率为8.8%，大专及以上教育的平均每年的教育收益率为10.3%。从以上数据可以看出，小学和初中的教育收益较为接近，这是因为随着九年义务制教育的推进，农村劳动力大多已具有小学或初中文化水平，并且小学和初中主要学习基础文化知识，其相互之间区分度不大，对农村劳动力收入的贡献区分不明显。随着农户劳动力教育水平的进一步提高，农户劳动力教育收益率也随之增加，说明提高农户劳动力教育水平达到或超过高中更有利于增加农户收入。

此外，从表2-25可以看出，家庭的其他特征对农户收入也有一定的影响。劳动力的工作经验对农户收入有显著的正向作用，说明随着劳动力工作经验的增加，农户收入也随之增加，这是由西部农村劳动力大多从事体力劳动的特性决定的，因为随着工作经验的增加，在工作中不断学习，劳动的熟练程度会增加，有利于增加农户收入水平。劳动力健康状况对农户收入也有显著影响，从表2-25可以看出，随着劳动力健康状况的恶化，农户收入会随之减少。户主年龄对农户收入也有显著正向作用，户主年龄的增加有利于农户收入的增加。就户主性别而言不显著。

（二）教育对贫困的影响

1. 变量说明与模型设计

参考李晓嘉（2015）的研究，考虑教育对贫困的影响，通过判断最终农户是否贫困来反映。要分析清楚教育对贫困的影响，而农户是否贫困是一个二值变量，所以在被解释变量选取方面，通过贫困发生的机会比率对数来反映。农户是否贫困与劳动力的人力资本水平有关，而家庭特征如家庭劳动力数和家庭负担状况也在很大程度上影响农户家庭收入。由于被解释变量农户是否贫困是一个二值变量且通过贫困发生的机会比率对数来反映，因此采用Logit模型。Logit模型的分布函数服从logistic累积分布函数，是目前应用广泛的离散选择模型，既能分析教育对农户贫困的影响，也能综合考虑其他因

---

[1] 各级教育的平均教育收益率是指与上一级教育相比，多接受一年本级教育的收益率。小学、初中、高中（中职）和大专及以上教育的各级平均教育收益率由 $c_i = b_i / n_i$（i=1, 2, 3, 4；n_1=6, n_2=3, n_3=3, n_4=3.5）计算而得。

素对农户贫困的影响。

被解释变量是农户贫困发生的机会比率对数，解释变量是劳动力的文化程度、家庭劳动力数、家庭人口负担比。本部分小学、初中、高中（中职）、大专及以上为反映劳动力的文化程度的虚拟变量，将文盲作为参照组，通过对虚拟变量参数的分析，有利于考察农户劳动力不同受教育程度对于贫困发生率的影响。

具体模型3设定如下：

$$L_i = \ln(P_i/1-P_i) = \beta_1 + \beta_2 Pri_i + \beta_3 Jun_i + \beta_4 Sen_i + \beta_5 Col_i + \beta_6 Labor_i + \beta_7 Burratio_i + \mu \quad (2-13)$$

其中，P_i说明给定自变量取值的情况下，贫困发生的概率[①]；$1-P_i$为给定自变量取值的情况下，贫困不发生的概率；$P_i/(1-P_i)$则为贫困发生的机会比率，即贫困发生与贫困不发生的概率之比。$\ln(P_i/1-P_i)$为贫困发生的机会比率对数。β_1为模型的截距，β_i (i=2,…,7) 为回归系数。Pri_i、Jun_i、Sen_i、Col_i为虚拟变量，当家庭劳动力平均受教育水平为小学时，$Pri_i=1$，否则$Pri_i=0$；当家庭劳动力平均受教育水平为初中时，$Jun_i=1$，否则$Jun_i=0$；当家庭劳动力平均受教育水平为高中时，$Sen_i=1$，否则$Sen_i=0$；当家庭劳动力平均受教育水平为大专及以上时，$Col_i=1$，否则$Col_i=0$。$Labor_i$为家庭劳动力数，$Burratio_i$为家庭人口负担比[②]。

2. 实证结果与分析

表2-26为采用Logit模型关于教育对贫困影响进行估计的结果。可以看出，模型的LR统计量在1%的水平上显著，说明模型中所有解释变量联合对于因变量有一个显著性的影响，即模型中的解释变量能较好地解释因变量，模型整体显著。不同教育水平对减少贫困有显著影响，农户劳动力教育水平提高有利于降低农户贫困发生率。

[①] 当$P_i=1$时，表明贫困发生，农户家庭处于贫困状态，采用2300元（2010年不变价）为贫困标准，即当某农户家庭人均年收入低于2300元时，则该家庭为贫困家庭。

[②] 家庭人口负担比是指家庭需要抚养和赡养的人数与劳动力人数之比，家庭需要抚养和赡养的人口包括16岁以下的未成年人和65岁以上的老人。

表 2-26　　　　　　　教育对贫困影响的 Logit 模型估计

解释变量	系数	标准误	Z 值
小学	−1.124***	0.302	−3.718
初中	−1.378***	0.312	−4.420
高中（中职）	−2.213***	0.467	−4.744
大专及以上	−2.069*	1.074	−1.927
家庭劳动力数	0.026	0.083	0.313
家庭人口负担比	0.520***	0.119	2.238
常数项	−1.068***	0.378	−2.827
对数似然	−678.553		
LR 统计量	60.924***		
拟 R^2 值	0.0430		
样本量	1717		

注：***、**和*分别表示通过1%、5%和10%的显著性水平检验。Z值为Z统计量的值，在大样本下t分布收敛于正态分布。

估计结果显示，小学、初中和高中（中职）和大专及以上教育的系数为负，且都在10%的水平上显著。与农户劳动力为文盲相比，农户劳动力平均受教育水平为小学的其贫困发生机会比率为32.5%，即后者比前者陷入贫困的概率低67.5%；与农户劳动力为文盲相比，农户劳动力平均受教育水平为初中的其贫困发生机会比率为25.2%，即后者比前者陷入贫困的概率低74.8%；与农户劳动力为文盲相比，农户劳动力平均受教育水平为高中（中职）的其贫困发生机会比率为10.9%，即后者比前者陷入贫困的概率低89.1%；与农户劳动力为文盲相比，农户劳动力平均受教育水平为大专及以上的其贫困发生机会比率为12.6%，即后者比前者陷入贫困的概率低87.4%。从以上数据可以看出，农户劳动力教育水平的提高能显著地降低农户家庭陷入贫困的概率。特别是高中（中职）教育对降低贫困的效应更为显著，说明对于西部农村而言，高中（中职）教育的反贫困贡献最大，能够最大限度地减少农村贫困。

此外，从表2-26可以看出家庭的其他特征对贫困也有一定的影响。家庭人口负担在一定程度上能影响农户家庭的贫困状况，家庭人口负担比的系数为正，且在1%的水平上显著，说明随着农村家庭人口负担的加重，在一定程度上增加农户陷入贫困的概率，导致家庭经济状况恶化，不利于农村家庭摆脱贫困。

五 结论与启示

（一）主要结论

本节的主要结论如下。

第一，就受教育年限对农户收入影响而言，甘肃14个贫困村农户劳动力的平均教育收益率为5.4%，低于东部地区教育收益率（10.0%），也稍低于中国农村教育收益率（5.5%），这一结果说明中国西部农村教育收益率较低。第二，就受教育水平对农户收入的影响而言，受教育水平的提高对农户收入增加有显著影响。小学、初中、高中（中职）、大专及以上教育平均每年的教育收益率分别为5.3%、4.1%、8.8%、10.3%，说明对于西部地区，除初中教育外，随着农户劳动力教育水平的提高，农户教育收益率也随之增加，提高农户劳动力的教育水平有利于增加农户收入。第三，就教育对农村贫困发生的影响的关系而言，教育水平的提高使农户贫困发生的机会比率下降，农户劳动力教育水平对贫困减少有显著影响。与文盲相比，接受小学、初中、高中（中职）、大专及以上教育的贫困发生机会比率分别为32.5%、25.2%、10.9%、12.6%，农户劳动力教育水平的提高能显著降低农户家庭陷入贫困的概率，特别是高中（中职）教育降低贫困的效应显著，说明对于西部农村而言，高中（中职）教育的反贫困贡献最大，能够最大限度地消除农村贫困。

基于以上结论，对于西部地区来说，应该重视提高农村劳动力的人力资本水平，从完善义务教育、着重发展高中与农村中职教育和减轻农村家庭教育负担出发，使农村劳动力的人力资本水平有较大幅度的提高，更适应社会生产发展的需要，进而提高农户家庭收入，促进西部脱贫攻坚。

（二）政策建议

本节就"十三五"时期西部地区教育精准扶贫提出如下政策建议。

第一，提高农村义务教育质量，着重发展西部农村地区高中教育。

经过多年努力，西部农村义务教育取得了良好成果，农村初中义务教育已基本普及，适龄人口初中入学率已达到97%。通过"全面改薄"工程，农村中小学的硬件设施也得以较大改观。但同时，城乡教育质量依然差距较大，致使相当数量在农村中小学就读的学生难以获得质量公平的教育，许多农村子女在升学考试中处于不利，加之普通高中教育规模偏少和中职教育水平低下，最终导致相当数量的农村子女在初中毕业后直接走向社会。因此，当前进行的教育扶贫应特别关注这一问题，同时鉴于高中教育有着较高的教育收益率和显著的降低陷入贫困的效应，需要大力扩大西部农村地区高中教育规模，完善高中建设经费投入保障机制，保证高中教育经费的充足投入。实施普通高中优质发展工程，提高普通高中办学水平，扩大高中教育资源对农村学生特别是贫困家庭学生的覆盖面，使农村家庭子女特别是贫困家庭子女有更多机会接受高中教育，以至大学教育，提升自身发展能力，消除贫困。

第二，大力发展农村中职教育，提高西部地区农民脱贫致富能力。

尽管近年来西部农村地区中等职业教育有了较大发展，但职业教育水平有待进一步提高，特别是要着力解决职业教育专业设置与社会需求脱节、师资力量薄弱、实训基地建设落后等影响职业教育质量水平的重要问题。进一步扩大职业教育办学规模，推进职业教育资源向西部贫困地区、贫困家庭倾斜。加大职业教育免费力度，提高中职助学金标准，扩大贫困家庭学生进入职业院校的覆盖面，使贫困家庭子女中不能上高中的初中毕业生能进一步接受教育。构建培养新型农民的农村职业培训体系，依托当地职业学校、政府职能部门所属的农牧业技术培训机构及其他社会培训机构，充分利用农闲时间、采取多种形式，强化对农村青壮年劳动力的农业实用技术培训、务工技能培训、创业培训等。保障贫困家庭劳动力能接受中长期职业教育和技能培训，掌握专业技能，提高脱贫致富能力。

第三，完善教育资助制度，减轻西部农村家庭教育负担。

全面构建政府主导、全社会参与的贫困学生资助全覆盖体系，保障农村学生不因贫困而失学。加大对西部贫困农村地区的学前教育免费力度，免除贫困家庭幼儿在当地接受学前教育的保教费。拓宽义务教育阶段西部农村家庭学生补助范围，将农村家庭学生的寄宿、交通、学习、生活等方面纳入补助，并进一步破除义务教育发展障碍，保障进城务工人员随迁子女接受义务教育。适应因农村适学人口数量大幅减少导致的小学、初中向中心村、乡镇集中，高中向县城集中所致的教育成本不断上升趋势，适度提高高职中教育资助标准。继续完善生源地助学贷款政策和院校助学金制度，为考入普通高校、高职院校的贫困家庭子女提供生源地信用助学贷款，对进入本省职业院校的贫困家庭子女减免学费。鼓励各高等院校积极参与教育扶贫行动，完善助学金制度，提供勤工俭学机会，确保贫困家庭子女顺利接受完高等教育。

第三章 农村女性发展与反贫困

第一节 农业女性化、女性农业化及对贫困的影响分析[*]

一 引言

早在 20 世纪 70 年代，国外学者 Boserup, E.（1970）、Judd, E.（1990）就观察到，在亚洲、非洲、拉美许多发展中国家从事农业的女性比例很高，并指出"农地女性化"是工业化发展的必然结果。改革开放以来，在工业化和城市化驱动下，中国农村劳动力大规模向城镇非农产业转移，在这一过程中，滞留在农村的农业劳动力性别结构也在逐渐变化，"农业女性化"现象不断显现，女性逐渐成为农业生产主力（吴惠芳、饶静，2009）。针对这一现象，学术界进行了广泛研究，并对农业劳动力中女性数量大于男性数量这一事实普遍认可，但就农业劳动力是否"女性化"未达成一致，也对其影响结果意见不一。

（一）文献综述

学者研究发现，1983—1995 年中国农村女性劳动力的比重以年平均 0.1% 的速度逐年递增，多地区出现不同程度的农业女性化趋势，传统的"男耕女织"已转为"男工女耕"，农业女性化已成事实（方子杰等，1998；孙秋、周丕东，2008）。吴惠芳（2009）对安徽、河南、湖南、江西及四川五个农村劳动力输出最为集中地区的研究表明，当地妇女已成为家庭种植业的主要劳动力；韦加庆（2015）以江苏、安徽、四川作为东、中、西部代表，发现中国农业女性化已是不争事实。从中西部地区数据看，农村劳动力转移中流

---

[*] 本节以同题发表在《人口与发展》2018 年第 2 期。作者：关爱萍（西北师范大学商学院教授）、董凡（西北师范大学商学院研究生）。

出外省男性比例甚至比女性高出14.0%，西部地区农村留守妇女比重很大，农业生产多由女性承担（赵磊、张雅丽，2014）。

相左意见表示农业劳动力女性化现象并不明显（王黎芳，2006）。文华成（2014）认为尽管农业男性劳动力数量低于女性，但并未达到农业女性化程度。Brauw D.A.（2003）利用1994—2000年河北、辽宁两省调查数据也证明"农业女性化"观点不成立，并指出以后也很难表现出"女性化"。可见学术界对农业劳动力中女性数量多于男性这一事实普遍认可，但就农业劳动力是否"女性化"未达成共识。

就农业女性化的影响来看，观点也未达成一致。国外学者认为，女性劳动力生产能力较低可能导致较少农业所得（Song Yinching、Jigguns J.，2002）；但也有人认为在特定投入水平上，劳动力农业生产效率的性别差异并不明显（Agnes R.Q.，1996）。国内一种观点认为，因女性劳动力不足、缺乏技术、购买生产资料困难，农业女性化可能造成农业生产萎缩（叶敬忠等，2009；李旻等，2009）；另一种观点认为，妇女负责农业生产，农作物生产率并不会下降（Zhang Linxiu，2004）；农业女性化甚至有利于经济作物播种面积的提高（吴惠芳等，2009）；农村优质劳动力的转移也可能促进生产要素重新组合、农业发展方式转变，从而推动农业专业化发展（杜鹰、白南生，1997）。特别是一些针对贫困农村这一现象的研究指出，劳动力外流为家庭增收，农业生产由妻子或者父母承担，这一配置既缓和人地矛盾，同时也提高农业劳动生产率，利于农户减贫（张永丽，2008；柳建平，2009；孙凯等，2011）。

综上可见，学术界对中国农业领域发生的"农业女性化"现象虽进行了一定程度的研究，但总体来看可能受研究地域发展差异的影响，研究结论呈现出较大的差异性。同时，现有研究的深度和广度还是较为欠缺，特别是探讨贫困农村农业女性化对农户贫困影响的研究还十分鲜见。基于这一研究现状，本节将就此现象及与农户贫困的关系，以及影响因素等问题进行探讨。

（二）概念辨析

为下文研究方便，首先就"农业女性化""女性农业化"和"农业化女性"这3个概念进行界定。"农业女性化"和"女性农业化"都是在工业化、城镇化进程中因农村剩余劳动力向非农转移所发生的特定现象。这一进程是循序渐进的，绝大多数农村人口很难在短期内实现举家迁移。在这一过程中家庭因素则是农户对其劳动力资源配置决策的最重要考量因素（王美艳，2006）。现实中大部分农户往往采取由部分劳动力参与非农就业获取相较于农业更高的非农收入，同时部分留守兼顾农业照顾家庭，而女性劳动力外出务工的能力弱势（文化素质较低）、受歧视以及照顾家庭优势，往往成为其留守农业生产兼顾家庭的基本缘由。"农业女性化"和"女性农业化"都是农户基于诸多因素综合考量的劳动力资源配置方式。"农业女性化"从职业角度对农业主要由女性劳动力承担这一现象的描述，其程度可由主要从事农业女性劳动力占农业劳动力的比重测度。"女性农业化"从人口性别角度对大多数女性从事农业的现象描述，其程度以参与农业女性占女性劳动力比重来表示。"农业化女性"是指完全或将主要精力放在农业这一职业上的女性人口（方子杰等，2000），可理解为"女性农业化"的结果。

本研究关注重点在农户层面，将其农业女性化程度定为：农业女性化程度值＝（女性兼业人口＋女性纯农业人口）/（家庭兼业人口＋家庭纯农业人口）。赋值办法：将兼业人口赋值为1，纯农业人口赋值为2。农户类型：若农业女性化程度值∈（0.5，1]，则该农户为农业女性化农户；若农业女性化程度值＝0.5，为男女共同主导农业农户；若农业女性化程度值∈[0，0.5），为男性主导农业农户。农户农业女性化程度越高，意味着其农业生产主要由女性承担，家庭男性劳动力有更多精力去从事非农工作；家庭女性农业化程度高，表明家庭中的大多数女性劳动力在从事农业，至少说明家庭女性劳动力较少参与非农就业。因而"农业女性化"和"女性农业化"对家庭效用的影响可能不一致。

二 样本村女性农业化和农业女性化特征及贫困的统计描述

（一）数据来源

数据来源于2016年西北师范大学商学院组织进行的对甘肃贫困农村的抽样社会调查，共抽取14个建档立卡贫困村[①]。抽样办法：依据甘肃贫困县

[①] 14个建档立卡贫困村：兰州市永登县通远乡团庄村，白银市景泰县正路乡川口村，白银市会宁县八里湾乡富岔村，天水市张家川县恭门镇城子村，平凉市庄浪县郑河乡史洼村，庆阳市华池县五蛟乡杜右手村，镇原县方山乡张大湾村，定西陇西县宏伟乡文家集村，漳县四族乡四族村，临洮县龙门镇马家湾村，临夏州积石山县小关乡大寺村，康乐县五户乡五户村，陇南市礼县雷坝乡蒲陈村，礼县雷坝乡甘山村。

分布、乡镇村组规模、收入分布等综合条件，通过概率比例抽样方法进行分层整群抽样，剔除部分调研可操作性难的市县，从甘肃14市（州）中随机抽取8市（州），从43个贫困县（市、区）中随机抽取14个贫困县，每县抽取1乡（镇），每乡（镇）抽取1个建档立卡贫困村，尽量做到样本广泛覆盖；入户访谈填录问卷，对样本村农户（排除人员不在家农户）逐一问询记录，取得样本村1749户、8319人的基本信息，内容包含样本村基本概况（自然条件、人口、耕地、水电路、产业发展、村学村医、贫困等情况）和农户信息（家庭成员、资产、收支、生产经营、教育培训、医疗健康等状况）。村庄均处贫困山区，自然条件较差，农业基本"靠天"，交通不便，贫困问题较为突出。

（二）村庄特征下的女性农业化与贫困

基于探究农户农业女性化、女性农业化及与贫困关系问题这一目的，对数据进行必要处理，剔除无劳动力家庭39户，最终取1710户、8253人的基本信息作为研究样本。样本涉及劳动力总计4905人，女性占48.0%；参与农业劳动力2810人，女性占59.5%，占女性劳动力总量的70.96%，即样本村女性农业化程度达到70.96%，可见女性劳动力大多数参与农业生产。按国定2800元贫困线计算，样本人口贫困发生率为16.21%。

表3-1　　　　　样本总体的贫困状况及女性农业化程度

农户（户）	样本人口（人）	女性劳动力（人）	参与农业女性劳动力（人）	女性农业化程度（%）	贫困发生率（%）
1710	8253	2356	1672	70.96	16.21

注：劳动力指样本中15—64岁且为非在校学生的、具有劳动能力的人员。

考虑到水电路、教育医疗等村庄特征对女性农业化、农业女性化及农户贫困的影响，对样本村基本特征进行介绍，参见表3-2。

大多数女性劳动力参与农业，各特征下女性农业化程度在65%—80%，水电路基本生活条件、教育医疗设施未完善村庄的农户贫困发生率和女性农业化程度相对更高。

表 3-2　村庄特征下的农户贫困与女性农业化

基本特征		村（个）	样本农户		样本人口			
			户数（户）	贫困发生率（%）	劳动力（人）	女性劳动力（人）	女性劳动力占比(%)	女性农业化程度(%)
安全饮水	自来水	8	1124	11.92	3314	1594	48.1	66.31
	窖水或井水	6	586	22.53	1591	762	47.89	80.71
电网	动力电	5	576	11.11	1640	785	47.87	65.86
	照明电	9	1134	17.81	3265	1571	48.12	73.52
通村道路	硬化路	4	621	12.56	1805	866	47.98	64.78
	土路	10	1089	17.26	3100	1490	48.06	74.56
医疗条件	卫生室	12	1549	15.49	4477	2162	48.29	71.14
	没有卫生室	2	161	16.15	428	194	45.33	69.07
幼儿园	有	4	541	9.61	1575	760	48.25	66.05
	没有	10	1169	18.31	3330	1596	47.93	73.31
小学	有	11	1500	7.62	4370	2088	47.78	70.98
	没有	3	210	16.67	535	268	50.09	70.90

（三）家庭特征下的农业女性化与贫困

1710户样本中，劳动力不从事农业农户243户，占14.2%。对劳动力参与农业的农户进行分类：女性主导农业（农业女性化家庭）、男性主导农业和男女共同主导农业。农业女性化家庭740户，占比最高，达43.3%，远大于男性主导农业家庭。对比贫困发生率发现，农业女性化家庭为14.59%，在三类家庭中最低（见表3-3）。

表 3-3　样本农户分类及不同类型农户的贫困状况

样本户	农业女性化家庭		男性主导农业家庭		男女共同主导农业家庭		劳动力不参与农业家庭	
	户数（户）	贫困户占比（%）	户数（户）	贫困户占比（%）	户数（户）	贫困户占比（%）	户数（户）	贫困户占比（%）
1710	740	14.59	152	19.08	575	20.00	243	5.76

农户是中国农村最基本的经济单位，农户行为的根本指向就是对其拥有的资源（主要是土地和劳动力）进行理性配置，实现家庭效用最大化，对贫困农村而言就是最大限度地减贫脱贫。农业女性化实质上是农户家庭配置其

劳动力资源的结果,这一行为过程必定与家庭禀赋有关。表3-4是关于农业女性化农户在家庭特征方面的统计描述。

就劳动力资源配置看,没有男性参与农业农户比例为61.22%,表明大多数农业女性化家庭的农业生产完全由女性承担。有外出务工人员家庭中67.57%属于农业女性化家庭,进一步表明大多数农业女性化家庭中有男性劳动力外出务工。从贫困情况来看,男性参与农业与否其贫困发生率差异不大,无劳动力外出家庭的贫困发生率比有外出的明显高,表明劳动力外出对家庭缓解贫困有重要作用。

就人口负担情况看,有负担人口家庭比例明显高于无负担人口家庭,表明负担重的家庭女性更多地承担了农业生产。从贫困情况来看,有负担人口家庭的贫困发生率明显高于无负担人口家庭,表明农业女性化家庭的贫困绝大多数发生在有负担家庭。

就经济资源状况看,在劳均耕地方面,农业女性化家庭大多数劳均耕地面积不超过4亩(样本平均水平为4.6亩),且绝大多数没有非农经营资产。从贫困状况来看,劳均耕地面积不足4亩、拥有非农经营资产的农业女性化家庭,其贫困发生率要稍低于劳均耕地面积较大、没有非农经营资产的农户。

就社会资本情况看,大多数家庭(79.73%)没有在外工作亲戚,且家庭有无外出工作亲戚,其贫困发生差异不明显。就享受低保情况来看,74.19%的家庭未享受低保且贫困发生率较高。

表3-4 农业女性化家庭特征及贫困

	事项		农业女性化农户(户)	占农业女性化农户总体比重(%)	农业女性化贫困户(户)	贫困发生率(%)
劳动力配置	以男性劳动力是否参与农业生产来分	否	453	61.22	68	15.01
		是	287	38.78	40	13.94
	以家庭中是否有外出务工人员来分	否	240	32.43	45	18.75
		是	500	67.57	63	12.60
家庭负担	以家庭中是否有非劳动力负担人口来分	否	98	13.24	7	7.14
		是	642	86.76	101	15.73
经济资本	劳动力人均耕地面积	低于4亩	443	59.86	59	13.32
		4—8亩	182	24.59	30	16.48
		8亩以上	115	15.54	19	16.52
	家庭是否有非农经营资产	否	682	92.16	100	14.66
		是	58	7.84	8	13.79

续表

事项			农业女性化农户(户)	占农业女性化农户总体比重(%)	农业女性化贫困户(户)	贫困发生率(%)
社会资本	是否有在外工作亲戚	否	590	79.73	85	14.41
		是	150	20.27	23	15.33
享受低保情况	是否为低保户	否	549	74.19	84	15.30
		是	191	25.81	24	12.57

(四)个体特征下的农业化女性与贫困

剔除1672名参与农业女性劳动力中12名在外务工又季节性参与农业女性劳动力,得到农业化女性样本1660人,占参与农业女性劳动力的99.28%,贫困发生率为17.65%。可见样本村参与农业的女性劳动力基本为农业化女性,且贫困发生率明显高于女性劳动力整体水平(见表3-5)。

表3-5　　　　　　　　农业化女性人口及贫困

农业化女性			贫困状况		
人数	占参与农业劳动力比例(%)	占参与农业女性劳动力比例(%)	女性人口贫困发生率(%)	女性劳动力贫困发生率(%)	农业化女性贫困发生率(%)
1660	59.07	99.28	16.68	14.52	17.65

女性选择从事纯农业或兼业农业,其贫困状况也会受到其自身特征影响,以下就样本村农业化女性的个体特征及相应的贫困状况进行分析。

就年龄分布来看,农业化女性低龄组占14.58%,明显低于中、高龄组,表明在贫困村中高龄女性劳动力更多选择从事农业;对比贫困状况,低、中龄组女性劳动力贫困发生率更高,表明农业化女性中贫困多发生在低、中龄段人群。就婚姻状况来看,农业化女性多已婚,贫困多发生于未婚者。就受教育水平来看,高中及以上文化程度者占比很小,初中程度女性劳动力贫困发生率最低。就健康状况来看,农业化女性健康者比例很大,慢性病者贫困发生率较低。就技能水平来看,绝大多数农业化女性未接受技能培训,其贫困发生率更高。

表3-6　　　　　　　农业化女性个体特征及其贫困

个体特征		农业化女性(人)	占农业化女性总体比重(%)	贫困女性人数(人)	贫困发生率(%)
年龄	15—30岁	242	14.58	51	21.07
	31—45岁	670	40.36	149	22.24
	46—64岁	748	45.06	93	12.43

续表

个体特征		农业化女性（人）	占农业化女性总体比重（%）	贫困女性人数（人）	贫困发生率（%）
婚否	未婚	54	3.25	13	24.07
	已婚	1606	96.75	280	17.43
受教育水平	文盲	595	35.84	109	18.32
	小学	696	41.93	129	18.53
	初中	314	18.92	44	14.01
	高中及以上	55	3.31	11	20
健康水平	健康	1172	70.6	215	18.34
	慢性病	423	25.48	65	15.37
	大病或残疾	65	3.91	13	20
技能水平*	无	1603	96.57	286	17.84
	有	57	3.43	7	12.28

注：*在此将技能水平分为无技能和有技能两种。有技能是指除懂一些农业生产常识外，还具有一定的非农技能。

综上可见：首先，村庄整体上的女性农业化程度为70.4%，农户角度下的农业女性化家庭占样本农户比例达43.3%，个体角度下农业化女性占农业劳动力总数的59.1%，即无论从村庄、农户还是个体来看，样本村庄的女性农业化、农业女性化现象都十分明显；其次，相对较为贫困的村庄其女性农业化程度较高、农业女性化农户的贫困发生率（14.59%）较低、农业化女性的贫困发生率（17.7%）较高；最后，从农业女性化家庭特征和农业化女性个体特征观察到，不同特征比较下贫困发生率存在较大差异。那么女性农业化、农业女性化对农户贫困到底有着什么样的影响，以下就这一问题进行分析。

三 农业女性化和女性农业化对农户贫困影响的实证分析

（一）变量与模型

以农户人均年收入2800元贫困线为标准判定其贫困与否，若农户人均年收入低于2800元，为贫困户，赋值1；反之为非贫困户，赋值0，将农户是否贫困作为被解释变量；将农户农业女性化程度、农业化女性人口数作为核心解释变量。考虑到农户贫困还可能受到其他因素如家庭人口规模、拥有资本情况以及人力资本水平（樊士德等，2016；杨龙、汪三贵，2015）、地区发展水平等的影响（蔡亚庆等，2016），将以下指标列为控制变量：务工情况，以劳动力收入占总收入的比重能够更直接体现劳动力分工对家庭贫困的影响；家庭负担，体现家庭的消费负担或减贫难度；耕地面积，使用劳均耕地面积；非农经营资产以及享受低保与否，代表农户其他收入途径；村庄基础设施及公共服务设施建设，其在一定程度上反映当地发展水平。变量选择及赋值详见表 3-7。

因被解释变量"农户贫困与否"为非连续二分类变量，Probit 模型或 Logistic 模型均适用，且两模型对于农户贫困因素的准确识别均具有较好的效果（汪三贵等，2007；岳希明等，2007），在回归分析中不存在优劣之分可相互替代（刘修岩等，2007）。由于本节样本量较大近似服从正态分布，Probit 模型更适用，故选此模型。

Probit 模型具体表达为：$P_i = p(y_i = 1 \mid x_i)$ （3-1）

P_i 表示模型所选取解释变量 x_i 达到或超过某一临界值时事件发生（即 $y_i=1$）的概率。反之，$1-P_i$ 为事件不发生（$y_i=0$）的概率。

由于本研究模型有多个解释变量，可表示为：

$$y^* = \alpha + \beta_1 X_1 + \beta_2 X_2 + \beta_3 X_3 + \beta_4 X_4 + \beta_5 X_5 + \beta_6 X_6 + \beta_7 X_7 + \beta_8 X_8 + \beta_9 X_9 + \beta_{10} X_{10} + \beta_{11} X_{11} + \mu \quad (3-2)$$

即当 y^* 大于某一临界值，$y_i=1$，贫困发生，概率为 P_i；当 y^* 小于某一临界值，$y_i=0$，贫困不发生，概率为 $1-P_i$。

表 3-7　　　　　　　　　　变量选取与统计性描述

变量	度量方法	均值	标准差
核心变量			
农户农业女性化程度	劳动力不参与农业=3，女性主导=2，男女共同=1，男性主导=0	1.63	0.83
农户农业化女性人口	具体人数	0.97	0.63
控制变量			
1. 其他家庭特征			
务工情况	务工收入占总收入比重	0.58	0.35
家庭负担	家庭非劳动力人数	1.96	1.33
耕地面积	劳动力人均耕地面积	4.67	4.64
家庭非农经营资产	折合价值，取对数值	0.80	2.72
低保户	非低保户=0，低保户=1	0.27	0.44
2. 劳动力特征			

续表

变量	度量方法	均值	标准差
劳动力受教育水平	文盲=0, 小学=1, 初中=2, 高中=3, 大专及以上=4	2.10	0.95
劳动力技能水平	家庭劳动力平均技能水平	0.17	0.28
3.村庄公共物品特征			
村水电路建设	全通=1, 未全通=0	0.26	0.44
村教育医疗机构建设	全部建有=1, 未全建设=0	0.32	0.47

注：水电路基础建设情况，村自来水、动力电、硬化路已全通，赋值1；未全通，赋值0。教育医疗机构建设情况，村建有幼儿园、小学、卫生室，赋值1；未全建有，赋值0。

（二）回归结果及解释

运用Eviews8.0统计软件对样本数据进行Probit回归分析，得到回归结果见表3-8。

表3-8　　　　　农户家庭农业女性化对其贫困的影响

解释变量	被解释变量：农户是否贫困		
	系数	标准误	Z值
家庭农业女性化程度	-0.16***	0.06	-2.76
农业化女性人数	0.22**	0.07	3.09
务工收入比重	-1.61***	0.13	-12.28
劳动力负担	0.21***	0.03	6.23
劳动力人均耕地面积	-0.03***	0.01	-3.39
家庭非农经营资产	-0.08***	0.02	-4.59
低保户	-0.37***	0.10	-3.72
劳动力受教育水平	-0.17***	0.05	-3.58
劳动力技能水平	-0.49***	0.19	-2.61
水电路基础建设	0.06	0.14	0.43
教育医疗机构建设	-0.49***	0.14	-3.60
常数项	0.17	0.18	0.92
McFadden R^2	0.222		
LR统计量	325.819***		

注：*、**、***表示分别在10%、5%、1%的水平上显著。

首先，从两个核心解释变量来看，农户农业女性化程度显著负向影响其贫困，农业化女性人数对其贫困影响则相反，即农户农业女性化有利于减贫，而农业化女性人数越多越不利于减贫。对于这一看似"矛盾"的结论，实质在于农户农业女性化程度表述的是家庭劳动力资源在农业和非农业之间的匹配关系，农业女性化是农户在存在非农就业前提下其家庭由女性主导农业。农业女性化程度越高，表明农户在不放弃农业经营且由女性主导下，将男性劳动力尽量多地配置到非农产业，这一方式会更有利于减贫，且能最大限度地发挥女性在照顾家庭方面的特殊作用。家庭农业化女性人数仅是从个体角度而言，农业化女性人数较多，往往意味着农业劳动力"过密化"（黄宗智，1992）和照顾家庭劳动力过于"拥挤"，意味劳动力配置的浪费，如在样本农户中农业化女性人口达3人的17户中，农业劳均耕地面积仅3.9亩，农业化女性人均照顾老人小孩数不足1人。

其次，从农户务工收入比重和家庭负担两变量来看，农户务工收入比重显著负向影响其贫困，即家庭务工收入比重越小越易陷入贫困；劳动力负担显著正向影响农户贫困，即家庭负担越重越易陷入贫困。样本显示户均农业收入7698元，占户均总收入的21.6%，户均务工收入比重为62.8%，已成为农户最主要的收入来源，外出务工成为贫困地区缓贫、脱贫的重要方式。家庭老人、小孩、学生或病残等非劳动力一方面作为家庭纯消费人员，其消费由劳动力提供；另一方面他们也需要家庭成员照管，因此如何平衡农业生产、照顾家庭成为家庭合理配置劳动力资源的关键。由女性主导家庭农业生产、兼顾家庭，可让男性劳动力外出安心及专业务工，以获得更高工资性收入，提高家庭总收入。

最后，在家庭特征上，劳均耕地面积、农户非农经营均表现出显著负向影响，即农户劳均耕地越多、非农经营资产越高，越利于减贫；农户享受低保对其贫困表现为显著负向影响，即享受低保类别越高，越利于其缓解贫困。在劳动力个体特征上，劳动力受教育程度、技能水平对于农户贫困表现出显著负向影响，即劳动力受教育程度越高、拥有技能具有减贫效应。受教育水平低、无技能，劳动力只能从事简单劳动，而受教育水平高、有技能者无论在当地找工作还是外出务工，学习适应能力更强更有优势，从而为家庭增收、缓解贫困。在村庄特征上，村幼儿园、小学、卫生室等机构建设完善与农户贫困存在一定影响关系，农村教育医疗状况的改善确实会对农户贫困有所缓解；贫困村安全饮水、动力电及通村硬化道路建设并未显示出显著影响，可能与变量设置有关，资料显示完全实现"三通"（通自来水、通动力电、通村道路硬化）的村仅有3个，贫困发生率都处于中间水平，差异不大。

四 农业女性化和女性农业化影响因素分析

以上分析可见,农业女性化可认为是农户一种理性有效的劳动力资源配置方式,并具有显著减贫作用;而女性农业化更具有农业劳动力"过密化"和照顾家庭劳动力"拥挤"的特征,对减贫反而不利。那么从农户角度的农业女性化和个体角度的女性农业化选择主要受哪些因素影响?以下进一步探讨。

(一)变量与模型

农户是否农业女性化(Y_i)、女性是否农业化(Y_j)为二元离散变量,同样适用 Probit 模型,针对 1467 户劳动力参与农业农户、2356 名女性劳动力的样本,将两者(Y_i、Y_j)作为被解释变量;基于前文分析,考虑到与贫困可能存在相互关系,将农户贫困状况作为一个解释变量;据现有研究,家庭原因、女性自身因素、土地因素(李旻、赵连阁,2009)及"男主外女主内"传统观念(韦加庆,2015)等都可能致使女性转移滞后于男性,导致农业女性化、女性农业化,将女性劳动力个体特征(年龄、婚否、受教育水平、技能水平、健康水平)、家庭其他特征(家庭非劳动力人员负担、男性参与农业情况、社会关系、务工人员比重、耕地资源、农业固定资产投入与非农经营资产)及村庄特征等作为解释变量。

"农业女性化""女性农业化"分别从农户、个体角度分析,在对其个体特征指标的测量时,"农业女性化"组采用户均值,"女性农业化"组采用女性个体值;家庭特征中,非劳动力负担被认为可能会限制女性外出,使女性留守家庭、从事农业(李小江等,1999);社会关系(是否有在外工作亲友)能够为其提供更多外出信息和机会,影响女性外出;男性参与农业不足、务工人员比重大,或使女性从事农业可能性更高;耕地资源不足、农业固定资产投入少、非农经营,或引致家庭劳动力的农业投入少、非农经营占用;村庄发展程度也可能影响当地人员外出或留守。表 3-9 是对变量的具体说明。

表 3-9　　　　　　变量设置与数据的统计性描述

变量	农业女性化	女性农业化	农户农业女性化 均值	农户农业女性化 标准差	农户女性农业化 均值	农户女性农业化 标准差
1.女性劳动力个体特征						
年龄	户均均值	个体实际值	40.21	10.42	40.44	12.07

续表

变量	农业女性化	女性农业化	农户农业女性化 均值	农户农业女性化 标准差	农户女性农业化 均值	农户女性农业化 标准差
婚否	户均均值	个体实际值	1.05	0.37	0.90	0.30
受教育水平	户均水平	个体水平	1.11	0.83	4.98	4.13
技能水平	户均水平	个体水平	0.06	0.20	0.18	0.55
健康水平	是否有非健康人员	个体水平	0.36	0.48	1.27	0.53
2. 家庭特征						
是否贫困	是=1, 否=0		0.17	0.38	0.15	0.35
家庭负担	家庭非劳动力（人）		1.94	1.32	1.87	1.29
男性参与农业生产与否	参与=1, 不参与=0		0.67	0.47	0.60	0.49
有无家庭成员亲戚朋友在城里工作	有=1, 无=0		0.21	0.41	0.22	0.41
务工人员占比	务工人员占劳动力比重		0.18	0.19	0.34	0.31
耕地面积	劳动力人均耕地（亩）		4.86	4.60	4.16	4.39
农业固定资产投入	折合价值（元）		5.25	4.38	5.04	4.40
非农经营资产	折合价值（元）		0.74	2.63	0.85	2.79
3. 村庄特征						
水电路基础建设	已通=1, 未通=0		0.24	0.43	0.26	0.44
教育医疗机构建设	建有=1, 未建=0		0.30	0.46	0.32	0.47

（二）回归结果及分析

在此同样借助 Eviews8.0 软件，回归结果见表 3-10。

表 3-10　影响农户农业女性化、女性农业化因素的回归结果

因变量	模型1 农户是否农业女性化		模型2 农户女性是否农业化	
自变量	系数	Z值	系数	Z值
1. 女性劳动力个体特征				
年龄	0.01* (0.00)	1.72	0.03*** (0.00)	7.58
婚否	0.18* (0.10)	1.75	0.63*** (0.12)	5.10
受教育水平	0.12** (0.05)	2.24	-0.08*** (0.01)	-7.15
技能水平	-0.79*** (0.22)	-3.58	-0.55*** (0.06)	-8.43

续表

因变量	模型1 农户是否农业女性化		模型2 农户女性是否农业化	
自变量	系数	Z值	系数	Z值
健康水平	0.28*** (0.08)	3.31	0.18** (0.08)	2.15
2.家庭特征				
是否贫困	−0.37*** (0.11)	−3.40	0.40*** (0.11)	3.65
家庭负担	0.09*** (0.03)	2.76	−0.05* (0.03)	−1.67
男性参与农业生产与否	−2.10*** (0.11)	−19.79	0.22*** (0.07)	3.08
有无家庭成员亲戚朋友在城里工作	−0.01 (0.10)	−0.12	−0.15 (0.08)	−1.74
务工人员占比	−0.62*** (0.23)	−2.67	−1.51*** (0.12)	−12.99
劳动力人均耕地面积	−0.04*** (0.01)	−4.14	0.07*** (0.01)	6.67
农业固定资产投入	0.00 (0.01)	0.17	0.01 (0.01)	1.12
非农经营资产	−0.02 (0.02)	−1.43	−0.04*** (0.01)	−3.05
3.村庄特征				
水电路基础建设	−0.21* (0.12)	−1.67	−0.69*** (0.12)	−5.98
教育医疗机构建设	0.03 (0.12)	0.27	0.32*** (0.11)	2.91
常数项	1.11*** (0.25)	4.50	−0.52** (0.23)	−2.30
McFadden R^2	0.342		0.381	
LR统计量	696.267***		1088.616***	

首先，就农户贫困状况来看，农户贫困对其家庭农业女性化、女性农业化影响均显著，与第三部分回归结果相符。可见农户农业女性化与其贫困之间存在紧密关系，农业女性化能够缓解其贫困，农户的非贫困也可能进一步推动其农业女性化；农户女性农业化加深其贫困，贫困反过来进一步固化女性农业化，表明贫困状况相对较好的家庭更倾向于农业女性化，且更有利于缓解贫困，女性过多农业化则加深其贫困程度，这一结论在以下分析中也得

到进一步证实。

其次,就女性劳动力自身特征来看,年龄、婚否、健康状况对家庭农业女性化和女性农业化均表现出显著正向影响,表明已婚和年龄较大的女性劳动力在非农转移中受家庭因素的影响更大,更倾向于留守家庭从事农业,而年轻、未婚女性更为自由,更倾向于外出寻找工作。在受教育程度和技能两因素方面表现出一些特别意义:女性劳动力受教育水平和有技能对其农业化都表现出显著的负向影响,表明女性受教育程度越高和拥有技能越不倾向于女性农业化选择,对此容易理解。女性受教育程度较高家庭越倾向于农业女性化选择,有一定技能反而不倾向于农业女性化,对此又如何理解?其原因在于:女性受教育程度较高,其对家庭责任特别是子女教育更为重视,因而在家庭经济可行的条件下会更倾向于留守家庭,这一行为正符合前文所述农户农业女性化与其贫困的关系;而有一定技术的女性却不倾向于农业女性化,原因在于这样的女性往往是那些已具有一定外出务工经历者,其技能通常就是在外出务工中习得的,可能由于成婚、生育等其他家庭原因不得已成为农业女性化家庭成员,但当具备一定条件时仍倾向于非农就业。

再次,就其他家庭特征而言,家庭负担对农户农业女性化的影响显著为正,男性劳动力是否参与农业生产、务工人员比重、劳动力人均耕地面积的影响显著为负,表明家庭负担是农户农业女性化选择的重要原因之一,家庭负担越重,农户越倾向于女性劳动力留守家庭、从事农业。男性不参与农业或务工人员比重高通常意味着家庭男性劳动力从事非农职业,在农户家庭不放弃农业条件下,女性劳动力承担农业生产。对于劳均耕地面积对农户农业女性化影响显著为负的结论,我们认为:调查地区属西北典型的贫困山区,干旱少雨、土地贫瘠,人均耕地面积相对宽余,且人均耕地面积越多的村庄往往更为偏远、贫困,同时也存在一个适宜的劳均耕作面积(通常为8—10亩),若家庭男性外出务工或很少参与农业,留守女性劳动力耕作面积有限,在此情况下,家庭劳均耕地面积较少,可能更有利于农户农业女性化,如表3-4所示,有59.86%的农业女性化家庭劳均耕地面积在4亩以下。就家庭特征对农户女性农业化的影响来看,家庭负担、务工人员比重、非农经营资产都对女性农业化影响显著为负,而男性参与农业和劳均耕地面积则显著正向影响女性农业化,其中务工人员比重、非农经营资产和劳均耕地面积3个变量的影响符合常规。家庭务工人员比重高和拥有非农经营资产，通常经济条件较好，女性会较少地从事农业劳作。家庭负担、男性是否参与农业2个变量的影响似不符合常规，但与调查村庄及研究样本的实际是相符的，主要原因是"贫困所迫"和"能力有限"。因为家庭负担越重通常意味着越贫困，家庭劳动力必须寻找更好的增收途径，对此，女性劳动力或同样优先考虑非农就业获得比农业更高的收入，以维持家庭生计；对于男性劳动力参与农业家庭，通常情况下可能受"男主外女主内"观念的影响或家庭主要女性劳动力缺乏外出务工能力，少有女性劳动力外出务工，所以家庭男性劳动力参与农业反而加重女性农业化。

最后，就村庄特征而言，水电路基础设施建设对于农户农业女性化和女性农业化都表现出显著的负向影响，即水电路等基础设施完善，更有利于女性劳动力外出务工，减轻农户农业女性化和女性农业化程度。教育医疗机构建设对女性农业化也表现显著的正向影响，说明村学、卫生室配备完善，可以为当地居民提供方便的就医保障，为适龄儿童提供教育方便，使女性更可能留在当地照顾家庭、承担农业生产。

五 结论与思考

（一）主要结论

研究表明，甘肃贫困村庄的女性农业化和农户农业女性化现象普遍存在，且女性农业化程度越高的村庄其贫困发生率越高，而农业女性化家庭的贫困发生率相对较低。实证分析表明，农户农业女性化有利于其缓解贫困，女性农业化过甚反而加剧其贫困。农户农业由女性主导更大程度地释放了家庭男性劳动力，使其得以从事收益更高的非农生产；而女性农业化过甚，则可能造成农业生产的"劳动力拥挤"，导致劳动力浪费，贫困问题更甚。因而农业女性化是农户对劳动力理性配置的结果，家庭女性适度选择农业化是改善其贫困状况的一种有效途径，而过甚配置又会加重农户贫困。对于农户农业女性化和女性农业化影响因素的分析发现，个体特征（年龄、婚否、技能水平、健康状况）对农户农业女性化和女性农业化存在显著影响的因素和方向基本一致（除受教育程度外）。家庭影响因素中存在同向因素（务工人员占比），但更多的是反向因素（贫困、家庭负担、男性参与农业生产与否、耕地）。村庄水电路、教育医疗机构等公共物品的供给也在一定程度上影响着农户农业女性化和女性农业化。

（二）两点思考

一是辩证看待农户农业女性化和女性农业化现象。农业女性化和女性农业化现象是在国家工业化、城镇化进程中的一种必然，农村大部分人口职业非农化和向城镇聚集是一个渐次推进的过程，特别对贫困农村地区来说，在这一长期的渐次转换进程中，农户以农业女性化和女性农业化对待，是依据其家庭禀赋和劳动力个体素质的理性选择。既然农户农业女性化有助于减贫，表明农户的这一劳动力配置方式是有效率的；对农户女性农业化而言，其中当然包含着农业女性化劳动力配置的合理成分，但过甚的女性农业化其实是一种家庭配置及个体选择的"无奈"，更多地反映着贫困地区女性劳动力素质低下问题。同时也应当看到这一现象，无论是农户农业女性化还是女性农业化，对贫困地区的农业现代化都可能存在着一定的负面影响，但从根本上而言，这是一个与特定发展阶段相适应的必然过程。

二是采取相机决策、理性灵活的扶贫对策。贫困农村首要问题是摆脱贫困，既然农户的农业女性化更有助于减贫，应发挥其作用，而过甚的女性农业化则会加重贫困，应考虑对策对其抑制。二者的最佳政策应对却是相合的，首先是从提高女性劳动力人力资本（主要是能力培养及健康）方面发挥作用。针对女性农业劳动力要加强对其农业适用技术培训，提高其经营农业技能，提高女性劳动力农业生产效率；特别关注那些农业化女性过多的家庭，根据其实际加强务工技能培训，鼓励一些女性劳动力参与非农生产，改善其家庭贫困状况。其次，从减轻家庭负担方面，加大教育补助资金帮扶力度，缓解农户"因学致贫"压力；提高农村低保覆盖面、老年人口的养老补助，特别是针对老年疾病、地方性疾病较为严重问题，强化医疗扶贫力度，缓解农户"因病致贫"压力；鼓励农户土地流转，整合土地资源，引进技术统一作业，以及进行各种形式的农户合作，发展特色优势种养业，促进农业女性化向农业发展的更高形式转化。特别注重农业女性化所具有的良好的社会稳定意义，理解和支持部分家庭女性为照顾家庭、教育子女，又兼顾家庭农业经营所做出的巨大贡献，鼓励年轻女性返乡创业，发展地方特色产业或从事个体经营，既可为当地人创造更多就业机会，同时也能解决当地未婚男性的婚姻问题，组建更完整家庭，更利于减贫（陈佳，2016）。最后，加快完善农村公共物品供给。贫困村水电路等基础设施建设和村级教育、医疗条件影响着村庄发展的方方面面，对贫困村减贫及脱贫有重要意义，应尽快补足这一"短板"。

第二节 农户农业女性化：抑或是一种理性的劳动力配置[*]

一 引言

改革开放以来，随着国家工业化、城市化的不断推进，大量农村劳动力进入城市从事非农职业，使得滞留农业劳动力的性别结构发生了重大改变，"农业女性化"现象显现，女性劳动力逐渐成为农业生产的主力。第六次全国人口普查数据显示，农村留守妇女人数达4800万，其中近半数扶老携幼、务农并就近打工。在人力资本条件相对较好的男性外出务工的情况下，这对于保障家庭生活稳定，维持家庭正常生产，提高家庭收入水平，提高贫困家庭的自主脱贫能力和实现精准扶贫无疑有着积极影响。根据党中央坚持精准扶贫、精准脱贫，因人因地施策，提高扶贫实效的脱贫攻坚新要求，在精准扶贫的新时期，如何有效利用农村女性劳动力，提升女性劳动力的配置效率，促进农村贫困人口和地区脱贫摘帽是值得认真思考的重要问题。

对于农户而言，在其他生产要素占有相对固定的情况下，对于劳动力的利用是决定其收入水平的最重要变量，其就业行为选择趋向体现的是家庭整体的理性经济决策，在很大程度上受到农户对于农业收入与非农收入差异预期的影响。那么，作为独立经济单位的农户家庭，为什么有些农户选择了农业女性化、有些则没有？或具有什么特征的农户会选择农业女性化？农业女性化作为一种家庭劳动力配置方式，其选择能否使其劳动力资源达到最大化利用？是否确实有利于农户家庭增收？

从微观角度来看，农户劳动力个体的就业选择组合实质就是家庭作为独立核算单位的劳动力资源配置。农户可采取多种方式实现效用最大化，劳动力个人择业行为是理性的，但同时也兼顾到其他家庭成员。对于中国农户家庭而言，受传统观念、个体特征、家庭因素影响，农户劳动力配置表现出差异性，农户家庭更倾向于将优势劳动力（多为年轻力壮男性）配置于非农产业，

---

[*] 本节以同题发表在《人口与经济》2019年第5期。作者：耿小娟（甘肃农业大学财经学院副教授）、柳建平（西北师范大学商学院教授）。

而农村女性因自身能力限制、外部歧视，更多留滞在家照顾家庭并兼顾农业生产，使得女性走到农业生产一线成为主力军，农业女性化现象得以显现，传统的"男耕女织"已转为"男工女耕"。作为农村劳动力输出最为集中的地区，安徽、河南、湖南、江西、四川的农村妇女已成为家庭种植业的主要劳动力，省外务工的男性比例比女性高出14.0%，西部地区农村留守妇女比重很大，农业生产多由女性承担。少数研究虽然认可农业劳动力中女性数量多于男性这一事实，但认为并未达到农业女性化程度。

农业女性化影响方面的研究存在三种观点。一部分学者认为因女性劳动力生产能力较低、缺乏技术、购买生产资料困难等，可能导致农业所得较少、农业生产萎缩。但也有学者认为在特定投入水平上，劳动力农业生产效率的性别差异并不明显。更多研究认为，妇女负责农业生产，有利于经济作物播种面积的提高，并不会导致农作物生产率下降，农村优质劳动力的转移也可能促进生产要素重新组合、农业发展方式转变，从而推动农业专业化发展，特别是针对贫困农村农业女性化的研究指出，劳动力外流促进了家庭增收，农业生产由妻子或者父母承担，这一配置既缓和了人地矛盾，也提高了农业劳动生产率，利于农户减贫。

一部分实证研究认为，女性自身资源禀赋的缺失使其在劳动转移过程中可供选择的职业范围较窄，体力及年龄限制了其流转土地意愿，农业劳动力"女性化"不利于农业生产发展和农业收入的提高。相左的结论显示，农村劳动力女性化是家庭内部分劳动力资源优化配置的理性结果，女性化程度越高，农村居民的经营性收入（包括农业经营性收入和非农业经营性收入）越高，农村女性劳动力的人力资本优化及迁移会促进家庭经济收入增长，农户农业女性化有着显著的减贫作用。

可见，学术界对中国农村发生的农业女性化这一现象普遍认可，并就这一现象进行了一定程度的研究，但就上述所提问题所做的实证研究尚不充分，针对西部贫困地区的研究更是欠缺。为此，本节将就农户家庭劳动力的配置抉择借以构建模型的方式作出理论解释，并利用甘肃14个贫困村的调查数据，对农户"农业女性化"这一选择的理性与否进行验证。

二 农户"农业女性化"的基本缘由

农户作为"理性人"，是以获取更高收入为其首要目标，其家庭劳动力的配置遵循效用最大化原则，劳动人口总是倾向于较高收入的产业就业。现以农户为生产经营单元，通过构建其家庭劳动力配置理论模型的方式，回答农户"农业女性化"的基本缘由。

条件假设：

（1）农户经济资源只有劳动力（L）和土地（A），且家庭存在农业剩余劳动力。劳动力可以自由选择从事农业生产或非农生产，且劳动力具有非同质性、可细分性，劳动力在农业与非农产业之间转换不存在转换成本。不存在土地（租赁）市场。其中劳动力有2人L_1和L_2，且L_1为具有较高人力资本的劳动力，L_2为较低人力资本的劳动力，两者面临不同的非农就业工资率，L_1对应为ω_1，L_2对应为ω_2，但在农业生产中L_1、L_2具有相同的农业劳动生产率，即L_1、L_2所面临的农业收入函数一致。设L_1中有x劳动力投入农业生产，L_2中有y劳动力投入农业生产，则L_1-x、L_2-y从事非农生产，对应非农收入曲线分别为l_1、l_2。

（2）农户家庭进行农业生产的收入函数为R_1=F（L,A,P），该式中L为从事农业生产的劳动力数量，A为家庭耕地数量，P为农产品价格；其非农就业收入函数为R_2=L_ω，该式中L为从事非农就业的劳动力数量，ω为非农工资率。

（3）农户家庭成员的生产和消费不具有可分离特征，即家庭消费依收入情况来安排。

（4）农户家庭无其他负担人口。

则可得农户收入函数为：

$$R = R_1 + R_2 = F(x+y, A, P) + (L_1 - x)\omega_1 + (L_2 - y)\omega_2 \tag{3-3}$$

约束条件：$0 \leq x \leq L_1$; （3-4）

$0 \leq y \leq L_2$ （3-5）

由于R在定义域$0 \leq x \leq L_1$，$0 \leq y \leq L_2$内部不存在极值点，故其收入最大化对应点在边界上寻找，满足其收入最大化条件为：x=0，y=y*，农户最大化收入为：

$$maxR = F(y^*, A, P) + L_1\omega_1 + (L_2 - y^*)\omega_2 \tag{3-6}$$

即农户劳动力最佳配置方式为将具有较高人力资本水平的劳动力（L_1）全部配置在非农行业，而将人力资本水平较低的劳动力（L_2）分别分配在非农行业（L_2-y*）和农业（y*）。见图3-1。

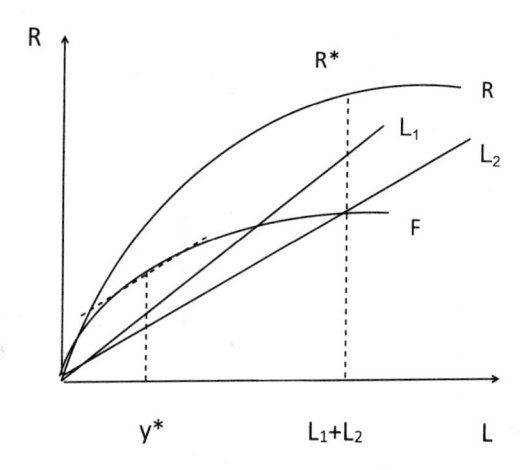

图 3-1　农户劳动力非同质条件下的劳动力配置

对于农村家庭而言，一般核心家庭的主要劳动力就是夫妻二人，由于农村人口长期形成的教育性别歧视、低层次职业对身体素质的要求等，使得男女劳动力在人力资本上存在一定的差异，特别是与农村劳动力相对应的城市劳动力市场普遍存在的性别歧视、工资歧视等，使得农村女性劳动力在城市非农就业中往往处于劣势。加之一般家庭总会有负担人口（如老人、小孩），必须安排一定数量劳动力照顾家庭。由此可见，农户农业女性化是其家庭劳动力配置的一种理性选择。

三　样本分类及特征

（一）数据来源及样本分类

本研究利用 2016 年西北师范大学商学院组织进行的对甘肃 14 个贫困村[①]农户的随机抽样调查数据，包括 1749 户、8319 人的基本信息，内容涵盖样本村概况（自然条件，人口状况，耕地资源状况，基础设施建设状况，产业发展状况，村教育、医疗机构建设状况，人口贫困状况等）和农户信息（家庭成员情况、资产、收入与消费状况、生产经营状况）等。本研究在于探究

---

① 14 个村具体为：兰州市永登县通远乡团庄村，白银市景泰县正路乡川口村，白银市会宁县八里湾乡富岔村，天水市张家川县恭门镇城子村，平凉市庄浪县郑河乡史洼村，庆阳市华池县五蛟乡杜右手村、镇原县方山乡张大湾村，定西陇西县宏伟乡文家集村、漳县四族乡四族村、临洮县龙门镇马家湾村，临夏州积石山县小关乡大寺村、康乐县五户乡五户村，陇南市礼县雷坝乡蒲陈村、礼县雷坝乡甘山村。

有劳动力参与农业生产家庭中，劳动力在农业与非农就业的配置类型及对其产出效率的影响，重点在于探究农户农业女性化是否为其理性的劳动力配置方式，因此选取1467户劳动力参与农业农户，共7208人作为研究样本。

研究样本涉及人口中，劳动力[①]4361人，其中参与农业生产者2810人，占比64.43%；女性劳动力2113人，占劳动力总量的48.45%；参与农业女性劳动力1672人，占女性劳动力总数的79.13%，占参与农业劳动力总数的59.50%。且参与农业女性中，从事纯农业生产的女性达到1537人，占参与农业女性的91.93%。可见样本村大多数劳动力参与农业生产，且农业劳动力中以女性为主，农业女性化现象明显。

按劳动力参与农业程度，将农户家庭分为三类：女性主导农业农户（农业女性化家庭）、男女共同主导农业农户和男性主导农业农户。三类家庭按如下方式界定：首先计算农户农业女性化程度值，农业女性化程度值=（女性兼业人口+女性纯农业人口）/（家庭兼业人口+家庭纯农业人口）。赋值办法：将农业兼业人口赋值为1，纯农业人口赋值为2。农户类型：若农业女性化程度值∈（0.5,1]，则该农户为农业女性化农户；若农业女性化程度值=0.5，则该农户家庭为男女共同主导农业农户；若农业女性化程度值∈[0,0.5），则该农户家庭为男性主导农业农户。据1467户农户样本数据显示，农业女性化家庭740户，比重最大，达50.44%，远大于男性主导农业家庭（见表3-11）。可见贫困村劳动力的流出多为男性，女性更多留守家庭，多数农户家庭选择了农业女性化劳动力配置方式。

表3-11　　　　　　　　　　样本农户分类

样本农户	农业女性化家庭		男性主导农业生产家庭		男女共同主导农业生产家庭	
	农户	占比（%）	农户	占比（%）	农户	占比（%）
1467	740	50.44	152	10.36	575	39.20

样本数据分析表明，三类家庭的劳动力素质状况即其受教育状况、劳动力技能水平[②]、健康状况等没有十分明显的差距。

---

① 指15—64岁具有劳动能力，且为非在校学生的人员。
② 在此将技能水平分为无技能和有技能两种。有技能是指除懂一些农业生产常识外，还具有一定的非农技能。

农业女性化家庭呈现出人口规模较大、家庭负担较重、劳均耕地较少、参与流动的比例较高、所获转移支付收入较少的特点。

（二）不同类型农户收入特征比较

有关三类家庭的收入状况具体见表3-12。首先在人均年收入上，农业女性化家庭的最低，为6668.26元，但三类家庭的差距很小，最高与最低的差距也不过174.33元；在劳均年收入上，农业女性化家庭最高，为11601.97元，高出其他两类家庭约877元。就收入构成来看，三类家庭的收入均主要来源于非农收入，且农业女性化家庭非农收入占比最高，为77.8%；其次为男性主导农业家庭，占比为73.8%；最后是男女共同主导农业家庭，占比为70.97%。从转移收入（仅指低保收入）情况来看，农业女性化家庭占比最低，为2.78%，最高为男性主导农业家庭，占比为4.94%。

其次，从收入分布来看，农户家庭人均收入低于2800元的占比，即贫困发生率，农业女性化家庭最低，为14.59%；其次男性主导农业家庭，为19.08%；最后为男女共同主导农业家庭，为20%；三类家庭的人均收入分布主要集中在2801—7000元，但农业女性化家庭处于这一收入段的比例最高，达到50.41%，而其他两类家庭的比例约为39%。总体看，农业女性化家庭的收入分布"中间大、两头小"，更趋集中，人均收入在2801—11000元的占比达到71.36%，而其他两类家庭的收入分布表现的不如农业女性化家庭集中。

表3-12　　　　　　　　不同类型农户收入及结构状况

农户分类	农业女性化家庭		男女共同主导农业家庭		男性主导农业家庭	
人均收入（元）	6668.26		6842.59		6836.33	
劳均收入（元）	11601.97		10730.51		10598.83	
收入结构	比例（%）		比例（%）		比例（%）	
农业收入	22.20		29.03		26.20	
非农收入	77.80		70.97		73.80	
转移收入	2.78		2.91		4.94	
人均收入分布	农户	占比（%）	农户	占比（%）	农户	占比（%）
≤2800元	108	14.59	115	20.00	29	19.08
2801—7000元	373	50.41	223	38.78	59	38.82
7001—11000元	155	20.95	145	25.22	33	21.71
11000元以上	104	14.05	92	16.00	30	19.74

注：表中反映的转移收入只针对低保收入。

最后,就各类型家庭的劳动生产率及农业产出情况来看,在非农劳动生产率上,农业女性化家庭为年人均 18979.48 元,为三类家庭中最高水平;在劳地配置比上,各类型家庭差异不大,在 0.14—0.15;在农业劳动生产率和土地产出率上,农业女性化家庭均居于中间水平,相比而言,男女共同参与农业家庭的农业劳动产出率和土地产出率水平最高。详见表 3-13。

由此可见,三类农户中,农业女性化家庭的劳动力配置不仅获得了最高的非农劳动生产率,而且获得了较高于男性主导农业家庭、较低于男女共同主导农业家庭的中间水平的农业劳动生产率,最终获得了最高的综合劳动生产率。

表 3-13　　　　　　　不同类型家庭劳动生产率及农业产出水平

农户分类	农业女性化家庭	男女共同参与农业家庭	男性主导农业家庭
农业劳动生产率*(元/劳)	4757.62	5103.35	4623.07
非农劳动生产率(元/劳)	18979.48	18746.56	18278.28
劳地配置比(劳/亩)	0.15	0.15	0.14
土地产出率(元/亩)	658.13	693.80	550.85

注:*计算农业劳动生产率时,由于劳动力存在两种农业参与方式:纯农业生产、兼业生产,故在计算时,将兼业者定为 0.5 单位农业劳动力、纯农业者为 1 单位劳动力加以算得。非农劳动生产率计算同。

综合以上分析可见,农业女性化家庭相较于其他两类家庭,在劳动力素质基本相近的条件下,面临家庭规模较大、负担较重、劳均耕地较少的禀赋约束,通过农业女性化的劳动力配置方式,最大化地发挥了家庭劳动力的比较优势,使其家庭效用达到一个较高的均衡状态:获得了最高的非农劳均收入、中间水平的农业劳均收入、最高劳均总收入[①],以及最低的贫困发生率,同时又兼顾了照顾家庭,规避了诸多可能的风险,诸如留守老人、儿童的问题,主要劳动力都进入城市可能的失业问题,以农业为家庭生存保障再寻求非农发展,等等。

四　实证分析

以上分析回答了为什么大多数农户会选择农业女性化这一农业生产方

---

① 农户农业劳均收入,指农户一年的农业经营收入(依据农业种养殖业产量及当年价格折算)除以家庭劳动力中只从事农业生产的人数;农户劳均总收入是指农户一年所获的总收入(主要指农业经营收入和务工收入)除以家庭劳动力人数。

式，或为什么其他农户没有做出这样的选择，基本原因就在于其家庭禀赋条件的不同，特别是由性别导致的劳动力禀赋差异。这一逻辑进展基本符合前述我们所构建的农户劳动力资源配置模型，以下我们将通过选择适当的计量模型就农业女性化劳动力配置方式的理性与否进行实证分析。

（一）模型及变量

分别以农户农业劳均收入、农户劳均总收入为被解释变量，代表家庭劳动力配置所获得的农业劳动生产率和综合劳动生产率。以农户家庭类型为核心解释变量，考虑到农户收入还可能受到农户人力资本、物质资本、家庭特征等方面的影响，故将其他家庭特征（家庭成员务工情况、家庭规模、家庭人口抚养比）、家庭经济资本（耕地面积、农业固定资产投入、享受低保情况）等一并作为控制变量纳入模型。由于三类家庭在劳动力特征（年龄、受教育水平、技能水平、健康状况）方面显示的差异不大，故在以下实证分析中没有纳入。同时，根据上文所得直观结论，在农业劳均收入水平上，农业女性化家庭要优于男性主导农业家庭、劣于男女共同主导农业家庭，据此，将样本择为两部分，即农业女性化农户与男性主导农业农户组（用组A表示，样本农户为892户）、农业女性化农户与男女共同参与农业农户组（用组B表示，样本农户为1315户），以期更好地对实证结果进行比较分析。

模型构建如下：

$$\ln Y_i = \alpha + \beta_1 * X_1 + \beta_2 * X_2 + \beta_3 * X_3 + \beta_4 * X_4 + \beta_5 * X_5 + \beta_6 * X_6 + \beta_7 * X_7 + \mu \quad (i=1,2) \quad (3-7)$$

其中，Y_1、Y_2分别为农户农业劳均收入、农户劳均总收入；X_1代表核心解释变量：农户家庭类型，X_2—X_7分别代表其他控制变量。有关变量的度量及统计性描述见表3-14。

表3-14　　　　　　　　　　变量选取与描述性统计

变量	度量方法		均值	标准差	均值	标准差
	组A	组B	组A		组B	
核心变量						
农户家庭类型（X_1）	男性主导农业=0，农业女性化家庭=1	男女共同主导农业=0，农业女性化家庭=1	0.83	0.38	0.56	0.50
控制变量						
1.其他家庭特征						
劳动力性别结构（X_2）	女性劳动力占比		0.47	0.25	0.48	0.23

续表

变量	度量方法		均值	标准差	均值	标准差
	组A	组B	组A		组B	
家庭人口抚养比（X_3）	非劳动力人口数/劳动力人口数		0.87	0.71	0.80	0.67
务工情况（X_4）	务工人员占劳动力比重		0.35	0.41	0.31	0.35
2.经济资本						
耕地面积（X_5）	劳动力人均耕地面积		4.72	4.73	4.71	4.37
农业固定资产投入（X_6）	折合价值，取对数值		4.96	4.44	5.32	4.36
家庭非农经营资产（X_7）	折合价值，取对数值		0.71	2.59	0.79	2.70
样本量（户）			892		1315	

（二）计量结果

考虑被解释变量为连续型变量，且服从正态分布，故选择普通最小二乘法（LS）进行。借助 Eviews8.0 统计软件，分别利用上述两组农户数据，首先对上述模型进行异方差检验，发现模型存在异方差，故在此选用加权最小二乘法（WLS）回归分析，回归结果见表 3-15。

表 3-15　　不同农户类型对其劳动效率影响差异的回归结果

解释变量	因变量（组A）				因变量（组B）			
	模型1		模型2		模型3		模型4	
	农户农业劳均收入		农户劳均总收入		农户农业劳均收入		农户劳均总收入	
	系数	T统计量	系数	T统计量	系数	T统计量	系数	T统计量
核心变量								
农户家庭类型（X_1）	0.15***（0.007）	21.26	0.04***（0.005）	7.81	-0.12***（0.004）	-27.97	0.06***（0.001）	52.49
控制变量								
1.其他家庭特征								
劳动力性别结构（X_3）	-0.67***（0.016）	-41.57	-0.22***（0.007）	-33.46	-0.44***（0.008）	-52.63	-0.03***（0.004）	-6.78
家庭人口抚养比（X_4）	0.39***（0.006）	69.07	0.22***（0.001）	179.70	0.13***（0.003）	40.82	0.18***（0.001）	178.31

续表

解释变量	因变量（组A）				因变量（组B）			
	模型1			模型2	模型3			模型4
	农户农业劳均收入		农户劳均总收入		农户农业劳均收入		农户劳均总收入	
	系数	T统计量	系数	T统计量	系数	T统计量	系数	T统计量
务工情况（X₂）	-0.20*** (0.010)	-19.57	0.12*** (0.005)	25.87	-0.02*** (0.009)	-2.87	0.17*** (0.002)	71.83
2. 经济资本								
耕地面积（X₅）	0.06*** (0.002)	37.28	0.01*** (0.000)	21.63	0.104*** (0.001)	194.64	0.01*** (0.000)	39.19
农业固定资产投入（X₆）	0.08*** (0.001)	66.84	0.00 (0.000)	1.64	0.102*** (0.000)	616.60	-0.00*** (0.000)	-13.76
家庭非农经营资产（X₇）	0.01*** (0.002)	4.12	0.02*** (0.001)	29.67	0.03*** (0.003)	11.52	0.03*** (0.000)	273.30
常数项	6.28*** (0.010)	696.89	8.96*** (0.005)	1748.95	6.28*** (0.006)	1084.92	8.87*** (0.004)	2393.03
R^2	0.981			0.977	0.997			0.981
F统计量	6844.18***			5321.77***	69371.84***			9465.16***
Wald F统计量	22157.18***			9637.24***	317039.2***			45056.36***
D-W值	1.61			1.39	1.45			1.33
样本量（户）	892				1315			

注：***、**、*表示分别在0.01、0.05、0.1的水平上显著，回归系数下方括号中数字为Std.值。

结果显示，以上两组中四模型的可决系数R^2均在0.97以上，说明四个模型均具有很高的解释力。

（三）计量结果的解释

据上两组模型1—模型4的回归结果并观察各模型在同一变量上的影响方向发现，农户家庭类型这一变量对于农户劳均总收入都表现出显著的正向影响，即无论是在组A还是组B，农业女性化家庭都更有利于农户劳均总收入的增加。但就农业劳均收入而言，两组模型中家庭类型这一变量显示出相反的影响关系，即对于组A，农户农业女性化更有利于农业劳均收入增长，且影响系数较大。而对于组B，相比男女共同主导农业，农户农业女性化不利于农业劳均收入增加（这一结论与其他学者的研究结果一致，如李旻、赵连阁），但影响甚小。即表明，农户农业女性化这一家庭劳动力配置方式更有利于劳动力获取更高的劳动回报，尽管在农业生产方面，农业女性化较次于男女共同主导农业，但由于农业和非农在比较收益上的较大差距，农业女性化家庭通过放弃较小的农业收入，进而通过劳动力更多地向非农配置获得了最大的总收益。这是因为：相对于较低的受教育水平和缺乏技能的农村女性来说，外出寻找工作局限性大、报酬普遍较低，而农村男性劳动力劳动能力更强、在外工作报酬相对更高，且女性劳动力在农业生产过程中虽受自身生理条件因素限制，在重体力劳动过程中可能不如男性，但其可以通过灵活变换农业产品生产及方式，弥补体力上的缺陷，缩小甚至逆转农户由女性主导农业生产与男女共同参与农业生产的产出效率差距。如吴惠芳、饶静的研究表明，农村女性为弥补丈夫外出所带来劳动力不足问题、规避市场风险，可通过调整家庭土地耕种面积，调整家庭生产类别如改换农作物、家畜家禽品种或数量来增加家庭收入。对于不放弃农业经营的农户来说，由女性主导农业生产、将家庭男性尽可能配置于非农产业，能同时最大限度地发挥女性在照顾家庭、男性在外出工作上的优势。

就家庭其他变量来看，家庭劳动力性别结构无论是对于农业劳均收入、还是劳均总收入均表现出显著负向影响，即家庭劳动力中女性比例越高，其农业劳均收入、劳均总收入水平越低。对农村劳动力而言，无论从事农业生产，还是从事非农职业，除具备相应的技术外，拥有相当的体力是适应职业劳动强度的基本素质，而正由于女性劳动力在这方面的局限使得其所能从事职业的选择空间缩小，其劳动生产率也相对男性较低，因而家庭劳动力的性别结构必然会影响到收入水平。家庭人口抚养比对农户农业劳均收入、劳均总收入都有着显著正向影响。家庭抚养比高，意味着家庭负担重、开支大，作为担当家庭发展主要责任的劳动力必然会尽力获取更多收入，以提高家庭成员生活水平、显示其责任担当、维护其社会"体面"，即袁松所提到的"面子竞争"。务工人员占比越高，家庭从事农业的劳动力就越少，当然会减少农业收入，同时由于非农产业相比农业具有较高的收益，务工人员占比越高，农户劳均总收入就越高。

就农户家庭经济资本变量来看，耕地面积、农业固定资产投入、家庭非农经营，对于组A中农户农业劳均收入、劳均总收入，组B中农户农业劳均收入均显示出显著的正向影响，与常规实际相符合；组B中农业固定资产投入对于劳均总收入显示出显著负向关系，可能的原因是：农户农业固定资产投入可能增加了与其相关的劳动投入，从而影响到劳动力在非农方面的配置，以致对于其劳均总收入的增加不利，但从系数看影响很小。再者，农户家庭非农经营资产与农户外出务工比例变量对农业劳均收入的影响方向相反，在两组中都是显著正向影响，其中的原因是：样本村中有非农经营的农户通常就是在本村或离村近的乡镇从事小规模个体经营，且在农村通常是较为富裕的农户，这些非农经营劳动力通常兼顾家庭农业生产，也对农业生产的投入较多，因而农户家庭非农经营资产对农户农业收入有着显著的正向影响。

五　主要结论及政策建议

基于上述理论分析与实证检验可见，贫困地区普遍存在的农户农业女性化现象体现了农户家庭劳动力配置的"理性"，即是夫妻双方基于家庭总体效用最大化的权衡，与夫妻双方的个体素质以及由此决定的共同理性有关。其基本特征就是通过将生产效率较低的一定数量的女性劳动力配置于收益率较低的农业且兼顾家庭，在保障农业产出一定的条件下，将生产效率较高的（男性）劳动力尽可能多地配置于非农产业，从而获得最大化的综合劳动生产率。具体来看，农业女性化家庭相较于男性主导农业家庭和男女共同主导农业家庭，在劳动力素质基本相近的条件，面临家庭规模较大、负担较重、劳均耕地较少的禀赋约束，通过农业女性化的劳动力配置方式，最大化地发挥了家庭劳动力的比较优势，获得了最高的非农劳均收入、中间水平的农业劳均收入，最后达到最高的劳均总收入，以及最低的贫困发生率和较为集中的收入分布，同时又兼顾了照顾家庭，规避了诸多可能的风险。同时也应看到，对于贫困地区而言，农户选择农业女性化是基于当前"三农"发展困境，如农业比较收益低下、大量青壮年劳力外出务工、农业女性化老龄化、农地家计保障依然必需、农民与土地联系难断、农民工市民化阻滞不前、部分劳动力因素质低下无法进入城镇非农产业、农村公共事业发展滞后等，特别是农户自身家庭禀赋，如家口大、拖累多、负担重、"现金窘迫""风险规避型"等条件下，试图极力提升收入水平、摆脱贫困困境的一种较为理性的家庭劳动力配置方式。因此，农业女性化这一现象也应是贫困地区"三农"在工业化、城镇化进程中的必然现象，依据当代中国的特殊发展进程，这一现象将在一个较长时期内存在，对此，我们需秉承辩证的眼光来对待。农业女性化不仅对农户而言是一种理性的劳动力配置方式,而且其"外部性"社会效益必须予以认可,减少了当前特别突出的诸如留守老人、留守儿童等社会问题,但同时应看到"个体理性并不必然达到集体理性",农业女性化一定程度上阻碍着现代农业的发展,以及女性自身的发展,因而需要采取灵活机动的政策措施。一是加强农业生产技术培训,提高女性劳动力的农业生产技能和生产效率;鼓励女性劳动力参与非农生产,针对因务工技能不足而无法外出的女性开展务工技能培训,增加其非农收入,充分发挥劳动力非农就业的减贫脱贫作用。二是结合地方实际,合理选择如传统工艺(食品)制作等适宜农业女性化的扶贫产业。鼓励农户土地流转,整合土地资源,引进技术统一作业,进行各种形式的农户合作,发展特色优势种养加工业,引导和促进农业女性化积极向现代农业发展。三是从减轻家庭负担方面,加大教育补助资金帮扶力度,缓解农户"因学致贫"压力;扩大农村低保、养老保险、医疗保险覆盖面,提高补助力度,缓解农户"因病致贫"压力。创新农村社会服务,关心关爱农村"三留守"人员的生活福利及身心健康,鼓励多种形式的社区养老、托幼。

第三节 贫困地区女性婚姻的减贫效应研究[*]

一 引言

1978年中国改革开放以来,反贫困事业取得万众瞩目成就。然而在贫困农村,性别差异所表现的女性贫困问题更为严重。随着国家经济社会结构转型不断深化,对于贫困地区的女性而言,她们倾向于通过职业流动(打工妹)和婚姻迁移的形式改善生活福利和社会地位。其中,婚姻为农村女性社会流动和改变生活状态的一种重要方式。在过去,农村女性由于受到性别歧视、农村户口、家庭贫困、受教育程度低等的限制,其择偶模式多集中在以亲缘和地缘关系为主、相对较为封闭的农村范围内,女性婚姻期望中往往以对方家庭经济状况作为一个最为重要的组件,即在当时社会经济条件下,家庭及女性个体对婚姻期望的重点看对方家庭能否为其带来稳定的物质生活条件。

---

[*] 本节以同题发表在《华南农业大学学报》(社会科学版)2018年第4期。作者:柳建平(西北师范大学商学院教授)、王璇旖(西北师范大学商学院研究生)。

市场经济的发展和人口大规模迁移,改变着农村女性的婚姻观念和婚姻行为,她们逐渐成为婚姻迁移的主体,特别是出现从经济状况较为落后地区迁往经济富有地区。与此同时,她们更加看重对方家庭的经济状况,不再局限于传统"门当户对"观念,甚至更倾向于通过婚姻迁移的方式来有效提高其社会经济地位,使其能从农村生活转变为城市居民。

贫困农村因其自然环境恶劣、经济发展滞后,加之偏僻的地理位置和匮乏的资源,农村大龄男性单身青年的婚姻已成为一个突出的社会问题。笔者在进行农村社会调查过程中,基层工作人员对扶贫甚至提出"能不能扶个媳妇"的要求(尽管为一句笑话,但其中所表现的是:贫困农村部分农户的贫困其实与家庭大龄男性的婚姻有着很大的关系),同时发现,一个当家妇女对农户家庭生计及贫困状况,以及未来家庭发展具有非常重要的意义。针对上文所表现出的贫困农村女性婚姻高攀现象及与其贫困状况可能存在的关联问题,本节利用笔者在2016年获得的"甘肃省农村贫困问题调查"数据进行研究。首先从历史视角分析女性婚姻模式演变,其次从经济学的角度解释这一现象,最后通过实证分析揭示高攀婚姻的减贫作用。

二 基于历史视角的女性婚姻模式演变

人的婚姻观总是随着社会经济、政治和文化的变化而变化。在中国传统封建社会中,农业自然经济多以遵从农业自然秩序为主,这一社会结构主张尊重权威和抹杀个性。因此封建社会农村女性婚姻观以牺牲女性个人价值为主,"男尊女卑"的思想使得女性在婚姻中缺少自主选择的权利。再加上高度发达的中央集权制度以及传统儒家文化的共同影响下,婚姻多迎合礼制和儒家的伦理道德。因此封建社会的婚姻观有以下四个特点:一是父母包办,在《礼记·昏义》中记载:"昏礼者,将合二姓之好,上以事宗庙,而下以继后世也。"这句话揭示婚姻并非男女双方的私事,而是关系着整个家族传宗接代。因此,古代男女结婚都要遵循"父母之命,媒妁之言"。二是繁衍作用,婚姻在封建社会中的作用就是传宗接代,"不孝有三,无后为大"正是说明婚姻的本质是延续宗族。三是讲究门当户对,魏晋南北朝时期,世家大族选择婚嫁对象以对方的政治地位为标准,门阀士族与庶族之间禁止通婚。四是婚姻中看重钱财,在古代有"男送聘礼,女送嫁妆"的说法。

在近代社会中,婚姻观的变化与时代变革密不可分。这一时期的婚姻观是在当时错综复杂的社会背景下产生的,社会革命带来思想解放的浪潮,主要表现在提倡个性自由解放、科学的民俗精神、开明的社会风气、批判"三纲五常"和倡导男女平等、批判封建旧礼俗。"辛亥革命""新文化运动"等思想和革命浪潮大力抨击传统的"包办婚姻""买卖婚姻""男尊女卑"的婚姻观念。尽管有这样的社会意识变革或一些开明家族人士打破常规的行为,但这一时期的女性婚姻"解放"也仅仅局限于非常小的地域(如上海、广州等)或人群(新潮知识分子)范围,对绝大多数农村地域而言,女性婚姻仍然是处于传统观念之下。

在改革开放以前,由于中国实行计划经济,广大农村落后于工业化的发展,长期处于温饱不及的贫困状态之中,同时高度政治控制、极端意识形态宣传,以及城乡通婚被户籍制度基本禁绝的条件下,绝大多数农村青年女性往往只能在农村(往往是附近村庄)择偶,而且更看重政治因素(特别是在"文化大革命"时期),因而形成了在当时特定政治分层下的农村青年女性的基本择偶标准是:政治背景、家庭经济条件。甚至当政治背景与家庭经济条件发生冲突时,农村女性宁愿放弃经济条件选择政治背景好的对象。当然,这一特殊择偶标准的真实原因肯定不在于农村女性青年的政治至上追求,而在于减少苦难,对象政治背景选择错误(如选择地、富、反、坏、右家庭),将会陷入十分可怕的人身迫害之中。而政治背景良好(如对象家庭成分好以至对象身份为党员或团员),也就意味着其未来成婚家庭发展前景更好。在当时农村处于普遍贫困的情况下,农村女性青年对经济条件的追求又往往转化为对对方家庭人口结构较为年轻(主要是家庭劳动力充裕、能够在集体经济中获得较多分配,同时家庭负担较轻等)和食物供给充裕的追求(除家庭人口状况外,主要考虑到对方村庄的粮食自给状况)。

改革开放以后,由于以强调"自由"为核心的市场经济的不断发展和深化,不仅促使了劳动力自由流动以及生产生活、收入消费等各个方面的改变,而且带来了人们思想观念的巨大变化,这些变化无疑也渗透进人们的婚恋观念中。女性在选择择偶对象时,更加重视个体的主观感受,更加注重自身的情感需求和满足,并有着很大的自主选择权;在择偶标准方面,看重品德、才干等内在条件,偏理想化和浪漫化;在婚姻媒介方面,多以自由恋爱和亲友介绍为主;在女性的家庭地位方面,地位的提升使得夫妻之间以平等婚姻为主;在生育观方面,摒弃陈旧的传宗接代和人丁兴旺的生育道德,妇女开始支配自己生育的权利。尽管如此，预期的物质条件和生活条件仍然是女性择偶、婚姻中的"硬件"需以充分考量。事实上，市场"自由"的神奇力量，一方面促使了自由平等婚姻价值观的流行，而另一方面又在强化着"物欲"的流行，昭显"自由的理性"。对经济生活条件较差的农村，女性通过婚姻迅速地摆脱贫困而实现较为充裕稳定的生活，当然应是其理想的选择之一。

三 基于经济学分析范式的女性婚姻现象

历史视角的女性婚姻模式演变强调的是从宏观社会经济条件及制度对于女性择偶模式的影响，而经济学、社会学、人口学在研究女性婚姻选择时更多是从微观因素方面进行探究，特别是经济学更加强调双方及家庭作为个体"理性"的决策。以下文章将在总结相关经济学婚姻理论（主要包括婚姻市场理论、婚姻交换理论、同类匹配理论和婚姻梯度理论等）的基础上，就农村女性特别是贫困农村女性的婚姻迁移及影响进行分析。

最早将经济学研究延伸到婚姻领域的开创者是贝克尔（G. Becker），他将经济学理论及研究方法应用于人类的婚姻现象，提出了婚姻市场理论，并认为有效的婚姻市场总是存在完全相称的婚配，即高质量的男性和高质量的女性结婚，低质量的男性和低质量的女性结婚。当男女条件互补时，相似特征男女选择结婚；而某些特征可替代时，差异较大的男女婚姻最优。婚姻市场理论就是把婚姻看成"商品"，由此形成特殊的婚姻"商品市场"，其特殊性表现在：未婚男女成为市场交换主体和交换对象，他们利用自身所有的资源进入市场并取得相应回报。在此过程中，人们通过拥有资源的多寡来评估个人的条件，同时寻找潜在的配偶。国内学者石人炳认为每一个进入婚姻市场的人是否能够取得相应回报，除了有赖于他拥有的"自身资源"的数量外，还要受到市场的供求状况（如性别比等）以及个人的偏好（个人的婚姻观念、择偶标准）等因素的影响；而之后的婚姻交换理论实质上仍然是对婚姻市场理论的进一步延伸，其特点是将婚姻看作一种资源的"等价"交换，强调个人自身特征和资源同自身择偶偏好之间的匹配关系。可见，此处的"等价交换"其实质是指交易自愿或婚姻自由，而所谓的"价"是当事人依择偶偏好对对方拥有资源的综合评价，其偏好是隐蔽的个人信息，其评价具有相当的主观性，并非像现实生活中的商品价格那样，可以为公共知识。

对上述两种理论的具体解释可由婚姻匹配模式得出。婚姻匹配模式是研究婚姻问题和择偶模式的一个重要切入点，其存在着两种模式："同类匹配"和"婚姻梯度"。同类匹配婚姻模式就是通常所说的"门当户对"，这一模式表面上看有别于贝克尔的婚姻同质或互补理论，其差异的根源在于基本前提条件。可以这样理解，贝克尔婚姻市场理论的前提条件就犹如一个斯密所言的完全自由竞争市场，而"同类匹配"理论所对应的市场是一个受到政府（在此就是家长作风以及盛行于社会的一些非正式制度等因素）强力干预的市场。同类匹配是中国长久以来的主流婚姻模式，过去是现在仍是。其原因是阶层等级和阶层多元化。这种择偶的共通之处主要体现完全先赋的因素（种族和民族）、价值观、个人的社会属性（个人的教育程度、社会经济地位和家庭背景等）。如齐亚强等发现，同等受教育群体内部同类婚现象提升，择偶过程越来越多地注重个人的情感、品质和能力。另外，婚姻匹配是衡量特定社会阶层封闭性（或开放性）的重要指标之一，然而传统的"门当户对"强化社会阶层的封闭性。高颖等基于北京市婚姻数据库，印证了婚姻的同类匹配和婚姻梯度同时存在，人口流动改变了传统婚配模式，使其日渐开放，而学历的日趋"般配"，跨城乡通婚的减少表明婚姻匹配走向封闭。

　　"婚姻梯度"匹配模式以婚姻交换理论为基础，男性择偶时倾向于"向下婚"，而女性则是"向上婚"，这一现象无论在国内还是国外都具有较为广泛的意义。婚姻梯度理论由学者莱斯利提出，他认为基于"同类匹配"模式，男女择偶标准大相径庭，即男性会选择比自身条件差一些的配偶，女性却正好相反，这种差异主要体现在年龄、受教育程度、职业和经济状况等方面。对于女性"向上婚"及男性"向下婚"的基本缘由，Iyigun 和 Walsh 给出了一个具有一般意义的解释：在家庭决策过程中把孩子当作家庭公共品，同时假设女性养育孩子投入时间且无法由男性代替，女性收入与养孩子的机会成本成正比，与孩子数量成反比。国内学者沈新凤在内生谈判力框架下指出，对女性而言，女性收入一定时，女性的谈判力会随着男性工资上升而下降所以女性选择比自身条件好的男性；但对于男性，女性谈判力会随着女性工资水平的提高而降低。所以，男性宁愿选择比自己条件差的女性，而不愿意同薪资水平过高的女性匹配。婚姻梯度导致婚姻挤压，使得"低教育水平男性"和"受教育程度高的女性"在婚姻市场中往往缺少竞争优势，从而就有了国内"剩男""剩女"现象下的婚姻市场结构性失衡。雷晓燕等使用中国健康与养老追踪全国数据，发现高攀的女性有着相对较高的生活满意度和相对较低的抑郁程度，高攀的男性则并没有差别，且农村地区、相对贫困地区的高攀女性在两者上的优势比城市、富裕地区的高攀女性显著；方丽等通过农村地区"建房热"这一现象，分析住房投资与婚姻缔结的关系，发现农村男性家庭通过住房投资向女方传达自身"质量"信号，以此避免逆向选择，达到婚姻缔结的目的。

婚姻也是农村女性获取向上社会流动的主要方式，而人口流动是增加这一概率的基本原因。影响婚姻迁移的因素可归结为"时代背景"及"先赋因素"和"后致因素"。"时代背景"是指社会政策和政治经济社会环境，"先赋因素"指自然获得不受个人意志支配的因素，"后致因素"指那些通过个人努力改变的因素。时代背景是制约婚姻迁移的先决制度性因素，如在计划经济时代，严格的城乡户籍隔离制度使得农村女性向城镇的婚姻迁移（农转非）很难，向上的婚姻迁移大多只能发生在由山区向川区，旱耕地区向有灌溉农业地区，或向同一乡（村）内经济条件稍好的家庭；只有很小比例的农村女性通过结婚实现"农转非"并达到"向上流动"。改革开放以来，随着户籍制度的渐次松动，特别是农村劳动力的大规模流动，使得农村女性实现向上婚姻迁移的路径极大拓宽。打工妹通过与务工地的男性结婚并留在经济较发达地区，同时将自己的户籍转入该地区，由"打工妹"变为迁入地的永久居民。可见，地区间社会经济发展不平衡以及家庭间贫富差异是农村女性迁移的现实诱因。农村地区的婚姻迁移是从较贫穷的地区流向较发达的地区，从较贫穷的家庭流向经济条件较好的家庭。对于处在劣势地区的农村女性来说，她们更倾向于通过婚姻获得更好的生活条件和更多的机会。王丰龙等利用2012年调查数据分析了当前不同地区居民婚姻匹配和婚姻迁移的特征，发现居民的婚姻选择范围不仅受户籍制度影响，而且受到时代背景、个人能力和个人身体特征等因素影响，还发现受教育水平和职务增加男性在婚姻市场的竞争力，受教育水平、职务、身高、外貌等因素可增加女性"上嫁"的可能性。教育也是农村女性实现社会流动的重要渠道，而婚姻也与女性流动相互关联。陈建伟认为女性相对男性的回报率更高，存在女性为"嫁得好"而努力"学得好"的机制，同时证明了随着平均教育水平的提高，教育的边际婚姻回报递减。

虽然农村女性普遍存在向上婚姻倾向，对改善自身未来及后续家庭发展发挥着重要作用，但也带来一定的社会问题。韦艳等利用2014年全国9省农村数据对已婚女性和婚姻迁移女性内部生活福利进行分析，发现婚姻迁移女性在经济、社会支持和家庭关系等方面的福利呈现出优越性。就流动人口婚姻迁移的远近来说，农村女性更可能出现跨省婚姻迁移来改善自己的经济地位，而家庭经济条件较差的流动男青年更可能通过自由恋爱而获得婚姻。迁移后女性的生活状况虽然有所好转，但是地区差异会使女性在婚姻生活中面临一些不确定性，如交际问题、身心健康、受本地人歧视等问题突出；在省际婚姻迁移者中，主要的婚姻迁入区是华东和华北省份，西南省份则为主要的净迁出区，其中女性迁移者占比达到90%左右，导致了性别结构的失衡，虽然缓解了迁入地的男性婚姻挤压现象，并增加了劳动力，却加剧了迁出地的婚姻挤压程度，特别是贫困区域女性婚姻迁移产生了大量的"剩男"。

从以上可见，为获得未来预期较好的生活而对择偶对象及家庭经济条件的要求是农村女性向上婚姻选择的基本原因。既然如此，对贫困农村女性来说，其向上的婚姻倾向就应当对其成婚后的家庭贫困状况产生影响。尽管学者们对于女性婚姻的研究已十分丰富，但还没有发现就贫困农村女性婚姻对于其家庭贫困影响的专门研究。本节将采用2016年西北师范大学"三农社"组织的"甘肃省农村贫困问题调查"数据，就这一问题进行材料相应性统计描述及实证研究。

四 数据来源及描述性统计

（一）数据来源及样本分类

数据来自2016年由西北师范大学"三农社"组织的"甘肃省农村贫困问题调查"，此次调查范围涉及甘肃省8个市区13个贫困县的14个建档立卡贫困村[①]的1749户8319人。通过走访和问卷访谈的形式调查了村级概况，以及被访者的家庭人口、劳动力、家庭资产、收支、农业种养、医疗卫生、教育培训等方面。整体来看，调查地区位于黄土高原地带，平均海拔高达1200—2100米，年平均气温为5—8℃，年均降水量300毫米左右，耕地类

---

① 调查的14个贫困村的行政隶属：兰州市永登县通远乡团庄村，白银市景泰县正路乡川口村，白银市会宁县八里湾乡富岔村，天水市张家川县恭门镇城子村，平凉市庄浪县郑河乡史洼村，庆阳市华池县五蛟乡杜右手村，庆阳市镇原县方山乡张大湾村，定西市陇西县宏伟乡文家集村，定西市漳县四族乡四族村，定西市临洮县龙门镇马家湾村，临夏州积石山县小关乡大寺村，临夏州康乐县五户乡五户村。在集中连片特困片区分布上，这12个贫困村都属六盘山片区甘肃片区；另外2个建档立卡贫困村分别是陇南市礼县雷坝乡蒲陈村、陇南市礼县雷坝乡甘山村，属于秦巴山片区甘肃片区。

型属典型的干旱半干旱山区；14个样本村中，其中有2个村属秦巴山特困片区，其他12个村属六盘山特困片区；其户均人口为4.8人，户均劳动力数2.8人；人均耕地面积2.6亩，户均耕地面积12.3亩；人均纯收入7192.13元，贫困发生率为17.53%。

本节以农村适婚女性为研究对象，适婚年龄人口是指15—19岁的结婚潜在人口以及中国《婚姻法》规定的女20周岁及以上符合法定结婚年龄的人口。通过对样本分析，发现已婚年龄人口中年龄最小为19岁，故选取19岁及以上女性人口为研究样本。研究样本中未婚女性年龄主要集中于19—30岁，30岁以上人口中未婚者仅有4人，其中2人（年龄均为33岁）在省外打工，1人为62岁寡居，1人为50岁大病患者，同时因本节采用数据为截面数据，缺乏跟踪调查的时间序列数据，为减少因时间跨度大导致的比较不明显问题，故将统计比对的范围重点集中于19—30岁的女性人口（文中称为比对样本），而将31—64岁女性人口作为参考样本。通过筛选数据，得出符合条件的女性有2341人，其中19—30岁样本中已婚女性有401人，占比为68.1%；未婚女性有188人，占比为31.9%。进一步，以家庭人均收入低于2800元为贫困线界定贫困人口，从19—30岁的女性人口贫困发生率来看，未婚女性的贫困发生率比已婚女性高4.8个百分点（见表3-16），直观上表现出在女性成婚不太长的时间段中，女性成婚后的贫困发生率降低许多。而有趣的是31—49岁的女性人口贫困发生率又趋高，达到16.4%，50—60岁女性的贫困发生率又趋于降低，这也许与女性成婚后家庭生命周期中的子女替代作用有关。

表3-16　　　　　　　样本女性婚姻及贫困状况

样本总体	比对样本 19—30岁				参考样本			
	未婚女性		已婚女性		31—49岁		50—64岁	
人数(人)	人数(人)	占比(%)	人数(人)	占比(%)	人数(人)	占比(%)	人数(人)	占比(%)
2341	188	31.9	401	68.1	1170	49.9	582	24.9
贫困发生率(%)								
14.9	16.0		11.2		16.4		14.1	

（二）样本女性的个体和家庭特征描述

1. 个体特征

就样本的个体特征来看，在受教育程度上，19—30岁这一年龄段中未婚女性和已婚女性的平均受教育年限分别为10.5年、7.7年,表明未婚女性教育水平明显高于已婚女性。已婚女性以小学及以下的文化水平为主,达到36.7%;而未婚女性则是以高中及以上的文化水平为主,达到49.5%。且年龄越大,小学及以下文化程度的女性占比越高。在健康状况上,未婚女性中身体健康比例高于已婚女性,已婚女性中有3.7%人身体处于非健康状态。同时31—49岁和50—64岁非健康女性占比分别为24.0%、47.1%,说明女性身体状况随着年龄增长而变得糟糕。在就业上,52.1%的已婚女性务农,从事非农的为47.9%,表明已婚女性中的大多数在从事农业;而未婚女性选择农业和非农的比例分别为22.9%、77.1%,表明大多数未婚女性从事非农职业。同时50—64岁年龄段外出打工人数占比最小,仅有3.3%。从工作地点看,未婚和已婚女性也存在明显差异,67.3%的已婚女性在县内从事工作或者照顾家庭,选择县外就业的未婚女性偏多,为53.7%。从有无技能看,未婚女性有技能的占比高于已婚女性。从生育孩数看,生育子女数为1个及以上的已婚女性最多,占比为78.3%。具体见表3-17。

以上统计分析反映出,未婚女性在年龄、受教育程度、技能、健康、职业等个体特征上都明显优于已婚女性,根据经验及已有研究可以推断的是,其个体收入及发展前景肯定也优于已婚女性。但未婚女性的贫困发生率较高,根源于未婚女性所属家庭的贫困发生率较高。

表3-17　　　　　　　　　　女性个体基本情况

个体特征		样本总体		比对样本 19—30岁				参考样本			
				未婚女性		已婚女性		31—49岁		50—64岁	
		人数(人)	占比(%)	人数(人)	占比(%)	人数(人)	占比(%)	人数(人)	占比(%)	人数(人)	占比(%)
教育程度	文盲及小学	1574	67.2	19	10.1	147	36.7	886	75.7	522	89.7
	初中	551	23.5	76	40.4	184	45.9	240	20.5	51	8.8
	高中	140	6	51	27.1	50	12.5	32	2.7	7	1.2
	大专及以上	76	3.3	42	22.4	20	4.9	12	1	2	0.3
健康状况	健康	1769	75.6	186	98.9	386	96.3	889	76.0	308	52.9
	疾病或残疾	572	24.4	2	1.1	15	3.7	281	24.0	274	47.1

续表

个体特征		样本总体		比对样本 19—30岁				参考样本			
				未婚女性		已婚女性		31—49岁		50—64岁	
		人数(人)	占比(%)	人数(人)	占比(%)	人数(人)	占比(%)	人数(人)	占比(%)	人数(人)	占比(%)
就业状况	农业	1618	69.1	43	22.9	209	52.1	826	70.6	540	92.8
	兼业	150	6.4	13	6.9	13	3.2	110	9.4	14	2.4
	个体	59	2.5	2	1.1	10	2.5	41	3.5	6	1
	务工	484	20.7	115	61.2	163	40.7	187	16	19	3.3
	其他	30	1.3	15	7.9	6	1.5	6	0.5	3	0.5
工作地点	县内	1984	84.7	87	46.3	270	67.3	1058	90.4	569	97.8
	省内县外	178	7.6	61	32.5	54	13.5	56	4.8	7	1.2
	省外	179	7.7	40	21.2	77	19.2	56	4.8	6	1
技能	有	224	9.6	54	28.7	63	15.7	96	8.2	11	1.9
	无	2117	90.4	134	71.3	338	84.3	1074	91.8	571	98.1
生育孩数	0	331	14.1	188	100	87	21.7	18	1.5	38	6.6
	1	904	38.6	0	0	155	38.7	317	27.1	432	74.2
	≥2	1106	47.1	0	0	159	39.6	835	71.4	112	19.2

2. 家庭特征

以下就已婚女性和未婚女性的家庭特征进行比较。由于一个家庭可能既有已婚女性，也可能有未婚女性，为避免以户为单位计算比例可能导致的重复计算，在此我们采用以不同类别农户中已婚和未婚女性比例进行比较。从家庭规模看，未婚女性多属于4—5人家庭，占比为48.9%。而已婚女性多属于6人及以上"大家庭"，占比为52.9%。从家庭劳动力数量看，已婚女性多属于劳动力4人及以上的家庭，占比为75.8%。而未婚女性多属于劳动力在3人及以下的家庭，占比为42.6%。从家庭男性劳动力数量看，未婚和已婚女性绝大多数处在有1—2人男性劳动力的家庭中，同时已婚女性家中有3人及以上劳动力的占比高于未婚女性9.4个百分点。从家庭男性受教育程度看，未婚女性家庭稍有优势。从务工人数看，二者大多处于有1人外出务工的家庭，且外出务工人数在各个特征段的比例相当。从家庭老人数看，虽然未婚和已婚女性大多数处在有1位及以下老人的家中，但相对来说未婚女性家庭老人负担较重。从收入分布看，两类女性大多都处在中高收入（5000—8000元）和较高收入（≥8000元）家庭，且二者分布比例相当。在中下收入（2800—5000元）上，已婚女性比例高于未婚女性6.3个百分点，而在贫困线下，未婚女性比例又高于已婚女性4.8个百分点。从家庭人均支出看，两种类型女性多集中在人均支出2800元及以下的家庭，占比分别为44.2%、53.4%，但未婚女性处在人均支出5000元及以上家庭的比例远超已婚女性，前者为27.1%、后者为14.9%。在人均耕地面积上，两类女性中的大多数处于人均耕地面积≤2亩的家庭中，但未婚女性处在耕地较多（>2亩）家庭的比例远高于已婚女性。在家庭住房质量上，未婚女性家庭优于已婚家庭。在家庭耐用品消费上，两者占比十分接近（见表3-18）。

从以上分析可见，在比对样本中，相较于未婚女性，已婚女性多处在家庭人口较多、男性劳动力较多、中等收入、人均耕地面积较少的家庭。

表3-18　　　　　　　　女性家庭基本情况

家庭特征		样本总体		比对样本 19—30岁				参考样本			
				未婚女性		已婚女性		31—49岁		50—64岁	
		人数（人）	占比（%）	人数（人）	占比（%）	人数（人）	占比（%）	人数（人）	占比（%）	人数（人）	占比（%）
家庭规模	≤3	262	11.2	18	9.6	18	4.5	126	10.7	100	17.2
	4—5	1075	45.9	92	48.9	171	42.6	595	50.9	217	37.3
	≥6	1004	42.9	78	41.5	212	52.9	449	38.4	265	45.5
家庭劳动力数量	≤1	38	1.6	2	1.1	3	0.8	17	1.4	16	2.8
	2—3	1256	53.7	78	41.5	94	23.4	833	71.2	251	43.1
	≥4	1047	44.7	108	57.4	304	75.8	320	27.4	315	54.1
男性劳动力数量	0	50	2.1	10	5.3	4	1.0	20	1.7	16	2.8
	1—2	2120	90.6	168	89.4	338	84.3	1093	93.4	521	89.5
	≥3	171	7.3	10	5.3	59	14.7	57	4.9	45	7.7
男性受教育程度	文盲及小学	907	38.8	69	36.7	153	38.2	471	40.3	214	36.8
	初中	949	40.5	74	39.4	165	41.2	474	40.5	236	40.6
	高中	394	16.8	35	18.6	65	16.2	190	16.2	104	17.9
	大专及以上	91	3.9	10	5.3	18	4.4	35	3	28	4.7
务工人数	≤1	1247	53.3	76	40.4	162	40.4	708	60.5	301	51.7
	1—2	756	32.3	60	31.9	140	34.9	352	30.1	204	35.1
	>2	338	14.4	52	27.7	99	24.7	110	9.4	77	13.2

续表

家庭特征		样本总体		比对样本 19—30 岁				参考样本			
				未婚女性		已婚女性		31—49 岁		50—64 岁	
		人数(人)	占比(%)	人数(人)	占比(%)	人数(人)	占比(%)	人数(人)	占比(%)	人数(人)	占比(%)
家庭老人数	0—1	2063	88.1	161	85.6	369	92	971	83	562	96.6
	≥2	278	11.9	27	14.4	32	8	199	17	20	3.4
人均纯收入分布（元）	≤2800	349	14.9	30	16.0	45	11.2	192	16.4	82	14.1
	2800—5000	601	25.7	34	18.1	98	24.4	313	26.8	156	26.8
人均纯收入分布（元）	5000—8000	567	24.2	47	24.9	93	23.2	292	25	135	23.2
	≥8000	824	35.2	77	41.0	165	41.2	373	31.8	209	35.9
人均支出分布（元）	≤2800	1027	43.9	83	44.2	214	53.4	460	39.3	270	46.4
	2800—5000	761	32.5	54	28.7	127	31.7	386	33	194	33.3
	≥5000	553	23.6	51	27.1	60	14.9	324	27.7	118	20.3
人均耕地面积（亩）	≤2	1332	56.9	102	54.3	285	71.1	632	54	313	53.8
	2—6	832	35.5	69	36.7	96	23.9	464	39.7	203	34.9
	≥6	177	7.6	17	9.0	20	5	74	6.3	66	11.3
住房结构	框架或砖混	1932	82.5	188	100	352	87.8	919	78.6	473	81.3
	窑洞或土坯	409	17.5	0	0	49	12.2	251	21.4	109	18.7
耐用品消费数	≤2	439	18.8	29	15.4	65	16.2	220	18.8	125	21.5
	≥3	1902	81.2	159	84.6	336	83.8	950	81.2	457	78.5

五 女性婚姻减贫的实证分析

（一）模型及变量选择

本节旨在探讨婚姻是否能帮助农村女性减少贫困，并进一步研究这些因素是如何影响女性贫困的。本研究的被解释变量是家庭是否贫困，为一个二分变量。贫困是指家庭人均纯收入小于 2800 元[①]，将贫困赋值为 1，非贫困

---

① 中国当前贫困标准为农民年人均纯收入 2300 元（2010 年不变价），2015 年依据物价等因素调整为 2800 元。

赋值为 0。在此基础上采用 Probit 模型分析农村女性婚姻状况对家庭贫困发生概率，构建以下具体的模型：

$$P(Y=1|X) = \beta_0 + \beta_1 X_1 + \beta_2 X_2 + \cdots + \beta_{15} X_{15} + \mu \tag{3-8}$$

核心解释变量是婚姻状况，已婚赋值为 1，未婚赋值为 0。控制变量主要包括可能影响家庭收入的女性个体特征和其家庭特征。对于关于个体特征变量的选择，婚姻交换理论认为自身特征和资源决定个人择偶偏好。故使用年龄、受教育年限、就业状况、工作地点、技能反映女性自身竞争力。其中受教育年限、是否从事非农就业、工作地点和技能直接或间接反映女性个体的社会经济状况。通过描述性统计发现，不同的个体特征下不同婚姻状况的女性存在着差异。除个体特征外，家庭特征是影响家庭收入和女性婚姻决策的重要因素，包括家庭规模、男性劳动力数量、男性受教育程度、务工人数、家庭老人数、人均耕地面积、住房结构、家庭耐用品消费等。根据前述文献综述和描述性统计的基础上，本节所需的主要解释变量如表 3-19 所示。实证样本采用样本总体，即 2341 个女性样本。

表 3-19　　主要解释变量测量

变量名称	变量说明	最小值	最大值	均值	标准差
1. 个体特征					
核心变量：婚姻状况 X_1	未婚 =0，已婚 =1	0	1	0.92	0.27
控制变量：年龄 X_2	连续性变量	19	64	40.95	11.87
受教育年限 X_3	实际受教育年限	0	18	4.90	4.12
健康状况 X_4	非健康 =0，健康 =1	0	1	0.76	0.43
是否从事非农就业 X_5	从事农业 =0，从事非农 =1	1	4	0.24	0.43
工作地点 X_6	县内 =1，省内县外 =2，省外 =3	1	3	1.23	0.57
技能 X_7	无技能 =0，有技能 =1	0	1	0.10	0.29
2. 家庭特征					
家庭规模 X_8	家庭人口总数	1	11	5.21	1.43
男性劳动力数量 X_9	15—64 岁身体健康的男性数量	0	4	1.57	0.66
男性受教育年限 X_{10}	男性受教育年限	0	18	7.04	3.04
务工人数 X_{11}	实际外出务工人口数量	0	5	1.49	0.94

续表

变量名称	变量说明	最小值	最大值	均值	标准差
家庭老人数 X_{12}	65 岁以上老人数量	0	3	0.46	0.70
人均耕地面积 X_{13}	耕地面积/家庭人口数	0	22.5	2.44	2.27
住房结构 X_{14}	土坯或窑洞 =0，砖混或框架 =1	0	1	0.81	0.39
耐用品消费 X_{15}	家庭耐用品消费数量	0	6	3.35	0.90

（二）实证结果分析

本节使用 Stata14.0 统计软件对样本进行分析。对解释变量进行的相关性分析表明，相关系数的绝对值最大为 0.6107，低于共线性门槛值 0.7。模型拟合结果显示 15 个解释变量中有 9 个变量通过了显著性检验，伪判决系数（Pseudo R^2）为 0.1741，卡方值的显著性水平均为 0.0000，在 1% 的显著水平上拒绝原假设，表明拟合结果较好。表 3-20 显示了回归结果。

表 3-20　　　　　　　　　　Probit 模型回归结果

解释变量	被解释变量：家庭是否贫困		
	Coefficient	Std. Error	z 值
1. 个体特征			
核心变量：婚姻状况 X_1	−0.4850***	0.1567	−3.09
控制变量：年龄 X_2	−0.0030	0.0041	−0.74
受教育年限 X_3	−0.0030	0.0115	−0.26
健康状况 X_4	0.0160	0.0874	0.18
是否从事非农职业 X_5	−0.0682	0.1498	−0.46
工作地点 X_6	−0.1699*	0.1203	−1.41
技能 X_7	−0.4641***	0.1710	−2.71
2. 家庭特征			
家庭规模 X_8	0.1452***	0.0306	4.75
男性劳动力数量 X_9	0.0407	0.0650	0.63
男性受教育年限 X_{10}	−0.0310***	0.0117	−2.65
务工人数 X_{11}	−0.6546***	0.0599	−10.92
家庭老人数 X_{12}	0.1560***	0.0527	2.96
人均耕地面积 X_{13}	0.0075	0.0154	0.49
住房结构 X_{14}	−0.1663*	0.0881	−1.89
耐用品消费 X_{15}	−0.1562***	0.0396	−3.94

续表

解释变量	被解释变量：家庭是否贫困		
	Coefficient	Std. Error	z 值
_Cons		0.4878	
Log pseudolikelihood		−814.15	
Wald chi^2(15)		275.36	
Prob> chi^2		0.0000	
Pseudo R^2		0.1741	

注：*、**、*** 表示分别在 0.1、0.05、0.01 的水平上显著。

（三）回归结果解释

从样本的个体特征来看，女性婚姻状况的系数为负，且在 1% 的水平上显著。说明女性已婚具有显著的减贫效应，相对于未婚女性来说，已婚使得女性家庭致贫的概率降低 48.5%。一般而言，农村女青年寻找婆家通常将男方的经济状况（或发展前途）好于自家作为一个基本条件，也符合"生得好不如嫁得好"这一认识，这也是我们实证的核心结论。

就女性其他个体特征来看，只有工作地点和技能两个变量的回归结果显著负向影响家庭贫困，即女性工作地离户口所在地越远，其家庭贫困发生的概率显著下降，这点证明女性外出打工或者外迁具有一定的反贫困作用。有技能的女性其家庭贫困发生概率越低。这说明技能帮助女性增加非农就业机会，进而提高其家庭收入水平。而其他女性个体变量不显著，但其影响方向符合预期。女性年龄与家庭贫困存在负相关关系，这表明随着年龄增长女性陷入贫困概率就会减少。但由于其系数值较小，且不显著，因此影响较为微弱。实际上在前文统计分析中已看出，女性婚姻在一个较近期限内可能有一定的减贫作用，而随着女性年龄增大，也意味着婚姻期限延长，这一作用会式微；就业状况的系数为 −0.0682，说明女性非农就业会降低其家庭贫困的概率。我们以往的研究表明，农村劳动力非农就业是农户减贫的重要手段，但在此的回归结果不显著，可能原因有二：一是在样本村，外出务工的女性比例较低，而外出女性主要是未婚女性，务工经历短、从事低端行业、工资收入低，对家庭减贫发挥不了决定性作用。二是对农户家庭收入有决定性影响的往往是家庭中的主要男性劳动力，特别是从事非农工作的男性劳动力。女性个体受教育年限与其家庭贫困存在负相关关系，表明女性受教育程度越高，会减低家庭陷入贫困的概率。但由于该系数的绝对值较小且不显著，其影响微弱。健康对女性家庭致贫产生正向影响，但不显著。

从样本家庭特征来看，有6个变量的回归结果显著。家庭规模与贫困发生概率呈显著正向关系。"大家庭"[①]容易陷入贫困，这一结果与众多结论相符。究其原因，此类家庭中老人和儿童的占比较高、负担重。男性劳动力数量与贫困有着正向关系，但不显著，虽然农村男性劳动力对家庭具有重要意义，但与家庭收入及贫困也并不一定存在必然关系。男性劳动力受教育程度与家庭贫困呈显著负向关系，表明农村男性接受教育越多，其自身素质就越高，家庭越不容易贫困。家庭务工人数的回归系数为 –0.6546（绝对量最大），在1%水平上显著，说明外出打工人数对家庭贫困有着显著的负向作用，这一结果与我们的其他研究结果一致，非农就业大幅提高了农村居民的收入水平，对减贫脱贫发挥着至关重要的作用。家庭老人数的回归系数显著为正，意味着老人数量会一定程度增加家庭贫困概率，这一结果也反映出农村地区人口老龄化问题的不断严重。家庭人均耕地面积与贫困有着正向关系，但不显著，这一影响方向与大多研究不相符。这是因为这些样本村自然条件较差，土地多为山坡地，人均耕地面积越多，往往会拖累劳动力外出务工。住房结构和耐用品消费对家庭贫困的影响都显著为负，符合常理，通常这两项指标就是反映农户家庭经济和生活状况的最直观指标。

以上回归结果表明：在贫困农村，女性的一些关键个体特征，如年龄、受教育年限、健康状况等对其家庭减贫不存在显著影响，而其家庭特征中的诸多变量，如家庭规模、男性劳动力受教育水平、外出务工人数、家庭老人数、住房结构和耐用品消费等都对其家庭减贫有着显著影响。其含义可进一步引申为：在一般意义上，农村女性的贫困（所属家庭的贫困）与女性个体人力资本水平没有必然关系，而关键取决于其家庭特征，特别是家庭男性人口的收入能力，说明农村女性在经济上普遍存在着对男性主导家庭的依赖，也正是由于这一基本状况决定了贫困农村女性普遍的"向上婚"减贫倾向。

六 研究结论

从追求经济利益角度审视相对贫困女性的婚姻行为，无论对其婚姻模式

---

① 本节指家庭人口数为6人及以上的家庭。

的历史演变，还是对现实中的"向上婚"现象，都具有以一贯之的实质解释力。毕竟较好的家庭经济条件是婚姻幸福的基本要件之一，而性别差异及形成的社会基础分工或角色安排既决定了女性在社会财富上的劣势，也促使了女性成人之后的依附需要，因此女性正式的婚姻方式（社会或法律意义上的可信承诺）是较快捷获得、较长久拥有较好物质条件的"最佳"途径。而在一个初始财产权基本归属男性家庭的农村社会中，女性通过"向上"的婚姻依附和契约关系进而获得相应权利，其所追求的就是"终身大事"甚或就是终身归宿。照此逻辑，相对于贫困农村的女性而言，女性的"向上婚"更具有普遍意义，当然也就有了本节所要回答的问题：婚姻能帮助女性减贫！并且这一结论获得了实证支持。

本节利用 2016 年笔者对甘肃 14 个贫困村的社会调查数据，通过对适婚年龄未婚、已婚样本女性个体和家庭特征的统计对比，并就女性婚姻对家庭贫困的影响进行了实证检验。研究表明：第一，女性婚姻对其家庭具有显著的减贫效应，相对于未婚女性来说，已婚使得女性家庭致贫的概率降低 48.5%。第二，就女性在其他方面的个体特征而言，从事离户口所在地（娘家）远、有一定技能的女性家庭不容易陷入贫困，而年龄、受教育程度、职业状况、健康状况这些变量对女性家庭贫困的影响并不显著。第三，就女性家庭特征而言，"大家庭"和家庭老人数越多，都会显著增加女性家庭贫困的概率。家庭拥有较高学历男性、务工人数越多，会显著缓解其家庭贫困。而男性劳动力数量和人均耕地面积对其家庭贫困的影响并不显著。

研究结果尽管表明，婚姻选择在一定程度上能够缓解女性贫困，使得女性婚后的生活质量和福利得到提升。但同时，由于贫困地区女性普遍的"向上婚"加剧了贫困地区原本失衡的性别比例，且造成部分农村贫困家庭的大龄男性人口的"婚姻挤压"问题，仍需引起相关部门的重视。在政策制定和宣传过程中，应当正确引导和支持农村女性加强人力资本投资，提高女性自身竞争力，增强女性在就业过程中的收入和议价能力，加强基于男女平等原则基础上的社会公共产品供给和网络支持，使女性减少利用婚姻获取社会资源以及对男性的经济依赖。

本节研究存在着不足，主要是由于调查数据限制，只是以截面数据静态分析了女性婚姻的减贫效应，缺乏时间序列的动态分析。

第四章　农村信息化与反贫困

第一节　互联网使用对西部贫困地区农户家庭生活消费的影响*

一　引言

改革开放以来中国经济发展取得了举世瞩目的成绩，但中国居民的消费水平却低于世界平均水平，根据世界银行公布的数据，2016年，中国居民最终消费率仅为39%，世界平均水平为58%①，中国比世界平均水平低19个百分点。有研究表明，自2000年以来中国居民消费率呈现持续下滑的趋势（例如陈斌开等，2014）。消费作为拉动经济增长的"三驾马车"之一，一直未能发挥出其应有的潜力，反而成为抑制中国经济增长的重要因素之一（例如雷潇雨、龚六堂，2014）。与此同时，中国城乡二元结构问题一直存在，农村人口占比较大，农村居民的消费水平更低。据国家统计局公布的数据，2017年农村人口占全国总人口的比例为41.5%，而农村居民消费总额占全国居民消费总额的比例仅为21.5%②，也就是说，近乎一半人口的消费额仅占消费总额的1/5，农村地区的消费水平严重拉低了整体消费水平。挖掘和提高中国农村居民的消费潜力具有非常重要的战略意义与现实意义（例如温涛、孟兆亮，2012），同时，挖掘农村居民的消费潜力也有助于全面建成小康社会和乡村振兴目标的实现。

---

* 本节以同题发表在《中国农村经济》2019年第4期。作者：张永丽（西北师范大学商学院教授）、徐腊梅（西北师范大学商学院研究生）。

① 参见世界银行（https://data.worldbank.org.cn/indicator?tab=all）。

② 参见国家统计局（http://data.stats.gov.cn/easyquery.htm?cn=C01&zb=A0A01&sj=2017）。

学术界针对农村居民消费水平比较低的问题,从产生的原因及提高消费水平的途径等多个方面进行了研究。首先,大量文献就中国农村居民消费水平偏低的原因进行了实证研究。有研究认为,城乡收入差距扩大是消费不足的重要因素。陈斌开(2012)使用中国统计年鉴1978—2009年的面板数据,基于生命周期理论证明了缩小城乡收入差距对提高整体消费水平具有重要作用;杨汝岱、朱诗娥(2007)使用中国社科院经济研究所收入分配课题组分别于1995年和2002年进行的城乡家庭与个人调查的微观数据分析居民边际消费倾向与收入水平之间的关系也得到了同样的结论。也有学者认为,储蓄率的增加是农村居民消费比较低的重要原因,因为农户面临着很多的风险和不确定性,而增加储蓄、降低消费是农户预防风险和不确定性的主要手段(例如 Aziz,J. and Cui,L.,2007;Chamon,M. and Prasad,E.,2010;Van,2012;王静,2018)。此外,赵周华、王树进(2018)使用1997—2014年的省际面板数据实证分析了老龄化对农村居民消费带来的影响,认为农村老龄化对农村居民消费率的提高产生了很大的抑制作用。

其次,部分研究从改善居民微观决策的视角,研究了提高农村居民消费水平的途径和措施。其中,增加农村居民收入水平、缩小城乡收入差距一直被认为是提高农村居民家庭消费的核心手段。例如韩玉萍等(2015)使用中国统计年鉴的数据,研究了收入的不确定性对农村居民消费的影响,研究结果表明增加农村居民持久性收入能够显著提升消费水平;张慧芳、朱雅玲(2017)基于 AIDS 扩展模型,研究发现增加农村居民工资性、经营性和转移性收入将有助于消费水平的提高和消费结构的优化升级。有研究认为健全社会保障制度、提高社会保障覆盖范围是提升农村居民消费水平的重要途径之一。例如 Zant(1998)和 Gormley(2010)通过实证分析发现,社会保障能够显著提升居民的消费倾向;范黎波等(2017)基于分位数回归与反事实分解方法也得出了类似的结论。同时,也有研究认为家庭就业人数、学生数量的增加也会对农村居民家庭消费产生正向影响,家庭就业人数增加,特别是非农就业人数的增加,能够显著带动家庭收入增加,从而间接带动消费的增加,而家庭学生数量增加则会直接带动家庭消费的增加(例如喻胜华、韦琴,2018;文洪星、韩青,2018)。此外,也有学者指出,提升户主的人力资本水平能有效地提高家庭消费水平(例如刘子兰等,2018)。

最后,部分研究从改善农村基础设施条件的视角,研究了基础设施的改善对提升农村居民消费水平的促进作用。李稻葵等（2016）运用校准方法以中国征信系统为例，证明了金融基础设施改善对总消费具有正向促进作用；肖挺（2018）通过系统 GMM 以及门槛估计等技术方法检验了交通事业的发展能带动居民在食品、服装以及医疗等方面支出比重的增加；吴学品（2014）通过建立 AIDS 模型发现了流通设施环境的改善有助于农村居民消费结构的优化升级。也有学者使用双差法研究发现，医疗保险的覆盖范围越大对消费的促进作用越明显（例如白重恩等，2012）。

特别地，自李克强总理 2015 年 3 月 5 日在政府工作报告中提出"互联网+"行动计划以来，互联网在农村快速发展与普及，2018 年 6 月农村网民数量已经达到 2.11 亿[①]，和 2014 年相比，中国农村网民数量增加了 0.33 亿。互联网的发展不仅成为经济发展的全新动力（例如 Czernich，2011），而且正在全方位改变着农村居民的生产、生活方式。互联网对农村居民消费的影响，引起了学术界的广泛关注。祝仲坤、冷晨昕（2017）使用 2015 年度中国社会状况综合调查数据，运用工具变量法分析了互联网对农村居民消费的影响，发现掌握互联网技能会显著提高农村居民的消费水平；刘湖、张家平（2016）运用面板数据实证考察了互联网发展对农村居民消费水平与消费结构的影响，发现移动电话的普及[②]具有驱动农村居民消费结构由传统型向发展型、享受型转变的潜力；贺达、顾江（2018）基于 CFPS2016 年的调查数据，运用 PSM 方法研究发现互联网对于农村居民消费水平具有正向影响。

互联网在西部贫困地区的发展水平如何、对贫困地区农村居民的消费会产生同样的影响吗？基于此，本节结合甘肃省"精准扶贫与区域发展研究中心"于 2017 在甘肃省片区贫困县进行的农村社会调查数据，运用倾向匹配得分法研究了互联网对贫困地区农村居民家庭消费水平以及消费结构的影响，比较分析了互联网对贫困家庭和非贫困家庭消费影响的差异，以期为当前精准扶贫、精准脱贫以及乡村振兴战略的实施提供政策借鉴。

本节的内容安排如下：第一部分是引言；第二部分是数据来源、模型建立及变量选取；第三部分是实证结果及分析；第四部分是进一步讨论；第五

[①] 参见中国互联网络信息中心《第 42 次中国互联网络发展状况统计报告》（http://www.cac.gov.cn/2018-08/20/c_1123296882.htm）。

[②] 刘湖、张家平以互联网普及率、移动电话普及率与互联网投资环境 3 个指标衡量中国互联网发展水平。

部分是结论及政策启示。

二 数据来源、模型建立及变量选取

(一) 数据来源

本研究选择甘肃省作为研究区域,使用的数据源于甘肃省"精准扶贫与区域发展研究中心"于2017年在甘肃省国家级贫困县进行的农村社会调查。该项调查覆盖10市、14县的15个建档立卡贫困村,被调查村庄有6个位于六盘山片区的黄土高原干旱半干旱山区,有6个位于沟壑崎岖险峻的秦巴山片区,有3个位于少数民族地区(甘南藏族自治州)。这些村庄大部分生态环境脆弱,基础设施建设落后,教育、文化、卫生等公共事业不发达,贫困问题突出,在自然生态与社会经济发展特征等方面都具有一定的典型性与代表性。

该项调查内容主要包含家庭人口及劳动就业、家庭资产、家庭收支、家庭社会资本、家庭信息化水平、精准扶贫政策落实等七个部分在内的若干问题,调查采取分层抽样、当面访谈形式,共获得1735户、7535人、4566个劳动力的信息,其中贫困户715户、2872人,非贫困户1020户、4663人。被调查村庄与最近集市的平均距离为15.5公里,与最近的省道(国道)的平均距离为30.7公里,与县城的平均距离为47公里。

样本农户户均人口4.3人,学生0.8人,平均受教育程度为5.6年。样本农户人均年收入为7567.5元,人均年消费为5296元[①],人均年网购花费仅有84.7元。样本人口有2942人使用互联网,分布在1308户中,平均每户至少有2人使用互联网,其中手机上网的户数占比达到83.6%,电脑上网的户数仅占18.5%,电脑普及率仅为4.5%。样本基本情况见表4-1。

表4-1　　　　　　　　　　样本基本情况

分项	总体	贫困户	非贫困户
1. 样本总数及其特征			
户数(户)	1735	715	1020
人口数(人)	7535	2872	4663
劳动力数(人)	4566	1506	3060
户均人口数(人)	4.3	4.0	4.6
户均学生数(人)	0.8	0.9	0.7

---

① 为与下文保持一致,此处的"人均年消费"不含通信费(包括通信费和宽带费)。

续表

分项	总体	贫困户	非贫困户
平均受教育程度（年）	5.6	4.8	6.1
2. 互联网使用情况			
上网总人数（人）	2942	884	2058
上网总户数（户）	1308	441	867
户均上网人数（人）	2.2	1.2	2.0
手机上网户数占比（%）	83.6	81.9	84.4
电脑上网户数占比（%）	18.5	11.8	21.8
网购户数（户）	353	99	254
3. 收支情况（元）			
人均年收入	7567.5	4916.4	9200.3
人均年消费（生活消费）	5296	5826.3	4969.2
食品消费	1279.5	1306	1263.2
生活用品消费	652.9	508	742.1
交通消费	183.7	121	222.4
教育消费	249.4	215.4	270.4
医疗消费	979.4	1324.9	766.6
信息费用	334.4	256.8	382.2
年网购花费	84.7	42.3	114.4

（二）模型建立

分析互联网对农村居民家庭消费的影响，一个自然的做法就是对比使用互联网（处理组）和不使用互联网（控制组）[①]家庭消费水平的高低和家庭各项消费的占比。使用这种处理方法会产生以下两个问题：首先，家庭是否使用互联网是家庭的自选择问题（self selection），因自然条件、家庭禀赋以及收入水平等不同，不同的家庭会作出不同的决策；其次，由于处理组和控制组家庭的初始条件并不相同，所以会存在选择偏差（selection bias）。另一种做法就是对比同一个家庭、同一时间段使用互联网和不使用互联网时的消费情况，而家庭在同一个时间段只能选择使用互联网或不使用互联网，如果家庭选择使用互联网，那么不使用互联网时消费状况的数据就会缺失，反之

---

① 家庭使用互联网称为处理组，家庭不使用互联网称为控制组，后文简称为处理组和控制组，不再赘述。

则相反。这实际上是一种"数据缺失"(missing data)问题。

鉴于以上考虑,本节使用反事实因果推断分析框架①中的倾向匹配得分法(propensity score matching, PSM)来估计互联网对农村居民家庭消费的影响。PSM方法的优点是通过匹配再抽样的方法使得观测数据尽可能地接近随机试验数据,在尽可能大的程度上减少观测数据的偏差,从而能有效解决由样本自选择造成的有偏估计问题。本节建立如下模型以估计互联网对消费的影响。

$$\ln Y_{ij}^d = \alpha_i X_i + \beta_i D_i + \varepsilon_i \tag{4-1}$$

式中 $\ln Y_{ij}^d$ 为家庭 i 的第 j 种消费支出的对数,X_i 代表家庭 i 可观察的户主特征以及家庭特征变量,D_i 代表家庭 i 是否使用互联网,$D_i=1$ 表示家庭使用互联网,$D_i=0$ 代表家庭不使用互联网,ε_i 是随机分布项,α_i、β_i 是待估参数。

使用倾向匹配得分计算平均处理效应的步骤是:首先,选择合适的协变量以便进行倾向得分匹配;其次,运用 Logit 回归,估计倾向得分;再次,用第一步中选择的协变量进行倾向得分匹配;最后,根据匹配后的样本计算参与者的平均处理效应(average treated effect on the treated, ATT)、未参与者的平均处理效应(average treated effect on the untreated, ATU)和平均处理效应(average treated effect, ATE)。

$$ATT = E(Y_{ij}^1 - Y_{ij}^0 \mid D=1, X=x) \tag{4-2}$$

$$ATU = E(Y_{ij}^1 - Y_{ij}^0 \mid D=0, X=x) \tag{4-3}$$

$$ATE = E(Y_{ij}^1 - Y_{ij}^0 \mid X=x) \tag{4-4}$$

式(4-2)、式(4-3)和式(4-4)中,Y_{ij}^1 代表使用互联网的农户 i 的第 j 项消费,Y_{ij}^0 代表未使用互联网的农户 i 的第 j 项消费。在本研究中,ATT 代表随机挑选一个使用互联网且具有 X 特征的样本家庭在某项消费中互联网对消费影响的均值,ATU 代表随机挑选一个未使用互联网且具有 X 特征的样本家庭在某项消费中互联网对消费影响的均值,ATE 则表示随机挑选一个具有 X

---

① Rubin(1974)提出"反事实框架"(a counterfactual framework),称为"鲁宾因果模型"(Rubin Causal Modle, RCM)。

特征的样本家庭在某项消费中互联网对消费影响的均值。

(三) 变量选取及统计描述

1. 结果变量

本节的结果变量为消费支出,包括家庭总消费支出($\ln y$)及家庭食品消费支出($\ln food$)、家庭生活用品消费支出($\ln life$)、家庭交通消费支出($\ln trans$)、家庭教育消费支出($\ln edu$)、家庭医疗消费支出($\ln med$),定义家庭总消费支出为第1项消费,以此类推,用消费支出的对数$\ln Y_{ij}$来表示,i代表农户i,j代表第j项消费,$j=1—6$,例如$j=1$时,$\ln Y_{i1}$代表农户i家庭总消费支出的对数。

2. 处理变量

本节的处理变量为家庭是否使用互联网,家庭使用互联网记作1,家庭不使用互联网则记作0。

3. 协变量

在PSM回归中,协变量的选取尤为重要,应满足条件独立假定(conditional independent assumption)、共同支撑假定(common support condition)和平衡性假定(balancing hypothesis)。本节在选取协变量时充分考虑家庭社会资本、文化资本、经济资本、户主的个人特征以及与消费和互联网使用有关的变量,在参照贺达、顾江(2018),祝仲坤、冷晨昕(2017)和白重恩等(2014)变量选取方法的基础上选取户主的受教育程度(edu)、户主的年龄(age)、户主的职业(job)、家庭是否为干部户($cadre$)、家庭是否为党员户($party$)、家庭是否为贫困户($poverty$)、家庭总收入的对数($\ln income$)和家庭非农就业和学生数的综合指标($student-non \arg$)作为协变量。

本节选取户主的受教育程度、年龄、职业来衡量户主的个人特征。户主个体特征非常重要,因为这些特征不仅影响自己的行为,而且影响家庭其他成员的选择。年轻、受教育程度高、非农就业的户主相较于年长、受教育程度低、农业就业的户主来说,对互联网的接受能力更强。打工组、企事业单位组及其他组生成的虚拟变量以务农组为基准组。

选取家庭是否为干部户、家庭是否为党员户、家庭是否有直系亲属在城里工作并给予帮助[①]来衡量家庭社会资本。这样选取的主要原因是党员、干

---

① 因贫困户家庭有直系亲属在城里工作但能给予帮助的样本太少,所以后文未使用此变量。

部参与社会活动的能力和机会相对较多，直系亲属在城里工作能够给家庭提供更多的信息、人脉、资金等方面的支持。

家庭经济资本主要通过家庭收入和家庭是否为贫困户来体现。家庭收入水平的高低直接影响着家庭的消费水平和家庭使用互联网的经济支撑条件。而是否为贫困户，不仅体现着家庭的收入水平，而且体现着家庭生产经营、家庭资产、家庭负担、家庭成员的健康状况等多个维度的发展状况，进而间接影响家庭消费水平和互联网的使用。

家庭文化资本主要体现在父母受教育程度、家庭成员的思想观念和努力程度、家庭学生数量等方面。但由于户主特征已经反映了第一个问题，家庭是否为贫困户、家庭非农就业状况间接反映了第二个和第三个指标，为避免共线性问题，这里用家庭非农就业劳动力和家庭学生数的综合指标来反映家庭文化资本状况，因为非农就业人数越多，家庭思想观念越开放，家庭学生人数越多，使用互联网的概率就越大。

主要变量的设置及描述性统计见表4-2。

表4-2　　　　　　　　主要变量设置及描述性统计

变量名	变量含义与赋值	均值	标准差	最小值	最大值
$\ln y$	家庭总消费支出，取对数	10.10	0.60	5.01	12.70
$\ln food$	家庭食品消费支出，取对数	8.54	0.80	10.63	4.25
$\ln life$	家庭生活用品消费支出，取对数	7.97	0.65	5.01	10.65
$\ln trans$	家庭交通消费支出，取对数	6.67	1.01	3.00	9.90
$\ln edu$	家庭教育消费支出，取对数	6.79	1.82	3.69	11.78
$\ln med$	家庭医疗消费支出，取对数	7.60	1.37	3.40	12.67
edu	户主的受教育程度	5.37	3.93	0	16
age	户主的年龄	51.80	11.80	7	84
job	户主的职业，务农=1，打工=2，企事业单位=3，其他=4	1.82	1.14	1	4
$cadre$	家庭是否为干部户，是=1，否=0	0.02	0.15	80	1
$party$	家庭是否为党员户，是=1，否=0	0.10	0.15	0	1
$poverty$	家庭是否为贫困户，是=1，否=0	0.41	0.49	0	1
$\ln income$	家庭总收入，取对数	10.36	0.81	4.47	12.82
$non farm$	家庭非农就业和学生数的综合指标，取两项之和	2.32	1.53	0	8
$int ernet$	家庭是否上网，是=1，否=0	0.75	0.43	0	1

三 实证结果及分析

(一) 匹配平衡性假定检验

为了保证倾向得分匹配估计的质量,本节借鉴 Rubin (2001) 的方法,从标准偏差、均值和 LR 等统计量三个方面进行平衡性检验。①考察匹配后处理组与对照组的匹配变量的标准化偏差[①],标准化偏差减小表明两组差异减小;②考察处理组与控制组的匹配变量均值是否存在差异,用 t 检验判断差异是否显著;③考察伪 R^2(Pseudo-R^2)、卡方(χ^2)、偏差均值(mean bias)、B 值和 R 值等[②],从整体上检验匹配是否满足平衡性假定。

为了更加直观地观测出匹配前和匹配后处理组和控制组倾向得分值的差异,本节分别绘制了家庭总消费支出及家庭五项消费支出相应的核密度函数图。各图大多数的观测值均在共同取值范围内,表明在倾向得分匹配时仅会损失少量样本,但限于篇幅,仅以家庭总消费支出为例展示核密度函数图,如图 4-1 所示。

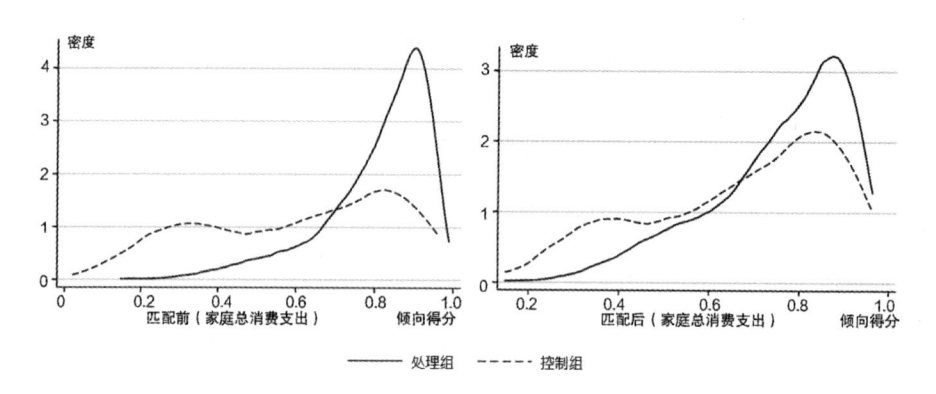

图 4-1 家庭总消费支出核密度函数

另外,本节对家庭总消费支出及家庭五项消费支出分别进行了匹配平衡性假定检验,各组的检验结果如表 4-3 所示。与匹配前的结果相比较,大部

[①] 根据 Rosenbaum 和 Rubin (1985) 的研究,匹配后处理组与控制组样本之间的标准化偏差小于 20%,则意味着匹配比较成功。

[②] 偏差均值(mean bias)为标准化偏差均值。B 即为 Rubin's B,为处理组与控制组之间 PS 均值的标准化差异;R 即 Rubin's R,为处理组与控制组之间 PS 方差之比。根据 Rubin(2001),B<25% 以及 R 在 [0.5,2] 内,可以认为匹配平衡性假定条件得到充分满足。

分的标准偏差都有所降低，且匹配后的标准化偏差全部小于10%；匹配后，大多数t检验的结果不拒绝处理组与控制组无系统差异的原假设；与匹配前相比，匹配后的Pseudo-R²、χ^2、mean bias、B值和R值均有所下降，所有的B值均小于25%，R值在0.94到1.33之间。结果表明，样本匹配比较完美。

表4-3　　　　　　　　　　匹配平衡性假定检验结果

		伪R² （Pseudo-R²）	卡方 （χ^2）	偏差均值 （mean bias）	B值 （%）	R值
家庭总支出	匹配前	0.167	323.81	33.6	101.8*	0.51
	匹配后	0.007	26.53	3.7	20.4	0.95
家庭食品支出	匹配前	0.167	321.94	33.6	101.8*	0.51
	匹配后	0.009	30.66	4	22	0.97
家庭生活用品支出	匹配前	0.166	321.02	33.7	101.8*	0.52
	匹配后	0.008	270.93	3.9	20.9	0.94
家庭交通支出	匹配前	0.105	143.93	25	80.2*	0.58
	匹配后	0.007	20.58	3.7	19.5	0.94
家庭教育支出	匹配前	0.081	73.43	20.7	74.8*	1.06
	匹配后	0.005	11.45	4.5	17.1	1.33
家庭医疗支出	匹配前	0.168	304.92	33.9	102.2*	0.52
	匹配后	0.004	13.34	3.3	14.9	0.95

注：标注*的为B>25%或者R在区间[0.5,2]外的检验结果，未标注*的代表匹配比较成功。

（二）倾向得分的估计

进行倾向匹配得分法的第一步是使用Logit估计倾向得分。本研究针对家庭总消费支出及家庭五项消费支出在内的六项结果变量，对家庭使用互联网和家庭不使用互联网的两类家庭进行匹配。各结果变量匹配样本数量如表4-4所示，各结果变量基于Logit模型的估计结果如表4-5所示。由表4-5可知，基于Logit估计的各项消费的χ^2值小于p值的概率为零，说明整个模型的总体拟合效果较好，模型整体显著。

从户主的个人特征来看，户主的年龄对家庭总消费及家庭食品消费、家庭生活用品消费、家庭交通消费、家庭医疗消费均有显著负向影响，对家庭教育消费没有显著的影响，这一研究同赵周华等（2018）的研究一致，即随着户主年龄的增加，其收入获取能力降低而储蓄意识增强，进而影响了消费；

户主年龄对教育支出没有显著影响，主要和家庭学龄子女的数量有关。户主的受教育程度对家庭总消费没有显著的影响，但对家庭消费结构影响显著，比如家庭交通消费、家庭教育消费和家庭医疗消费。从户主的职业来看，打工组在家庭总消费、家庭食品消费、家庭生活用品消费、家庭教育消费和家庭医疗消费方面支出的概率均显著高于务农组，原因在于打工组的收入远高于务农组。

从家庭文化资本来看，家庭非农劳动力和学生数量的增加会显著增加家庭总消费支出的概率，主要表现在家庭食品消费、家庭生活用品消费、家庭交通消费和家庭医疗消费增加方面，而对家庭教育消费并没有显著的影响。这一结果可能的原因一方面是九年义务教育的普及和教育精准扶贫政策的实施，贫困地区农村学生的学费大幅度降低，对于九年义务教育阶段内的学生家庭来讲，并没有承担多少教育消费的支出。比如，本研究的调查样本中有1351个学生，幼儿园及九年义务教育阶段学生占比58%，高中阶段学生占比17%。另一方面是互联网在使用过程中能降低书本费、资料费、培训费等，从而降低家庭教育消费的支出。

从家庭经济资本来看，家庭总收入的增加会显著提升家庭总消费及家庭各项消费支出的概率，贫困户家庭总消费支出的概率显著低于非贫困户，特别是在家庭食品消费、家庭生活用品消费以及家庭医疗消费方面。非贫困户在家庭食品消费方面支出的概率比贫困户高出30.5%，在家庭生活用品消费方面支出的概率高出29.8%，在家庭医疗消费方面支出的概率高出34.3%，且差异显著。

从家庭社会资本来看，家庭是否为干部户和家庭是否为党员户对于各项消费支出的概率没有显著的影响，表明家庭的党员和干部没有显著影响家庭消费决策。

表 4-4　　各结果变量匹配样本的数量

	家庭总消费支出	家庭消费结构				
		家庭食品支出	家庭生活用品支出	家庭交通支出	家庭教育支出	家庭医疗支出
处理组	1283	1280	1283	258	171	386
控制组	414	414	414	1089	785	1206
观测值	1697	1694	1697	1347	956	1529

表 4-5　　　　　　　各结果变量基于 Logit 模型的估计结果

	家庭总消费支出	家庭食品支出	家庭生活用品支出	家庭交通支出	家庭教育支出	家庭医疗支出
age	−0.283*** (0.006)	−0.029*** (0.006)	−0.029*** (0.006)	−0.027*** (0.007)	−0.001 (0.009)	−0.030*** (0.006)
edu	0.027 (0.017)	0.027 (0.017)	0.027 (0.017)	0.036* (0.020)	0.064** (0.025)	0.031* (0.018)
job（以务农为参照组）						
job−2	0.466** (0.193)	0.488** (0.195)	0.466** (0.193)	0.340 (0.207)	0.963*** (0.273)	0.445** (0.200)
job−3	−0.087 (0.655)	−0.083 (0.655)	−0.087 (0.655)	−0.449 (0.675)	0.792 (1.077)	0.187 (0.781)
job−4	0.324** (0.167)	0.326** (0.167)	0.325*** (0.167)	0.171 (0.199)	0.476** (0.236)	0.261 (0.173)
cadre	0.654 (0.535)	0.654 (0.535)	0.654 (0.535)	0.667 (0.602)	0.490 (0.690)	0.582 (0.541)
party	−0.024 (0.241)	−0.024 (0.241)	−0.024 (0.241)	−0.105 (0.280)	−0.472 (0.329)	0.010 (0.251)
ln income	0.916*** (0.098)	0.908*** (0.099)	0.915*** (0.099)	0.813*** (0.120)	0.657*** (0.146)	0.908*** (0.103)
student−non arg	0.225*** (0.073)	0.221*** (0.073)	0.225*** (0.073)	0.201** (0.083)	−0.079 (0.114)	0.244*** (0.075)
poverty	−0.297* (0.156)	−0.305** (0.156)	−0.298** (0.156)	−0.240 (0.176)	−0.068 (0.219)	−0.343** (0.160)
常数项	−7.037*** (1.090)	−6.923*** (1.092)	−7.025*** (1.092)	−5.970*** (1.320)	−5.623*** (1.569)	−6.858*** (1.141)
伪 R^2	0.1704	0.1700	0.1692	0.1074	0.0812	0.1714
卡方值	329.43***	327.63***	326.66***	146.57***	73.24***	310.45***
观测值	1734	1730	1733	1381	965	1632

注：***、**、* 分别表示在 1%、5%、10% 的水平上统计显著，括号内数值为稳健标准误。

（三）PSM 估计结果

PSM 估计常用的匹配方法有最近邻匹配、卡尺匹配、核匹配和卡尺内最近邻匹配，为了匹配结果的稳健性，本节对样本分别进行了最近邻匹配、卡尺内最近邻匹配和核匹配，并计算家庭总消费和家庭各项消费支出的 ATT、ATU、ATE 值。匹配结果如表 4-6 所示。从整体上看，三种匹配之后的结果基本一致且结果比较稳健，ATT、ATU、ATE[①] 在家庭总消费支出及家庭食品

---

① 本节汇报的 ATT、ATU、ATE 值为卡尺内最近邻匹配的值。

消费、家庭生活用品消费、家庭教育消费中均显著，在家庭交通消费和家庭医疗消费中未出现显著的结果，文章后面不再对这两个方面进行详细的分析。另外，本部分也进行了OLS[①]回归（见表4-6）。比较OLS和PSM的回归结果，OLS对真实的处理效应给出了一个上偏的估计，传统线性回归模型并没有考虑选择性偏差，高估了互联网对农村居民家庭的各项消费支出的处理效应。

首先，观测家庭总消费支出的估计结果。在家庭总消费支出中，ATT、ATU、ATE的系数值均在1%的统计水平上显著，ATT值为0.185，表明对已使用互联网的家庭而言，使用互联网使家庭总消费增加18.5%。进一步比较ATT、ATU、ATE三者的大小，有ATU>ATE>ATT，表明与使用互联网的家庭相比，实际上未使用互联网的家庭假如使用互联网则会导致更高的家庭总消费支出。

其次，观测家庭各项消费的估计结果。在家庭食品消费支出中，ATT、ATU、ATE的系数值也均在1%的统计水平上显著，ATT值为0.201，表明对已使用互联网家庭而言使用互联网使家庭食品消费增加20.1%。进一步比较ATT、ATU、ATE三者的大小，有ATU>ATE>ATT，意味着与使用互联网的家庭相比，实际上未使用互联网的家庭假如使用互联网则会导致更高的家庭食品消费支出。

在家庭生活用品消费支出中，ATT、ATU、ATE的系数值也均在1%的统计水平上显著，ATT的值为0.145，表明对已使用互联网家庭而言使用互联网使生活用品消费增加14.5%。进一步比较ATT、ATU、ATE三者的大小，有ATU>ATE>ATT，意味着与使用互联网的家庭相比较，实际上未使用互联网的家庭假如使用互联网则会导致更高的家庭生活用品消费支出。

在家庭教育消费支出中，ATT、ATU、ATE的系数值也均在1%的统计水平上显著，ATT值为1.032，表明对已使用互联网家庭而言使用互联网使家庭教育消费支出增加103.2%。进一步比较ATT、ATU、ATE三者的大小，有ATT>ATE>ATU，表明与使用互联网家庭相比，实际上未使用互联网的家庭假如使用互联网将会导致家庭教育消费支出的增长幅度减缓。这是一个非常有意义的研究结论，笔者在调查访谈中发现，其原因比较复杂，可能是教

---

① OLS回归结果仅起到和PSM结果相比较的作用，在此只报告家庭是否使用互联网的估计系数。

育精准扶贫实施的结果，可能是互联网使用降低了家庭在书本费、资料费和培训费等方面的支出，从而降低了家庭教育成本。

从上面总体分析结果可知，家庭使用互联网能提升家庭总消费支出，与此同时，互联网对家庭各项消费也有一定的影响，且影响幅度存在差异，首先对家庭教育消费的影响最大，其次是家庭食品消费，最后是家庭生活用品消费。与农村传统的生活方式相比较，互联网在很大程度上促进了家庭生存型消费的支出，且有向发展型消费转型的趋势，互联网有助于西部贫困地区农户消费结构的优化升级。

表 4-6　　各结果变量的 PSM 估计结果

		家庭总消费支出	家庭食品消费支出	家庭生活用品消费支出	家庭交通消费支出	家庭教育消费支出	家庭医疗消费支出
OLS 回归结果		0.200*** (0.039)	0.271*** (0.040)	0.264*** (0.035)	0.160** (0.068)	0.844*** (0.139)	0.130 (0.092)
最近邻匹配	ATT	0.185*** (0.050)	0.201*** (0.055)	0.145*** (0.050)	0.036 (0.091)	1.027*** (0.195)	0.075 (0.120)
	ATU	0.263*** (0.069)	0.293*** (0.070)	0.312*** (0.058)	0.129 (0.095)	0.935*** (0.195)	0.251 (0.129)
	ATE	0.204*** (0.047)	0.223*** (0.048)	0.186*** (0.045)	0.054 (0.083)	1.011*** (0.176)	0.118 (0.108)
卡尺内最近邻匹配	卡尺范围	0.024	0.024	0.024	0.024	0.024	0.024
	ATT	0.185*** (0.051)	0.201*** (0.057)	0.145*** (0.047)	0.035 (0.096)	1.032*** (0.183)	0.075 (0.127)
	ATU	0.261*** (0.062)	0.297*** (0.062)	0.274*** (0.054)	0.104 (0.091)	0.975*** (0.197)	0.251 (0.128)
	ATE	0.204*** (0.046)	0.224*** (0.050)	0.177*** (0.042)	0.048 (0.087)	1.022*** (0.167)	0.118 (0.112)
核匹配	ATT	0.187*** (0.046)	0.203*** (0.046)	0.154*** (0.044)	0.042 (0.079)	0.985*** (0.164)	0.058 (0.108)
	ATU	0.262*** (0.060)	0.281*** (0.055)	0.286*** (0.048)	0.135* (0.074)	0.881*** (0.142)	0.255** (0.123)
	ATE	0.205*** (0.044)	0.222*** (0.043)	0.186*** (0.041)	0.060 (0.075)	0.967*** (0.152)	0.106 (0.102)
偏差		-0.004	0.047	0.087	0.112	-0.178	0.012
选择偏差		0.015	0.07	0.119	0.125	-0.188	0.055

注：***、**、*分别表示在 1%、5%、10% 的水平上统计显著，括号内数值为稳健标准误；偏差 =OLS-ATE；选择偏差 =OLS-ATT；标准误由自助抽样法 500 次得到。

(四) 贫困户与非贫困户的差异比较

贫困户与非贫困户互联网的使用及其对消费的影响是否存在差异？为回答这一问题，本部分将样本分为贫困户与非贫困户①，分别进行最近邻匹配、卡尺内最近邻匹配和核匹配，进行匹配平衡性假定检验，并且检验结果通过，限于篇幅，这里只展示卡尺内最近邻匹配的 PSM 估计结果。如表 4-7 所示。

表 4-7　　贫困户组与非贫困户组各结果变量 PSM 估计结果

		家庭总消费支出	家庭食品支出	家庭生活用品支出	家庭交通支出	家庭教育支出	家庭医疗支出
贫困户组	OLS回归结果	0.209*** (0.057)	0.311*** (0.058)	0.391*** (0.049)	0.320*** (0.101)	0.900*** (0.201)	0.121 (0.133)
	卡尺范围	0.024	0.024	0.024	0.024	0.024	0.024
	ATT	0.197*** (0.065)	0.312*** (0.078)	0.344*** (0.070)	0.178 (0.137)	0.922*** (0.230)	−0.010 (0.173)
	ATU	0.320*** (0.091)	0.328*** (0.085)	0.419*** (0.074)	0.302** (0.134)	0.866*** (0.285)	0.267 (0.185)
	ATE	0.243*** (0.062)	0.318*** (0.065)	0.372*** (0.060)	0.213* (0.118)	0.908*** (0.215)	0.093 (0.150)
非贫困户组	OLS回归结果	0.204*** (0.047)	0.195*** (0.054)	0.116*** (0.042)	0.006 (0.093)	0.857*** (0.218)	0.135 (0.120)
	卡尺范围	0.024	0.024	0.024	0.024	0.024	0.024
	ATT	0.192*** (0.073)	0.221*** (0.073)	0.156** (0.067)	0.008 (0.118)	1.069*** (0.256)	0.078 (0.176)
	ATU	0.203*** (0.069)	0.180** (0.074)	0.131** (0.063)	0.006 (0.123)	0.749*** (0.301)	0.114 (0.170)
	ATE	0.193*** (0.068)	0.215*** (0.068)	0.152** (0.061)	0.008 (0.111)	1.027*** (0.238)	0.083 (0.163)

注：***、**、* 分别表示在 1%、5%、10% 的水平上统计显著，括号内数值为稳健标准误。

表 4-7 中的回归结果显示，在家庭总消费及家庭食品消费、家庭生活用品消费、家庭教育消费中，ATT、ATU、ATE 值均在 5% 或 1% 的统计水平上显著且系数为正，表明互联网使用对贫困和非贫困家庭消费水平的提升和

---

① 本研究根据家庭是否为建档立卡贫困户将样本分为贫困户和非贫困户。

消费结构的升级均具有显著的正向促进作用。进一步比较家庭总消费及家庭食品消费、家庭生活用品消费、家庭教育消费中的 ATT、ATU、ATE 值，发现在家庭总消费支出和家庭教育消费支出中，贫困户与非贫困户的回归结果与上述总体分析一致。在家庭食品消费、家庭生活用品消费方面，贫困户与总体分析的回归结果一致；而非贫困户则出现与总体分析不同的回归结果，即 ATT>ATE>ATU，表明在非贫困家庭中，与使用互联网的家庭相比较，实际上未使用互联网的家庭假如使用互联网将会导致家庭食品消费支出和家庭生活用品消费支出增长幅度减缓。

将贫困户与非贫困户的结果相比较，可以发现在家庭总消费及家庭食品消费、家庭生活用品消费的估计结果中，贫困户的 ATE、ATT 值大于非贫困户，说明家庭使用互联网对贫困户消费影响大于非贫困户。在家庭教育消费支出中贫困户的 ATE、ATT 值小于非贫困户，表明家庭使用互联网对非贫困户家庭教育消费的影响大于贫困户。以 ATE 为例，家庭使用互联网对贫困户家庭总消费及家庭食品消费、家庭生活用品消费的平均影响效应高于非贫困户，而家庭使用互联网对非贫困户家庭教育消费的平均影响效应高于贫困户。贫困户与非贫困户在家庭教育消费的回归结果中，均有 ATT>ATE>ATU，表明使用互联网分别降低了贫困地区不同家庭支付的教育成本。

四 进一步讨论

（一）内生性问题讨论

本节研究西部贫困地区农户家庭使用互联网对生活消费的影响，可能存在的变量内生性问题及其影响不容忽视。导致内生性的原因主要有两个，一是遗漏变量，二是双向因果。本节使用倾向相匹配得分法能有效避免自选择带来的选择偏差问题，也尽可能选择包括人力资本、社会资本及文化资本等在内的多项协变量以规避遗漏变量带来的内生性问题。本节在计算家庭消费总支出中，为了尽可能避免由双向因果产生的内生性问题，将通信费用从农户消费支出中剔除。

为进一步解决可能存在的其他内生性问题，本节选取"家庭是否有智能手机"和"农村宽带覆盖率"两个变量作为家庭是否使用互联网的工具变量，利用工具变量法进一步检验研究结果。选取上述两个变量基于以下考虑：首先，从内生性角度来说，"家庭是否有智能手机"用来衡量一个家庭信息化发展水平，"农村宽带覆盖率"用来衡量一个地区信息基础设施建设水平，家庭信息化水平越高、农村宽带覆盖率越高，则家庭使用互联网的概率越高。其次，从外生性角度来看，"家庭是否有智能手机"和"农村宽带覆盖率"很难直接影响家庭消费，即便是产生影响也是基于家庭是否使用互联网来发挥作用的。家庭消费水平的提升可能导致家庭使用互联网，然而并不是家庭每项消费支出的增加都会引起家庭选择使用互联网。对工具变量的外生性和可能存在弱工具变量进行验证，结果表明工具变量有效。限于篇幅，本部分只展示主要检验结果。如表4-8所示。

相较于OLS的估计结果，2SLS的估计结果有所提升并且与PSM估计结果一致，表明在使用工具变量控制内生性的情况下，家庭使用互联网能够更好地促进其消费水平的提升。在用工具变量排除了内生性问题的干扰后，有效地支撑了PSM的估计结果。

表4-8　　　　　　　　　　工具变量法估计结果

	整体		贫困户组		非贫困户组	
	OLS	2SLS	OLS	2SLS	OLS	2SLS
家庭是否使用互联网	0.207*** （0.039）	0.302*** （0.075）	0.209*** （0.057）	0.239*** （0.101）	0.204*** （0.056）	0.415*** （0.120）
控制变量	控制	控制	控制	控制	控制	控制
常数项	8.552*** （0.408）	8.618*** （0.407）	8.805*** （0.612）	8.839*** （0.616）	8.383*** （0386）	8.307*** （0.387）
观测值	1734	1734	714	714	1020	1020

注：***、**、* 分别表示在1%、5%、10%的水平上统计显著，括号内数值为稳健标准误。

（二）互联网使用对贫困地区和非贫困地区影响的差异比较

许多关于互联网对农户家庭消费影响文献的研究表明，使用互联网对农村居民的消费水平有所提升，并且在东部、中部和西部地区之间存在差异。例如刘湖、张家平（2016）的研究表明，农户互联网的使用使东部、中部和西部家庭总消费支出分别提升21.4%、19.6%和13.4%；汤才坤（2018）研究发现，农户家庭使用互联网使东部、中部和西部家庭总消费支出分别提升21%、20%和13%，互联网使用对东部地区农村居民消费水平提升的影响力度要明显高于中部地区和西部地区。也有学者未按照地域划分进行研究，例如祝仲坤、冷晨昕（2017）使用CSS2015数据分析得出农村居民掌握互联网技能使消费水平显著提升17.2%的结论；汤才坤（2018）使用中国内地30

个省市的数据得出使用互联网使农村总消费提升 18% 的结论。本研究使用甘肃省"精准扶贫与区域研究发展中心"2017 年的调查数据研究表明，西部贫困地区家庭使用互联网可以使其家庭总消费增加 18.5%（对应表 4-6 家庭总消费支出、卡尺内最近邻匹配的 ATT 值），与多数学者的研究结论一致，表明家庭使用互联网对贫困地区和非贫困地区农村的家庭总消费均有显著的正向促进作用。但是，本研究基于第一手调查资料得出一个非常有价值的结论是，互联网使用对贫困户消费的促进作用大于非贫困户。

关于互联网使用对贫困地区和非贫困地区消费结构的影响问题，现有文献研究结论存在较大差别。如向玉冰（2018）使用国泰安数据库的数据研究发现，互联网对城市和农村居民食品消费支出的影响为负，而本节的研究发现家庭使用互联网能够显著促进家庭食品消费支出，且能提高 20.1%（对应表 4-6 家庭食品消费支出、卡尺内最近邻匹配的 ATT 值），说明贫困地区和非贫困地区在家庭食品支出方面受互联网的影响可能存在差异。贺达、顾江（2018）的研究表明，互联网能促进农村居民生活用品及服务消费支出提高 181%，本研究发现，贫困地区家庭使用互联网使其生活用品消费提高了 14.5%（对应表 4-6 家庭生活用品消费支出、卡尺内最近邻匹配的 ATT 值），研究结论也存在差异。就教育支出来看，研究结论差异也比较大，刘湖、张家平（2016）的研究发现，农户使用互联网能使其文教娱乐消费支出提高 8% 左右，而本研究表明，家庭使用互联网能使家庭教育消费提高 103.2%（对应表 4-6 家庭教育消费支出、卡尺内最近邻匹配的 ATT 值），并且互联网的使用能够明显降低贫困地区农户的教育成本。非贫困地区的研究也发现家庭使用互联网有助于提升家庭医疗消费和家庭交通消费（例如王彦，2018），而本节就贫困地区家庭使用互联网对其消费支出影响的研究中没有得出这一结论。

（三）互联网使用对西部贫困地区农户家庭消费影响的进一步分析

第一，互联网使用与家庭收入、家庭消费三者之间相互影响、相互作用。笔者在调查中发现，农户家庭收入水平的提高是家庭消费的基本保障和支撑，而互联网和电商的发展一方面促进了特色农业的产业化与市场化水平，带动了农村新产业、新业态、新经济模式的发展；另一方面，通过信息的快速传递，为农村劳动力非农就业提供了更多的信息和渠道，进而带动了农户收入水平的提升。本研究中，样本农户的劳动力总数为 4566 人，非农就业比例为 53.1%，非农就业劳动力互联网使用比例达 72.1%。已有研究文献也证明了掌握互联网技能有助于扩大就业（例如 Kuhn，2004；周冬，2016），也支撑了上述分析结果。

第二，互联网使用对西部贫困地区农村市场交易成本的影响。笔者在调查中发现，互联网使用对降低西部贫困地区农村市场交易成本、拓宽消费渠道、优化市场环境意义重大。西部贫困地区农村大部分位置偏远、信息闭塞、交通不便，市场发展水平低、卖方垄断问题突出、产品质量差，假冒伪劣、漫天要价等问题突出，农户家庭的市场交易成本非常高。互联网的使用和电商物流的快速发展，实现了互联网统一公布价格、统一销售、统一配送，有效地避免了价格投机行为，大幅度降低了交易成本；网购还拓宽了农户的消费渠道，丰富了商品种类，提高了市场竞争水平。

第三，互联网发展对西部贫困地区农村消费市场的影响。笔者在调查中还发现，互联网发展与西部贫困地区农村消费市场环境优化相互促进，精准扶贫的推进和乡村振兴战略的实施，极大地提高了西部贫困地区农村的基础设施建设水平，贫困地区的公路、电力、安全饮水、电话网、电视网、宽带等逐步完善，仓储、物流、配送体系快速发展，农村消费市场的硬件环境得到极大的改善。便捷、快速、高效的信息传递与电商物流发展，强化了农村居民的消费保障与服务意识，有力改善了农村的消费环境。例如李稻葵等（2016）的研究同样发现流通设施的改善和市场化程度的提高均有助于消费水平的提升和消费结构的升级。此外，互联网使用正在改变着西部贫困地区农村居民的消费预期、消费观念和消费行为（例如董雅丽等，2010；张辉等，2011）。偏远山区的农村居民不再拘泥于小件商品小卖部购买、小卖部无法满足就集市购买、大件才去县城及以上商场购买的消费模式，而是多渠道选择性消费。互联网正在全方位地向农村居民的生产、生活领域深透，从而全方位地改造着他们的消费心理、行为与预期。

五 结论及政策启示

本节通过使用 2017 年甘肃省贫困村的社会调查数据，运用倾向匹配得分法估计互联网的使用对家庭总消费支出及家庭食品消费支出、生活用品消费支出、交通消费支出、教育消费支出、医疗消费支出五个分项消费产生的影响，并得到以下结论。

第一，互联网使用对西部贫困地区农户家庭消费水平提升和消费结构优化具有明显的促进作用，互联网使用也是降低教育成本、优化教育资源的重要手段，进而笔者认为，互联网普及与信息化水平的提高是缩小城乡差距的重要手段。

第二，互联网使用对西部贫困地区贫困户消费水平的促进作用大于非贫困户，进而笔者认为，互联网普及与农户信息化水平的提升有助于缩小农村内部差距。

第三，互联网使用有助于降低西部地区农户家庭的市场交易成本、拓宽消费渠道、优化消费市场。

基于研究结论，可以得出以下政策启示。

第一，国家应将信息基础设施的建设作为乡村振兴的重要内容，加大西部地区农村信息基础设施建设，比如扩大光缆、宽带的覆盖率，增加网络设备、终端设备及服务器设备，强化企业、政府、机构单位的管理信息系统等，释放信息化对农村社会经济发展的促进作用。此外，各级政府应加快贫困地区农村物流、仓储、配送等现代物流基础设施建设，为农村信息化水平提供保障。

第二，继续贯彻落实"互联网+农村"政策，大力普及农村互联网的使用。一方面使电信行业的发展趋向多元化，打破市场垄断经营模式，形成多元竞争，以降低网络运营费用，让更多的人用得起互联网，以提高互联网的普及率；另一方面，加大政府对贫困地区农村使用互联网的补贴，以促进互联网的使用。

第三，进一步加大贫困地区农村教育投资力度、优化教育资源配置，提高农村人口的教育水平和基本素质，阻断贫困的代际传递。进一步提高西部贫困地区农村教育的信息化水平，提高农村人口的信息素养，阻断信息贫困的代际传递。进一步提升农户家庭信息化水平，并通过信息化手段提高教育、教学质量，优化农村教育资源，降低农户家庭支付的教育成本。

第四，以增加贫困地区农户收入水平为突破口，提升贫困地区农村第一、第二、第三产业融合发展水平，为乡村振兴战略实施和农户增收提供产业支撑。在大力发展农产品生产加工、仓储物流配送、文化旅游、商贸流通、金融服务等基础产业的同时，大力推进以互联网为基础的新业态、新模式、新经济的发展，着力提高农户收入水平、缩小城乡差距，不仅挖掘互联网对生产的促进作用，同时还挖掘互联网对生活消费的促进作用，着力缩小城乡差距，增强农村居民的获得感、幸福感与安全感。

第二节　互联网使用对贫困地区农户收入的影响*

一　问题提出

互联网的发展和应用带来了广泛的社会经济效应，中国早在2009年就提出了"两化"融合，"十三五"规划进一步明确提出了实施网络强国战略以及与之相关的"互联网+"行动计划，而"互联网+精准扶贫"也为打赢脱贫攻坚战提供了新的途径。那么，互联网使用对贫困地区农户收入的影响如何？是否有助于实现贫困人口脱贫？如何更好地发挥互联网对农户收入的积极作用？对这些问题的探讨具有重要的实践意义。

关于互联网对经济、社会影响的研究多集中在宏观层面。多数研究表明互联网对地区的经济发展具有一定的促进作用：第一，互联网能够显著促进一国或地区的经济增长，且其对经济增长的促进作用存在地区差异，对落后地区的影响更大，然而落后地区较低的互联网应用水平会阻碍互联网作用的有效发挥；第二，互联网对经济增长的促进作用存在网络效应，当互联网普及率达到一定值后，其对经济增长的作用明显增强。还有学者探讨了互联网对行业或部门经济的影响，认为互联网作为信息平台促进了金融、贸易等行业的变革和发展。

那么，基于农户微观层面的研究进展如何？微观层面的研究侧重于探讨互联网使用对居民个体就业、生活方式等方面的影响。互联网对就业影响的相关研究表明：第一，互联网缓解了劳动力市场的信息不对称问题，增加了劳动者的就业机会，尤其促进了女性就业；第二，互联网增强了劳动力市场的流动性，显著促进了农村剩余劳动力的转移和非农就业；第三，互联网金融能够降低一般家庭的融资风险，从而促进家庭创业。互联网对居民生活方式影响的相关研究表明：互联网改变了居民的消费和投资决策、思维方式、休闲娱乐和社会参与等，进而对居民的心理和行为产生一定的影响。近年来，互联网对居民收入的影响是学者们研究的重点，多数研究表明互联网使用对

---

* 本节以同题被《管理评论》录用。作者：张永丽（西北师范大学商学院教授）、李青原（西北师范大学商学院研究生）。

居民收入有显著的正效应，即居民使用互联网有助于其增加收入。一些研究进一步围绕城乡居民收入差距展开并得到了不同的结论：一是互联网普及对城乡居民收入差距存在倒"U"形非线性影响，而当前阶段的互联网技术有助于缩小城乡居民收入差距；二是城乡互联网普及水平差异的存在加剧了城乡收入差距。也有一些研究聚焦于农村地区，运用不同方法对互联网在农村居民中的作用进行了探讨：部分学者借助互联网影响农村发展的案例，得到互联网使用有助于农民增收的结论；刘晓倩、韩青基于样本选择偏误使用内生转换模型进行研究，结果表明与未使用互联网的农村居民相比，使用互联网的居民其年收入得到了较大提高。

现有文献对互联网收入效应的研究较为充分，但在以下两点有待完善：一是农村社会经济问题比较复杂且处于动态变化中，探讨互联网使用对农村的影响及其减贫效果需要不断提供新的经验；二是关于互联网使用对农村居民收入影响的实证研究仍不足，且缺乏对内生性、异质性问题的处理。本节的特点和创新在于：一是基于2017年农村社会调查数据，研究互联网使用对贫困地区农户收入的影响，提供关于贫困地区农村的最新研究经验；二是综合考虑自选择、内生性和异质性问题，运用处理效应模型得到互联网使用对农户整体、不同群体收入影响的准确估计；三是对互联网发挥收入效应的门槛进行识别和测度，为贫困地区农村充分利用互联网增收和减贫寻找突破口和着力点。

二 研究设计

（一）数据来源与样本概况

甘肃省地处西部欠发达地区，贫困程度深，攻坚难度大，一直以来是中国贫困人口分布的主要地区，也是中国扶贫攻坚的主战场之一。本节数据来源于"甘肃省精准扶贫与区域发展研究中心"于2017年在甘肃省白银市、天水市、平凉市、庆阳市、定西市、临夏州等地贫困县的最新调查数据。该调查综合考虑甘肃省贫困县分布、乡镇村组规模和农户收入分布状况，按照概率比例抽样方法进行分层整群抽样，从43个贫困县中抽取15个贫困县，从每个贫困县中抽取1个乡(镇)，再从每个乡(镇)中抽取1个建档立卡贫困村。通过入户访谈、问卷调查的方式获取了样本村1735户、7535人的基本信息，包括家庭人口结构、劳动力流动、资产状况、收支状况、教育培训、医疗卫生、信息与通信等方面。其中，贫困户[①]715 户，非贫困户 1020 户。

对样本数据作如下处理。首先，对农村居民和农户家庭"使用互联网"进行界定。根据调查数据和现有的关于农村互联网的研究可知，农村地区宽带用户、电脑用户较少，智能手机是农村居民接触互联网的主要途径。但农村居民对手机的利用水平较低，难以借助手机将互联网充分应用到生产生活中以发挥其作用。因此，以是否使用手机（或电脑）上网、上网时长、上网频率、利用互联网主要进行的活动等几方面来衡量农村居民"是否使用互联网"。[②] 其次，对每一个样本户中家庭成员的互联网使用情况进行整合，作为农户是否使用互联网的依据：若家庭中有人使用互联网，则认为农户使用互联网；若家庭中无人使用互联网，则认为农户不使用互联网。样本农户基本情况见表 4-9。

从收入水平来看，样本农户人均年收入为 9724.7 元，贫困户人均年收入为 6286.1 元，而非贫困户为 12108.2 元，农户之间的收入差距较大。从互联网的使用情况来看，样本农户中手机上网户数与电脑上网户数分别占比 83% 与 15%，[③] 户均上网人数为 2 人，贫困户中手机上网户数与电脑上网户数分别占比 70% 与 7%，户均上网人数为 1.5 人，而非贫困户中使用手机与电脑上网的户数分别占比 92% 与 20%，户均上网人数为 2.4 人。可以发现，农村家庭使用互联网的主要方式为手机，电脑的普及率仍然较低，互联网在贫困户中的普及程度差于非贫困户。从人力资本的情况来看，样本户的平均受教育年限为 5.4 年，贫困户与非贫困户分别为 4.3 年与 6.1 年，贫困户整体的受教育水平低于非贫困户；样本中有在读大学生的农户占比 17%，贫困户与非贫困户分别占比 15% 与 19%，贫困户的高等教育水平低于非贫困户；总样本

---

① 本节对贫困户与非贫困户的划分以甘肃省精准扶贫中评定的建档立卡贫困户为依据，贫困户即建档立卡贫困户。在多维贫困背景下，建档立卡贫困户是在综合考虑收入、教育、健康、住房等情况下，通过农户申请、民主评议和逐级审核的方式识别的，相对于以单一收入为标准更为合理。

② 调查问卷中含"有无智能手机""有无电脑"和"有无宽带"等网络设备调查项，以及"是否上网""以何种方式上网""上网时长""上网频率""互联网的主要用途"等网络使用情况调查项。其中，"上网时长"包括"每周 3.5 小时以内"和"每周 3.5 小时及以上"；"上网频率"包括"很少""经常"和"每天"；"互联网的主要用途"包括"影音娱乐""社交通信""教育培训""生产就业""生活服务"和"投资理财"等。将"不使用手机（或电脑）上网"或"使用手机（或电脑）上网、每周上网 3.5 小时以内"或"互联网的主要用途只有影音娱乐"界定为"不使用互联网"。

③ 部分农户同时使用手机和电脑上网，仍有部分农户未使用互联网。

健康评价[①]的平均分为3.6分，贫困户略低于非贫困户。

总体来看，以贫困户和非贫困户为例，农户之间在收入水平和互联网使用水平上存在较大差距，从平均受教育年限、在读大学生和健康等方面比较，非贫困户均优于贫困户。

表4-9　　　　　　　　　　样本农户基本情况

	样本总体	贫困户	非贫困户
户数（户）	1735	715	1020
户均人数（人）	4.4	4.0	4.6
人均年收入（元）	9724.7	6286.1	12108.2
手机上网户数占比（%）	83	70	92
电脑上网户数占比（%）	15	7	20
户均上网人数（人）	2.0	1.5	2.4
平均受教育年限（年）	5.4	4.3	6.1
有在读大学生的户数占比（%）	17	15	19
健康状况（分）	3.6	3.5	3.6

（二）研究方法与计量模型

1. 基于内生性校正的TE模型

本节研究互联网的使用对农户收入的影响，可能存在的变量内生问题及其影响不容忽视。内生性的来源主要为遗漏变量偏误、测量误差以及双向因果。在本研究中，首先，农户是否使用互联网是一种自选择行为，受家庭各方面因素的影响而非随机发生，同时还可能存在不可观测因素，既决定农户的选择行为又影响其收入水平。其次，本节关注互联网对农户收入的作用，然而，农户收入的提高也可能会促进农户对互联网的使用，即农户是否使用互联网与农户收入水平之间可能存在双向因果关系。以上两方面均会导致农户是否使用互联网这一核心解释变量内生，使得OLS估计结果有偏和不一致。

考虑到内生变量互联网的使用是一个二元选择变量，因此，建立如下处理效应模型（treatment effect model，TE）以解决自选择问题并校正内生性偏差：

$$\ln Y_i^d = \alpha X_i + \beta D_i + \varepsilon_i \tag{4-5}$$

$$D_i^* = \varphi W_i + \mu_i \tag{4-6}$$

[①] 健康评价由农户自评并经调查修正，4=健康，3=慢性病，2=大病，1=残疾及丧失劳动力。

$$D_i = \begin{cases} 1, & D_i^* > 0 \\ 0, & D_i^* \leq 0 \end{cases} \quad (4-7)$$

式（4-5）是收入决定的主方程，式（4-6）和式（4-7）是变量 D_i 的决定方程。$\ln Y_i^d$ 是潜在变量，代表农户收入水平，如果该样本进入则获得 $\ln Y_i^1$，否则获得 $\ln Y_i^0$；D_i 为内生变量，代表农户是否使用互联网；X_i 为影响农户收入水平的其他因素；D_i^* 为样本 i 进入的机会比率；W_i 是影响选择变量 D_i 的各种外生因素；ε_i 和 μ_i 是随机扰动项。

该模型在实证分析时有两种处理方法。一种是 Heckman 两阶段估计法，先用式（4-6）的潜变量模型估计出机会比率系数 λ，即内生性偏差的估计值，得到 D_i 后代入式（4-5），再用 OLS 对式（4-5）进行无偏估计。另一种是基于二元联合正态分布函数的极大似然估计法（MLE）。由于主方程和决定方程中含有相同的变量，可能产生共线性问题，而 MLE 可以避免共线性问题，使得估计结果更稳健，因此本节使用 MLE 估计处理效应模型。

2. 进一步考虑异质性的 IVQTE 模型

除了内生性以外，由于未被观测到的异质性的存在，即使有同样的家庭禀赋、家庭人口特征等，不同农户仍可能做出不同的决策并获得不同的收入，其使用互联网获得的边际收益不同。综合处理效应与分位数回归的分位数处理效应模型 (quantile treatment effect，QTE) 能够对异质性作出处理并校正内生性问题，既可以探究互联网对位于不同分位点的农户收入水平的异质性影响，也可以对变量之间的因果关系进行准确估计。根据已有研究，QTE 可进一步区分为基于外生处理变量的条件 QTE 和无条件 QTE、基于内生处理变量的条件 QTE 和无条件 QTE。近年来，无条件分位数回归逐渐在经济政策效应评估中展现出较高的应用价值。

为了更好地校正内生性，探究互联网对不同农户的异质性作用，本部分借鉴 Frölich 和 Melly 关于存在内生性的无条件分位数处理效应的研究成果，引入工具变量，在 TE 的基础上构建一个工具变量分位数处理效应模型（IVQTE）：

$$\ln Y_i^{\tau d} = \alpha^\tau X_i + \beta^\tau D_i + \varepsilon_i \quad (4-8)$$

$$D_i = \gamma^\tau X_i + \varphi^\tau z_i + v_i \quad (4-9)$$

式中，变量 z 是选定的工具变量，其他变量设置与 TE 模型一致；τ 表

示 τ 分位数；v_i 是依赖于排序变量 ε_i 但不可观察的信息。分位点处理效应为 $q_\tau(Y_1) - q_\tau(Y_0)$，其中，$q_\tau(Y_1)$ 与 $q_\tau(Y_0)$ 表示在 τ 分位上，$D=1$ 与 $D=0$ 时分别对应的收入水平。

实际计算可分为三步：

第一步，定义权重函数 W，求倾向得分 $p(X)$ 的非参数估计 $p(\cdot)$，其中，

$$W = \frac{Z - p(X)}{p(X)(1 - p(X))}(2D - 1)；$$

第二步，将 $p(\cdot)$ 代入 W 的表达式获得 W 的一致估计：

$$w_i = \frac{z_i - p(x_i)}{p(x_i)(1 - p(x_i))}(2d_i - 1)；$$

第三步，最小化 $\frac{1}{n}\sum_{i=1}^{n}(\rho_\tau(y_i - a - bd_i) \cdot w_i)$，其中，$\rho_\tau(u) = u(\tau - 1(u < 0))$。

3. 互联网发挥作用的门槛和条件

互联网对农户收入作用的发挥是否存在条件，其作用大小是否受到其他因素影响？多数研究发现，互联网具有显著的网络效应，当一个国家或地区的网民比例达到一定的门槛值后，互联网对经济的促进作用会进一步放大。同样地，互联网若能促进农户增收，则其作用的发挥也可能存在门槛，在达到门槛值后，其对农户的增收作用将更加明显。如果能得到互联网发挥作用的门槛和条件，无疑将为贫困地区更好地利用互联网增收和减贫提供了方向。

为了识别互联网发挥作用的条件，探讨其对农户收入的作用受何种因素影响，借鉴 Hansen 面板门槛分析的多门槛，在式（4-5）的基础上进一步构建以下截面门槛模型：

$$\ln Y_i = \alpha X_i + \beta_1 D_i I(q \leqslant \gamma) + \beta_2 D_i I(q > \gamma) + \varepsilon_i \qquad (4-10)$$

式中，$\ln Y_i$ 代表农户 i 的收入水平，X_i 为农户可观察的影响收入的家庭及户主特征向量；β_i 为互联网的边际收益；D 为农户是否使用互联网，$D=1$ 代表使用，$D=0$ 代表不使用；$I(\cdot)$ 为指示函数，括号内条件满足时取 1，否则取 0；q 是门槛变量；γ 是特定的门槛值；ε_i 是随机分布项。式（4-10）为只有一个门槛的基础模型，可以拓展为多门槛模型。

为了提高门槛值估计的精确度，采用格栅搜索法连续给出候选门槛值 γ。在对门槛值估计之后，还需要对门槛效应进行检验，包括门槛效应的显著性检验和门槛值的真实性检验。以单一门槛值为例，分别构造 F_1 统计量和 LR_1 统计量以检验显著性和真实性：

$$F_1 = \frac{S_0 - S_1(\hat{\gamma}_1)}{S_1(\hat{\gamma}_1)} \tag{4-11}$$

$$LR_1(\gamma_1) = \frac{S_1(\gamma_1) - S_1(\hat{\gamma}_1)}{S_1(\hat{\gamma}_1)} \tag{4-12}$$

其中，γ_1为真实值，$\hat{\gamma}_1$为γ_1的一致估计值，S_0为不存在门槛效应时的残差平方和，$S_1(\hat{\gamma}_1)$为存在单一门槛时的残差平方和。首先，采用自助法得到F_1的渐进p值，如果p值小于临界值10%、5%或1%，则认为门槛效应显著。其次，根据Hansen提供的公式可以计算出LR_1的拒绝域，当$LR(\gamma) > c(\alpha) = -2\ln(1-\sqrt{\alpha})$时，则通过门槛值的真实性检验，其中$\alpha$为显著性水平10%、5%或1%。

4. 变量设置与描述性统计

被解释变量为农户收入水平，用家庭人均年收入的自然对数（$\ln Y_i$）来衡量。核心解释变量D为家庭是否使用互联网（Internet），采用二分变量，使用赋值为1，否则赋值为0。

控制变量X_i为影响农户收入的其他变量。为了避免变量内生带来的影响，本研究考虑了家庭特征变量、户主特征变量以及地区变量等各种可能影响农户收入的因素以防止变量遗漏，并使用代理变量。家庭特征变量包括家庭平均受教育年限（educ）、家庭人均耕地面积（fland）、家庭人均资产原值（asset）[①]、是否为党员户（party）、是否为干部户（cadre）等；户主特征变量包括户主年龄（hage）、户主受教育年限（heduc）以及户主是否使用互联网（hnet）等；地区变量（region）为多维虚拟变量，按照样本农户所处市（区）进行划分。X_i中的多数变量同时也影响农户是否选择使用互联网。影响农户决策的变量W_i设定为：家庭平均受教育年限（educ）、是否为党员户（party）、是否为干部户（cadre）、户主年龄（hage）、户主受教育年限（heduc）、户主是否使用互联网（hnet）以及是否为贫困户（poverty）等。

利用无条件工具变量分位处理效应模型（IVQTE）进行估计时，需选取合适的工具变量以解决内生性问题并获得互联网对不同农户收入的异质性影

---

① 家庭人均资产原值为家庭人均经营性资产与耐用品资产原值之和。依据张永丽和李青原、程名望等对经济资本的衡量，本节所说经营性资产包括农业经营性资产与非农经营性资产，农业经营性资产为农机具，非农经营性资产包括小商店、卡车、货车等；耐用品资产为电视机、电冰箱、小汽车、摩托车、电动车等。

响。本节选取的工具变量 z 为家庭是否有大学生或城镇暂住人口 (outside)[①]。一方面，变量 outside 与内生变量 Internet 具有相关性，大学生和城镇暂住人口由于学习、工作和生活的需要更容易接触和使用互联网，同时，他们也在一定程度上带动了家庭对互联网的接触和使用；另一方面，变量 outside 通过内生变量作用于被解释变量，即 outside 对家庭人均收入没有直接影响。对工具变量的检验[②]验证了其有效性，即与内生变量相关且具有外生性。

门槛变量 q 的值用来反映互联网发挥不同程度作用的临界值，现有的关于互联网对经济增长、行业或部门影响的研究中，一般选择互联网的普及率即网民比例作为门槛，来反映互联网的应用程度。本节的研究对象为农户，一方面要看家庭中使用互联网的人口比例，另一方面要考虑互联网使用的程度。因此，将门槛变量设置为家庭互联网普及率（IP）和家庭网络费用（NC）[③]，家庭互联网普及率以家庭网民比例来衡量。

变量说明及描述性统计见表4-10。

表4-10 主要变量设置及描述性统计

变量类型	变量名	变量定义或度量方法	均值	标准差
被解释变量	$\ln Y_i$	家庭人均年收入的自然对数	8.72	0.82
核心解释变量	Internet	家庭是否使用互联网：是=1，否=0	0.85	0.35
控制变量	educ	家庭人口平均受教育年限（年）	5.38	3.19
	fland	家庭人均耕地面积（亩）	2.39	2.51
	asset	家庭人均经营性与耐用品资产原值之和（元）	5530.97	8857.84
	party	是否为党员户：是=1，否=0	0.09	0.29
	cadre	是否为干部户：是=1，否=0	0.02	0.13
	hage	户主年龄（岁）	51.82	11.83
	heduc	户主受教育年限（年）	5.35	3.93
	hnet	户主是否使用互联网：是=1，否=0	0.49	0.50

---

① 问卷中有关于所有家庭成员职业、工作地点与居住地点的调查项。为了排除外出务工人口对家庭收入的影响，此处"城镇暂住人口"为暂住在城镇、无工作的农村人口，比如陪读子女上学的农村人口。

② 利用Stata15中的ivreg2命令对工具变量进行了检验，验证了变量z外生且不是弱工具变量，以及Internet是内生变量，此处不再赘述。

③ 对家庭成员的手机通信费用、手机上网费用和家庭宽带费用进行调查发现：90%以上的智能手机用户都办理了流量套餐(含流量、通话、短信等业务)，网络需求大、用网较多的用户其套餐费也越高；少数未办理套餐的智能手机用户并不使用网络。故使用家庭人均年手机套餐费用与人均年宽带费用之和，作为"家庭网络费用"。

续表

变量类型	变量名	变量定义或度量方法	均值	标准差
控制变量	region	地区：按照1至10对陇南、定西、庆阳、兰州、武威、天水、平凉、白银、酒泉和临夏分别赋值	5.80	2.97
	poverty	是否为建档立卡贫困户：是=1，否=0	0.41	0.49
工具变量	outside	家庭是否有大学生或城镇暂住人口	0.82	0.38
门槛变量	IP	家庭网民比例（%）=家庭使用互联网人数/家庭总人数	0.46	0.28
	NC	家庭人均年手机套餐费用与人均年宽带费用之和	447.94	291.86

三　互联网使用对农户收入影响的实证分析

（一）基于TE模型的实证结果及分析

在实证分析之前，本节进行了共线性检验，各变量的VIF值均在2以内，表明变量间不具有共线性。为了对内生性偏差进行校正，首先基于处理效应模型(TE)，使用极大似然估计法(MLE)估计互联网使用对农户收入的影响，估计结果见表4-11模型2。

1. 关于内生性偏差的存在性问题

MLE的估计结果显示：μ_i和ε_i的相关系数ρ为-0.696且在1%的水平上统计显著；对主方程和决定方程的独立性的Wald检验，χ^2为100.9，对应的p值远小于0.01；机会比率系数λ为-0.551且在1%水平上统计显著。这些结果都拒绝了无关性的假定，表明模型确实存在内生性问题，同时也验证了本节模型考虑内生性偏差校正的必要性。

2. 校正内生性偏差之后的结果

首先，核心解释变量 Internet 的系数估计值为1.250且在1%的水平上统计显著，表明互联网的使用显著提高了农户的收入水平。由于μ_i和ε_i的相关系数ρ为负值，如前所述，如果不考虑这种偏差的校正，直接用OLS来估算互联网的使用对农户的收入效应，则会低估互联网对农户收入水平的影响。对比表4-11模型1，OLS估计的 Internet 的系数为0.461且在1%的水平上统计显著，表明OLS确实低估了互联网对农户收入的促进作用。因此，在校正了内生性偏误后，农户使用互联网的收入效应更加明显，使用与不使用互联网的特征差异对农户收入水平的影响增大，两类农户的收入差距较大且显著。

其次，对其他变量的估计结果进行分析。从家庭特征变量来看，家庭人均受教育年限（*educ*）、家庭人均耕地面积（*fland*）和家庭人均资产原值（*asset*）的系数估计值均在1%的水平上显著为正，表明这三者的提高均能显著提高农户收入；从户主特征变量来看，户主年龄（*hage*）对农户收入有显著的正向影响，户主受教育年限（*heduc*）正向影响农户收入但作用不显著，而户主是否使用互联网（*hnet*）对农户收入具有显著的负效应，一个可能的解释是该变量与核心解释变量具有相关性，*hnet* 的估计值受到相关性的影响而呈现负值，决定方程的估计结果表明 *hnet* 对 Internet 有显著的正向影响，经检验，两者相关但并不共线，那么变量 *hnet* 的设置也在一定程度上避免了遗漏变量导致的内生性问题；从地区变量来看，所有虚拟变量的系数估计值均在1%或10%的水平上统计显著，表明其他地区与陇南市之间的农户收入水平存在着显著差异，即地区之间的农户收入水平存在差别，在回归分析时，有必要对地区变量加以控制。与OLS估计结果相比可以发现，在校正了内生性偏误后，各变量的系数估计值发生了变化但差异不大，系数显著性和数值大小与OLS的结果基本一致。

3. 关于互联网使用的决定问题

在决定农户使用互联网的因素中，*educ* 和 *hnet* 的系数估计值在1%的水平上显著为正，表明家庭人均受教育年限越高，则农户使用互联网的概率越大，且农户对互联网使用的选择受到户主决策的影响，若户主使用互联网则其家庭也趋向于使用；*heduc* 和 *poverty* 的系数估计系数均显著为负，表明户主受教育年限较高的家庭使用互联网的概率较低，贫困户使用互联网的概率低于非贫困户。

对比MLE（模型2）与OLS（模型1）的估计结果可知，由于存在自选择偏误和内生性问题，传统OLS对互联网的收入效应产生了下偏的估计。对比MLE（模型2）与两阶段估计法（模型3）的估计结果可知，如前所述，由于无法避免主方程与决定方程变量间的共线性，两阶段估计法对互联网的收入效应产生了上偏的估计。总体而言，MLE的估计结果稳健可靠，很好地验证了互联网的使用能够显著提高农户的收入。

表4-11　　　　　　　　TE 与传统 OLS 估计结果比较

	（1）OLS	（2）TE_MLE	（3）TE_2Step
主方程（$\ln Y_i$）			
Internet	0.461***(0.062)	1.250***(0.073)	2.071***(0.186)

续表

	（1）OLS	（2）TE_MLE	（3）TE_2Step
educ	0.057***(0.008)	0.034***(0.008)	0.0105(0.010)
fland	0.034***(0.008)	0.035***(0.008)	0.034***(0.009)
asset	9.44e-06***(2.18e-06)	8.90e-06***(2.22e-06)	8.63e-06***(2.47e-06)
party	0.060(0.148)	0.030(0.146)	0.049(0.159)
cadre	0.058(0.070)	0.055(0.068)	0.061(0.074)
hage	0.002(0.002)	0.005**(0.002)	0.007***(0.002)
hnet	−0.020(0.049)	−0.201***(0.051)	−0.394***(0.070)
heduc	−0.0001(0.006)	0.009(0.006)	0.020***(0.008)
_Iregion_2	−0.204**(0.092)	−0.167*(0.088)	−0.178*(0.095)
_Iregion_3	−0.279***(0.090)	−0.288***(0.090)	−0.296***(0.091)
_Iregion_4	−0.589***(0.092)	−0.551***(0.088)	−0.534***(0.093)
_Iregion_5	−0.171*(0.089)	−0.201**(0.086)	−0.178*(0.093)
_Iregion_6	−0.452***(0.075)	−0.456***(0.073)	−0.471***(0.077)
_Iregion_7	−0.172**(0.075)	−0.191***(0.074)	−0.195**(0.081)
_Iregion_8	−0.285***(0.078)	−0.307***(0.075)	−0.296***(0.081)
_Iregion_9	−0.377***(0.087)	−0.395***(0.084)	−0.402***(0.090)
_Iregion_10	−0.0938(0.072)	−0.125*(0.070)	−0.111(0.073)
_cons	8.030***(0.135)	7.400***(0.142)	6.728***(0.210)
决定方程（*Internet*）			
educ		0.094***(0.018)	0.155***(0.020)
hage		−0.006(0.004)	−0.009**(0.004)
hnet		1.802***(0.208)	2.177***(0.231)
heduc		−0.062***(0.015)	−0.077***(0.016)
poverty		−1.216***(0.092)	−0.739***(0.102)
_cons		1.416***(0.258)	1.158***(0.278)
athrho_cons		−0.859***(0.068)	
lnsigma_cons		−0.234***(0.019)	
Hazard lambda			−1.059***(0.108)
lambda		−0.551	
rho		−0.696	−1
chi2		100.9	
p		9.58e−24	
R^2	0.150		
N	1735	1735	1735

注：***、**、* 分别表示在1%、5%、10%的水平上统计显著；括号内数值为稳健标准误。

（二）基于 IVQTE 模型的实证结果及分析

基于 TE 模型的分析结果表明，互联网使用对农户收入的增加具有显著的促进作用。那么，互联网对农村不同群体的影响如何？其在高收入与低收入农户之间的作用是否存在差异？TE 模型揭示了互联网的平均收入效应，为了探究互联网对特征分布不同位置的农户的异质性作用，以准确判断互联网使用对农户收入的影响，本部分将基于无条件工具变量分位处理效应模型（IVQTE）进行估计。如前所述，选取家庭是否有大学生或城镇暂住人口（*outside*）作为工具变量，检验表明其为外生变量且与内生变量相关。估计结果见表 4-12 模型 5。

核心解释变量 *Internet* 的估计结果表明，互联网的使用不仅有助于增加农户收入，且在不同的收入分位点互联网的作用大小不同。第一，*Internet* 在 10%、25% 和 50% 分位点的系数估计值较高，分别为 1.399、1.257 和 1.003 且均在 1% 的水平上统计显著，表明对于中等收入、中低收入和低收入农户而言，互联网对收入的促进作用非常的明显；*Internet* 在 75% 和 90% 分位点的系数估计值相对较低，分别为 0.796 和 0.417 且后者不显著，表明互联网对中高收入农户的收入促进作用相对较小，对高收入农户的收入促进作用不明显。第二，随着分位点的提高，*Internet* 的系数估计值有减小的趋势，表明互联网对低收入农户收入的影响大于高收入农户。一个可能的解释是，与低收入农户相比，高收入农户一般具有较高的经济资本、人力资本和社会资本，其获得收入的途径较多，因而互联网在农村的普及更多地为低收入农户提供了新的发展机会，使得低收入农户的边际收益更高。整体来看，互联网的使用对中低收入群体尤其是贫困人口收入的影响更大，在一定程度上能够缩小农户之间的收入差距。

另外，一般分位数回归的结果（模型 4）也验证了互联网对农户收入增加的促进作用和异质性影响，但由于未对变量内生性问题进行处理，因此无法对互联网真实的处理效应及其对不同群体中的影响大小做出准确判断。显然，IVQTE 估计的结果更为可靠。

表 4-12　　　　　　　　IVQTE 与 QR 的估计结果比较

分位点	（4）QR	（5）IVQTE
10%	0.483***(0.141)	1.399***(0.293)
25%	0.489***(0.088)	1.257***(0.166)

续表

分位点	（4）QR	（5）IVQTE
50%	0.603***(0.099)	1.003***(0.160)
75%	0.405***(0.085)	0.796***(0.175)
90%	0.184**(0.088)	0.417(0.318)
N	1735	1735

注：***、**、* 分别表示在 1%、5%、10% 的水平上统计显著；括号内数值为稳健标准误；仅展示系数估计值。

（三）基于农户类型分解的进一步分析

以上分析均表明互联网对农户收入的促进作用显著，且对不同收入分位点的农户的影响不同，低分位点农户的边际收益大于高分位点。本部分基于农户类型对样本进行分解，按照贫困户与非贫困户进行分组回归，进一步探讨贫困人口在互联网使用中的受益程度及其与非贫困人口的差异。回归结果见表 4-13。

首先，对内生性偏差的存在性进行检验。模型 6（贫困户）与模型 7（非贫困户）中 μ_i 和 ε_i 的相关系数 ρ 分别为 -0.399 与 -0.510 且在 1% 的水平上统计显著，对主方程和决定方程的独立性的 Wald 检验，χ^2 分别为 3.152 与 9.340，对应的 p 值均小于 0.1。因此，模型存在内生性问题，验证了 TE 估计的必要性。

其次，对贫困户与非贫困户的估计结果进行比较。从 Internet 的系数估计值来看，贫困户与非贫困户分别为 0.884 和 0.283 且均在 1% 的水平上统计显著，可见互联网使用对贫困户的收入促进作用更大。从家庭特征变量来看，只有家庭人均耕地面积（fland）能显著促进贫困户的收入，而所有因素均对非贫困户的收入有正向影响，其中，家庭人均受教育年限（educ）、家庭人均耕地面积（fland）和家庭人均资产原值（asset）对非贫困户收入的促进作用尤其显著。从户主特征变量来看，只有户主年龄（hage）能显著促进非贫困户的收入，而所有因素均对贫困户收入有显著的影响，其中，户主年龄（hage）和户主受教育年限（heduc）对贫困户收入有显著的正向影响，户主是否使用互联网（hnet）对贫困户收入具有显著的负效应。虽然系数显著性有差异，但两类农户与总样本的系数估计值基本一致。从地区变量来看，所有虚拟变量的系数估计值均在 10% 的水平上统计显著，表明地区之间的农户收入水平存在差别。

在决定农户是否使用互联网的因素中，贫困户与非贫困户 *educ* 和 *hnet* 的系数估计值均在 1% 的水平上显著为正，表明家庭人均受教育年限越高则农户使用互联网的概率越大，若户主使用互联网则其家庭也趋向于使用；*hage* 的估计系数在两类农户中存在差异，贫困户的系数估计值在 1% 的水平上显著为负，非贫困户的系数估计值为正但不显著，表明户主年龄越大则贫困户使用互联网的概率越低，而非贫困户不受影响；贫困户与非贫困户 *heduc* 的系数估计值在 1% 的水平上显著为负，表明户主受教育水平较高的家庭使用互联网的概率较低。基于农户类型分解后的研究结果表明，贫困户与非贫困户使用互联网的边际收益不同，互联网使用对贫困户收入的促进作用更大，则互联网的使用在一定程度上可以缩小贫困户与非贫困户之间的收入差距，与上文得到的结论一致。而且对于贫困户而言，互联网是非常有效的增收途径，其为家庭带来的收益明显大于其他因素。

表 4-13　　贫困户与非贫困户的估计结果比较

	(6) 贫困户	(7) 非贫困户
主方程（$\ln Y_i$）		
Internet	0.884***(0.291)	0.283***(0.140)
educ	−0.016(0.018)	0.033***(0.006)
fland	0.055***(0.014)	0.033***(0.007)
asset	−5.18e-06(5.81e-06)	6.61e-06***(1.52e-06)
party	−0.186(0.318)	0.062(0.108)
cadre	−0.038(0.131)	0.085(0.053)
hage	0.010***(0.004)	0.003*(0.002)
hnet	−0.292**(0.127)	−0.052(0.044)
heduc	0.021*(0.006)	0.003(0.005)
_Iregion	YES	YES
_cons	7.338***(0.320)	8.534***(0.149)
决定方程（*Internet*）		
educ	0.166***(0.026)	0.120***(0.030)
hage	−0.018***(0.005)	0.0111(0.008)
hnet	1.984***(0.251)	1.353***(0.202)
heduc	−0.097***(0.022)	−0.048***(0.024)
_cons	1.014***(0.348)	1.416***(0.258)
athrho_cons	−0.422***(0.238)	−0.562***(0.184)
lnsigma_cons	−0.228***(0.043)	−0.724***(0.026)

续表

	(6) 贫困户	(7) 非贫困户
rho	−0.399	−0.510
chi2	3.152	9.340
p	0.076	0.002
N	715	1020

注：***、**、*分别表示在1%、5%、10%的水平上统计显著；括号内数值为稳健标准误；YES表示该变量已控制；估计方法为MLE估计。

四 互联网发挥作用的门槛和条件

互联网使用能够显著促进农户增收，那么，互联网对农户收入的作用受何种因素影响，是否存在门槛？在达到门槛值后，其对农户的增收作用是否将更加明显？为了得到互联网发挥作用的门槛和条件，对目前贫困地区农户的网络使用情况做出判断，借以探讨贫困地区利用互联网增收和减贫的方向，本部分基于多门槛回归模型，如前所述，分别采用家庭网互联网普及率 IP 和家庭网络费用 NC 作为门槛变量，以衡量家庭的互联网使用水平，依次对各因素进行门槛回归。

首先，对门槛进行识别和检验，即检验门槛的显著性和真实性。在不存在门槛、存在一个门槛、两个门槛和三个门槛的设定下对门槛模型进行估计，结果见表4-14。可以发现，以家庭互联网普及率 IP 和家庭网络费用 NC 作为门槛变量时，所有的 F 值均在1%的水平上统计显著，表明单一门槛、双重门槛和三重门槛效果都显著。因此，以变量 IP 和 NC 为门槛变量均可以构建三重门槛模型。同时，结合各个模型对应的似然比检验统计量，进行门槛值的真实性检验。两个门槛变量的门槛估计值和置信区间见表4-15，其对应的似然比函数图如图4-2所示。借助似然比函数图可以更直观地理解门槛值及置信区间的构造，可以发现，门槛变量 IP 和 NC 的第三个门槛值的置信区间均过大，因此更适合构建双重门槛模型进行分析。以 IP 为门槛，取门槛值0.286和0.5，以 NC 为门槛，取门槛值200和520。

表 4-14　　　　　　　　门槛效果检验

门槛变量	假设检验	F值	p值	1%临界值	5%临界值	10%临界值
IP	存在单一门槛	43.410***	0.000	7.048	3.939	2.919
	存在双重门槛	13.137***	0.000	10.484	3.736	2.596
	存在三重门槛	4.973**	0.030	7.191	3.803	2.669

续表

门槛变量	假设检验	F 值	p 值	1% 临界值	5% 临界值	10% 临界值
NC	存在单一门槛	69.460***	0.000	5.056	3.782	2.522
	存在双重门槛	24.179***	0.000	6.975	4.128	1.951
	存在三重门槛	8.172***	0.005	6.975	3.433	2.017

注：***、**、* 分别表示在 1%、5%、10% 的水平上统计显著；p 值和临界值均为采用 Bootstrap 抽样 500 次得到的结果。

表 4-15　　　　　　　　　门槛值估计结果

门槛变量	三重门槛	门槛估计值	95% 置信区间
IP	γ_1	0.500	[0.500, 0.500]
	γ_2	0.286	[0.286, 0.333]
	γ_3	0.167	[0.167, 0.667]
NC	γ_1	520	[450.000, 576.000]
	γ_2	200	[186.667, 300.000]
	γ_3	930	[96.000, 1176.000]

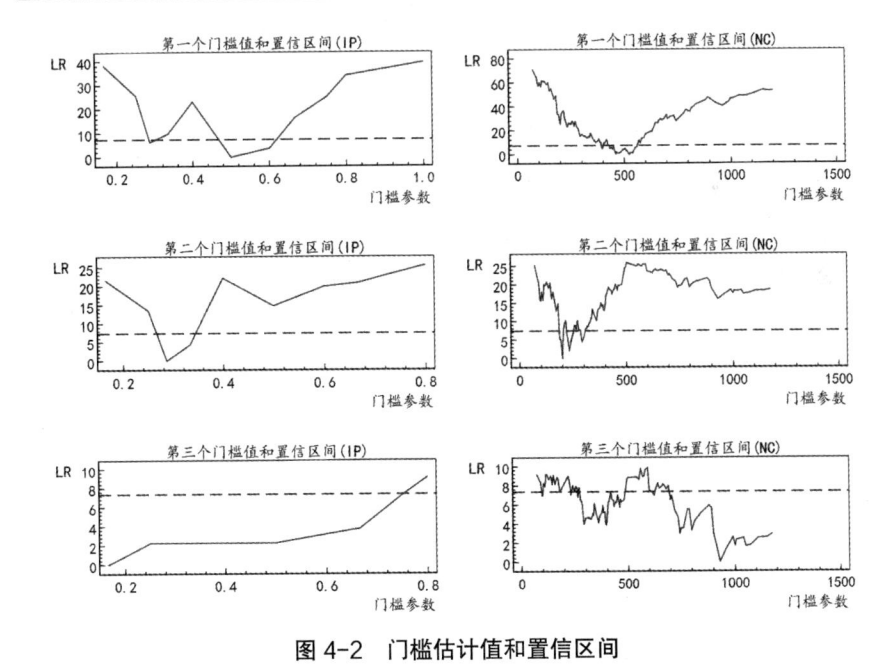

图 4-2　门槛估计值和置信区间

其次，分别以 IP 和 NC 为门槛变量，对双重门槛模型进行回归分析，估计的结果见表 4-16①。模型 8 以家庭互联网普及率 IP 为门槛变量，当 IP 处

---

① 限于篇幅，仅显示核心解释变量 Internet 的系数，其他变量的估计结果不再赘述。

表 4-16　　　　　　　　双重门槛模型的参数估计结果

	（8）IP 为门槛	（9）NC 为门槛
Internet1	0.164**(0.039)	0.035(0.043)
Internet2	0.438***(0.033)	0.408***(0.031)
Internet3	0.680***(0.034)	0.717***(0.033)
其他变量	YES	YES
_cons	8.178***(0.067)	8.012***(0.066)
Adjusted R^2	0.171	0.189
F 值	18.17***	20.43***
N	1665	1665

注：Internet 1 至 Internet 3 的系数估计值分别表示 IP 或 NC 处在较低（IP<0.286 或 NC<200）、中等（0.286≤IP<0.5 或 200≤NC<520）和较高水平（IP≥0.5 或 NC≥520）时，农户使用互联网带来的边际收益；***、**、*分别表示在 1%、5%、10% 的水平上统计显著；括号内数值为稳健标准误。

在较低（IP<0.286）、中等（0.286≤IP<0.5）和较高水平（IP≥0.5）时，Internet 的系数估计值分别为 0.164、0.438 和 0.680 且均在 5% 的水平上统计显著，表明互联网的使用显著提高了农户收入，且门槛变量 IP 的门槛值越高，互联网的收入促进作用越强。模型 9 以家庭网络费用 NC 为门槛变量，当 NC 处在较低水平（NC<200）时，Internet 的系数估计值为 0.035 但不显著，而当 NC 处在中等（200≤NC<520）和较高水平（NC≥520）时，Internet 的系数估计值分别为 0.408 和 0.717 且均在 1% 的水平上统计显著，表明当门槛变量 NC 的门槛值较低时，互联网使用对农户收入的促进作用不明显，而当门槛值达到中等水平后，互联网使用的收入促进作用随着门槛值的增大而增强。回归结果验证了互联网使用对农户收入影响的门槛效应。

那么，农户互联网使用水平处在哪种阶段？是否达到或跨越了"门槛"？按照门槛变量对样本户进行简单分组（见表 4-17）。按照 IP 可将农户分为低互联网普及率、中等互联网普及率和高互联网普及率三组，贫困户在这三组的比例分别为 40.3%、25.7% 和 34%，非贫困户则分别为 14.6%、23.4% 和 62%。按照 NC 可将农户分为低网络费用、中等网络费用和高网络费用三组，贫困户在这三组的比例分别为 28.6%、52.1% 和 19.3%，非贫困户则分别为 7.3%、51.4% 和 41.3%。进一步简单比较可知，贫困户中有 21.8% 的农户未能达到任何一个最低门槛值（IP<0.286 且 NC<200），而非贫困户中的这一比例为 3.3%。

表 4-17　　　　　　　　　样本农户按门槛分组的结果

分类依据	组内特征	数目	贫困户 (%)	非贫困户 (%)
IP	低互联网普及率（IP < 0.286）	446	40.3	14.6
IP	中等互联网普及率（0.286 ≤ IP < 0.5）	424	25.7	23.4
IP	高互联网普及率（IP ≥ 0.5）	865	34.0	62.0
NC	低网络费用（NC < 200）	283	28.6	7.3
NC	中等网络费用（200 ≤ NC < 520）	884	52.1	51.4
NC	高网络费用（NC ≥ 520）	568	19.3	41.3

注：% 表示分组样本户占所有贫困户（或非贫困户）的比例。

由此可见，由于存在门槛效应，互联网对农户收入的促进作用会随着家庭互联网的普及和网络费用的提高而越来越明显，达到更高的门槛值后，互联网的影响会显著增强。但是，对门槛分布情况的分析表明仍有 25.1% 的农户未能达到门槛值，且贫困户整体在门槛值附近的分布水平劣于非贫困户。结合贫困地区农村的现实情况，一种可能的解释是，由于贫困地区互联网的建设和应用水平低、网络资费高等因素的存在，部分农户尤其是贫困户使用互联网的条件和能力受到了限制，使其未能跨越最低门槛或只能达到低门槛。这会导致互联网对农户的增收作用不能充分发挥。

以上研究揭示了互联网影响农户收入的作用条件和规律：互联网使用对农户收入的影响在不同的网络使用阶段存在差异，当家庭互联网普及率和网络费用较低时，互联网使用对农户收入的促进作用较小；当家庭互联网普及率和网络费用逐渐提高且达到中、高门槛值时，互联网使用对农户收入的促进作用显著增强。在门槛变量的调节下，互联网使用对农户收入始终存在正向影响，并表现出显著的非线性特征。

五　结论与政策启示

本节基于甘肃省贫困县调查数据，研究了互联网的使用对贫困地区农户收入的影响。首先使用 TE 与 IVQTE 模型综合考虑内生性与异质性问题并逐步深入，得到了互联网对农户收入影响的准确估计，而后进一步分析了其对贫困户与非贫困户收入影响的差异。最后对门槛进行识别和测度，探讨互联网对农户收入的作用受何种因素影响，并为贫困地区充分利用互联网增收和减贫提供方向。出于该目的，本节的重点在于找到门槛，并对农户使用互联网的情况做出判断，未来可对门槛效应进行深入研究。主要研究结论如下：

第一，互联网使用对农户的收入有显著的促进作用，纠正内生性偏误后农户使用互联网的边际收益高达 1.250。第二，互联网使用对农户收入的影响存在差异，处在收入低分位点的农户使用互联网的边际收益明显大于收入高分位点，因而互联网在一定程度上缩小了农户之间的收入差距；进一步分组研究发现，与非贫困户相比，互联网对贫困户的收入促进作用更大，是贫困户增收的有效途径。第三，互联网使用对农户收入的影响存在门槛，随着家庭互联网普及率和网络费用的提高，互联网为农户带来的收益增加，达到门槛值后，其对农户收入的作用明显增强；进一步按照门槛进行简单分组，发现部分农户未能达到门槛值，且贫困户整体在门槛值附近的分布水平劣于非贫困户，由于门槛的限制，互联网使用对部分贫困群体的增收作用难以充分发挥。

本节的政策启示：第一，加快推进贫困地区农村的信息基础设施建设，重点是互联网和移动网络建设，降低网络资费，优化网络服务，为贫困家庭使用互联网提供更多机会，充分发挥互联网的收入效应和门槛效应。第二，积极推动贫困地区基础教育和职业技术培训的发展，强化对农村居民信息素质的培养，提升其信息意识和信息能力，侧重培养年轻群体的网络应用能力，以年轻群体带动家庭对互联网的使用。第三，全面推进互联网在农村地区的普及，激发互联网的网络效应，为农村地区经济发展和广大农户收入增加带来连接红利。

第五章 改革开放 40 年中国农村反贫困的成就及 2020 年后的反贫困政策研究*

消除贫困、改善民生、实现共同富裕，是中国特色社会主义的本质要求，是党和政府义不容辞的历史责任。为完成这一任务，中国政府及社会各界进行了艰苦卓绝的努力，在过去 40 年里，经历了体制改革扶贫、开发式扶贫、扶贫攻坚、精准扶贫等反贫困历史阶段，取得了举世瞩目的成就，成功实现了 7.5 亿农村贫困人口的脱贫，为世界反贫困理论和实践做出了卓越贡献。特别是 2013 年精准扶贫战略实施以来，以习近平同志为核心的党中央将扶贫工作摆到了治国理政的新高度，不断创新思路、改进模式，实施精准扶贫、精准脱贫的基本方略，开创了中国扶贫开发事业的新局面，贫困人口由 2012 年的 9899 万人减少到 2018 年年底的 1660 万人，平均每年减贫人口约 1300 万人，贫困发生率下降到 2018 年年底的 1.7%，为打赢脱贫攻坚战奠定了坚实的基础。

经过改革开放 40 年艰苦卓绝的努力，中国反贫困事业取得了历史性突破，"到 2020 年我国现行标准下农村贫困人口实现脱贫，贫困县全部摘帽，解决区域性整体贫困"的目标即将实现，但并不意味着消灭了贫困，贫困的长期性、历史性、复杂性将会持续存在，只是贫困的性质发生了根本性变化。党的十九大报告明确指出进入新时代"我国社会主要矛盾已经转化为人民日益增长的美好生活需要和不平衡、不充分的发展之间的矛盾"，而贫困性质的这种变化也正体现在不平衡、不充分的发展上。

---

* 本章以同题发表在《西北师大学报》（社会科学版）2019 年第 5 期。作者：张永丽（西北师范大学商学院教授）、徐腊梅（西北师范大学商学院研究生）。

2020 年是打赢脱贫攻坚战的历史性节点，2020 年之后在新的历史阶段、新的语境下，面对贫困性质的新变化，如何调整反贫困政策方向？如何将反贫困问题内化到解决不充分、不平衡矛盾的发展过程中？如何实现精准扶贫与乡村振兴的对接，成为政策界、学术界及社会各界高度关注的问题。接下来文章将从改革开放 40 年中国农村反贫困取得的成就、反贫困体制机制的演变与完善、贫困性质和特点的转变及 2020 年后中国农村反贫困政策取向四个方面来阐述。

第一节　改革开放 40 年中国农村反贫困取得的成就

一　农村反贫困成绩显著

（一）农村贫困人口、贫困面大范围缩小

改革开放初期，广大农村和农民普遍贫困，农村居民收入水平和生活消费支出分别为 133.6 元、116.1 元，恩格尔系数高达 67.7%[①]。面对大范围贫困，中国政府在落实家庭联产承包责任制的同时，1982 年启动了"三西"建设，拉开了扶贫开发的序幕，之后开展了开发式扶贫、精准扶贫等一系列有组织、有计划、大规模的反贫困行动，并配套实施了一系列有助于农村脱贫发展的政策措施，如"东西协作""雨露计划"等，使得中国贫困人口数量大幅度下降，贫困面大范围缩小。按照每人每年 2300 元的农村贫困标准（2010 年不变价），1978 年贫困人口数量为 7.7 亿人，贫困发生率高达 97.5%，到 2018 年年末贫困人口下降至 1660 万人，贫困发生率仅为 1.7%[②]，贫困人口大幅度减少、贫困发生率迅速下降。与此同时，贫困发生状况从整体性、区域性向特殊地域集中，与世界各发展中国家的反贫困成效形成了鲜明的对比。

（二）农村居民收入水平和消费水平大幅度提高

中国共产党和政府一直将改善民生、共同富裕作为一切工作的出发点，一方面通过农村改革与产业发展全面提升农村经济发展水平；另一方面，采取了一系列改善贫困地区发展条件、提高贫困人口收入水平的措施，比如整

[①] 数据来源于《新中国 60 年统计资料汇编》。
[②] 数据参见国家统计局《2018 年国民经济和社会发展统计公报》（http://www.stats.gov.cn/tjsj/zxfb/201902/t20190228_1651265.html）。除特殊说明，2018 年数据均来源于此。

村推进、产业扶贫、低保及养老保险等,尤其自2014年全面实施精准扶贫策略以来,贫困地区农村居民收入水平增长率明显高于全国平均水平,2018年年底贫困地区农村居民人均可支配收入达到10371元,扶贫成效十分显著[①]。在贫困人口收入水平大幅度提高的同时,消费水平和消费结构有了很大改善,2017年贫困地区农村居民人均消费水平达到7998元,2013—2017年,贫困地区农村居民人均消费支出年均增长11.2%,其中吃穿等基本消费支出平稳增长,发展改善型消费支出快速增长,消费结构进一步优化。

(三)产业扶贫成效显著,农户增收得到保障

各地区在以区域发展为核心,支持贫困地区产业发展,吸纳贫困人口就业,带动贫困人口脱贫的同时,根据贫困地区的资源禀赋和发展实际,不断培育壮大农业特色优势产业,提高农业规模化、组织化和产业化水平。特别自党的十八大以来,各个地区不同程度地落实"两个70%"政策[②],加大对贫困地区产业发展的信贷支持,推进农村"三变"改革,强化对没有生产经营能力贫困户的资产收益扶贫,贫困地区农户产业增收取得较大突破。到2018年年底,贫困地区农村居民人均经营净收入3888元、工资性收入3627元、转移净收入2719元、财产净收入137元,其中经营性收入有了明显增长。

(四)教育、医疗等公共服务水平显著提升

改革开放以来,中国农村基础教育经历了恢复重建、全面体制改革和全新发展阶段,贫困地区的教育事业相比过去有了很大发展,特别是1984年中国《义务教育法》的颁布和实施,为贫困地区教育发展提供了重要保障。1989年发起的以救助贫困地区失学儿童、改善农村办学条件为主要目的的希望工程,有效地改善了贫困地区办学条件,唤醒了全社会对农村教育的认识。为进一步聚焦贫困地区义务教育发展、保障教育公平,2014年政府开始实施义务教育全面改薄工程,贫困地区的教育资金不断增加,各项政策逐步向贫困地区倾斜,教育条件得到极大改善,确保了贫困地区孩子都有学上。2000年学龄儿童辍学率为6.78%,到2017年下降至1.0%[③],儿童在校率明显提升。

---

① 数据参见国家统计局《2018年全国农村贫困人口减少1386万人》(http://www.stats.gov.cn/tjsj/zxfb/201902/t20190215_1649231.html)。

② "两个70%"政策,即"财政扶贫基金中70%要用于产业开发,产业开发项目资金具体使用中70%要直接到户"。

③ 数据来源于笔者查询历年《中国农村贫困监测报告》。

其次，为了缓解贫困地区因病致贫、因病返贫问题，中国政府在2003年开始推行新型农村合作医疗政策，并配合出台了着重解决贫困人口大病治疗费用的医疗救助政策，极大减轻了因病致贫问题。到2018年，新型农村合作医疗基本实现全覆盖[①]，有效地缓解了农村居民"看病贵"以及因病致贫问题；医疗救助投入也大幅增长，2005年医疗救助支出仅为4.81亿元[②]，到2018年医疗救助支出达281.65亿元[③]。农村社会保障实现了较大突破，到2020年农村养老保险制度将实现全覆盖[④]；从2004在部分地区实施农村低保制度，到2018年年底，全国农村最低生活保障在全国范围内得到全面实施，农村低保标准达到人均每年4833元[⑤]，超过国家扶贫标准。

（五）基础设施跨越式发展

农村基础设施是保障农民增收、农业增长的基础，也是反贫困的重要前提条件。改革开放初期，为了改变农村基础设施非常薄弱的状况，政府不断加大对农村基础设施的投资力度，在1986年到2000年农林牧渔水利业累计完成投资1770.28亿元，其中，西部地区投资占据30%[⑥]，主要用于农业基础设施、商品粮棉生产基地和防护林工程建设，农村基础设施条件得到极大改善，防洪、防涝、抵御自然灾害的能力大幅度提升，推动了农村经济的发展，有效减缓了贫困的发生[⑦]。在1986年以来每一个阶段的扶贫开发过程中，贫困地区农村基础设施建设一直是扶贫工作的重点，特别自党的十八大以来，中央和地方政府不断加大对以建档立卡贫困村为主的贫困地区水、电、路、网等基础设施建设投资力度，打通农村基础设施的最后一里路，到2017年

---

① 数据参见国家统计局《农村改革书写辉煌历史 乡村振兴擘画宏伟蓝图——改革开放40年经济社会发展成就系列报告之二十》（http://www.stats.gov.cn/ztjc/ztfx/ggkf40n/201809/t20180918_1623595.html）。

② 数据来源于笔者查询历年《中国统计年鉴》。

③ 数据参见国家医疗保障局《2018年医疗保障事业发展统计快报》（http://www.nhsa.gov.cn/art/2019/2/28/art_7_942.html）。

④ 数据参见中华人民共和国人力资源和社会保障部《国务院关于开展新型农村社会养老保险试点的指导意见》（http://www.mohrss.gov.cn/gkml/zcfg/gfxwj/201407/t20140717_136099.html）。

⑤ 数据参见中华人民共和国中央人民政府《民政部：2018年农村低保标准达到4833元》（http://www.gov.cn/xinwen/2019-01/25/content_5361168.htm）。

⑥ 数据来源于笔者查询《中国固定资产投资统计年鉴（1995—2000年）》。

⑦ 参见《改革开放30年我国基础产业基础设施建设成绩斐然——改革开放30年我国经济社会发展成就系列报告之四》（http://www.gov.cn/gzdt/2008-10/30/content_1135672.htm）。

末通电自然村全覆盖,通电话、通有线电视信号、通宽带的自然村比重分别达 98.5%、86.5% 和 71.0%[①]。基础设施的完善有力地保障了农村经济的稳定增长和农民生活条件的改善。

二 反贫困政策与措施不断完善

从 1978 年至今,中国反贫困政策体系大致经历了四个阶段,即 1978—1985 年改革开放初期以制度改革为主的反贫困阶段,1986—2000 年以"八七扶贫攻坚"为主的反贫困阶段,2001—2012 年以开发式扶贫政策为主的反贫困阶段,2013—2020 年以精准扶贫为主的反贫困阶段,反贫困政策措施不断完善。第一,制度保障先行。在反贫困进程中,农村土地制度改革、农业经营市场化改革、农业税费制度改革、农业经营补贴等一系列体制机制改革,以及新型农村养老保险、新型农村合作医疗、最低生活保障、社会救助等社会保障制度的建立与完善,为全面反贫困政策落实提供了坚实的保障和基础。第二,贫困治理目标由单一走向多元。贫困治理目标经历了由单一收入目标向全面解决"两不愁、三保障"等多维度的演变,与扶贫工作开展初期注重贫困人口生存性问题相比较,反贫困政策目标更加体现以人为本的发展理念,注重贫困人口的收入、消费、健康、教育、医疗、就业等多个方面的全面发展和进步。第三,致贫原因的干预经历了由以外因为主向内因与外因相结合、更加注重贫困人口自身发展能力的方向演变。第四,反贫困内容越来越广泛,形成了以单一增收为目标的开发式扶贫为主,到产业扶贫、转移就业扶贫、易地搬迁扶贫、教育扶贫、健康扶贫、生态保护扶贫、兜底保障、社会扶贫等多措施并举的格局,涵盖了贫困地区经济发展、公共服务、能力建设等系统性的内容。第五,反贫困机制不断完善。反贫困瞄准对象经历了从贫困县瞄准、贫困村瞄准到贫困户和贫困人口个体瞄准的演变;扶贫主体经历了由专项扶贫到专项扶贫、社会扶贫、行业扶贫"三位一体"的大扶贫格局,资金支持经历了由财政政策为主向财税支持、金融支持、社会帮扶资金等一系列支持的转变。

---

① 参见《扶贫开发成就举世瞩目 脱贫攻坚取得决定性进展——改革开放 40 年经济社会发展成就系列报告之五》(http://www.gov.cn/xinwen/2018-09/03/content_5318888.htm)。

三 对世界反贫困做出了卓越贡献

（一）对世界反贫困成就的贡献

联合国 2030 年可持续发展议程的首要目标是 2030 年在世界各地消除一切形式的贫困。改革开放 40 年，在中国共产党的领导下，中国成为世界上减贫人口最多的国家，也是世界上率先完成联合国千年发展目标的国家。按照世界银行 2005 年的绝对贫困线（每人每天 1.25 美元）的标准测算，倒推至 1981 年，中国贫困人口数量为 8.39 亿人，而同样按照此标准，2011 年中国贫困人口仅为 8417 万人，贫困人口减少 7.54 亿人，在全球同期减贫人口总数中占比达 70% 以上。中国贫困人口比例的下降，极大地促进了世界贫困人口比例的减少，对国际反贫困做出了杰出贡献。

（二）对发展中国家人权进步的贡献

中国的反贫困关注贫困人口的生存权和发展权，注重维护社会公平正义，倡导以人为本和科学发展的价值，在实现生存权的基础上，通过产业开发、生态脱贫、易地搬迁等多种扶贫方式，帮助贫困人口实现发展的权利，全方位构建贫困人口的权利和制度保障体系，并不断完善，使贫困人口和全国人民共享改革发展成果。中国扶贫政策对贫困人口人权的保障为世界上其他发展中国家提供了范式，同时也推动了世界人权的进步。

（三）对反贫困实践的贡献

贫困是全世界发展面临的难题和挑战。中国多年的反贫困探索，及其形成的中国特色反贫困政策与制度体系，为国际反贫困工作提供了可参照的经验，拓展了发展中国家走向现代化的途径，支持了第三世界的发展，为构建"人类命运共同体"、解决人类共同面临的贫困问题贡献了中国智慧和中国方案，成为中国及广大发展中国家共同的精神财富。

（四）对可持续发展理论的贡献

中国反贫困理论体系的形成也是对可持续发展理论的重大贡献。中国作为发展中国家，系统总结了导致贫困发生的原因，成功探索出一条与中国特色社会主义建设一脉相承、切实可行的摆脱贫困、促进社会全面进步的扶贫开发道路，提出一系列科学的反贫困理论和行之有效的反贫困措施，同时总结出中国特色反贫困理论，科学地揭示了反贫困与人类发展的关系，为人类可持续发展贡献了中国力量。

第二节 改革开放40年中国农村反贫困体制机制的演变与完善

一 贫困标准和反贫困目标的演变

自改革开放以来，随着经济社会发展和整体生活水平的提高，中国的贫困标准由1978年的100元逐渐提升到1985年的206元、1990年的300元、1994年的440元、1997年的640元，再到2009年的1196元、2012年的2300元、2016年的3000元。与此同时，反贫困目标也从单一目标转向多目标并举，更加体现以人为本的人类发展理念。改革开放初期反贫困的核心目标是解决温饱、缓解大面积贫困状况；2001—2010年扶贫开发总目标转变为尽快解决少数贫困人口温饱问题，进一步改善贫困地区的基本生产生活条件，巩固温饱成果，提高贫困人口的生活质量和综合素质，加强贫困乡村的基础设施建设，改善生态环境，逐步改变贫困地区经济、社会、文化的落后状况，为达到小康水平创造条件[1]；2011—2020年总体目标进一步转变为到2020年稳定实现扶贫对象"两不愁、三保障"，贫困地区农村居民人均纯收入增长幅度高于全国平均水平，基本公共服务主要领域指标接近全国平均水平，扭转发展差距扩大趋势[2]。总体来看，反贫困目标的制定经历了从提高贫困家庭收入水平、解决温饱问题到综合考虑教育、医疗、住房等多个目标的综合，从解决贫困人口的生存问题到促进贫困人口的全面发展。

二 扶贫对象和瞄准方式的演变

反贫困体制机制与反贫困目标一脉相承。改革开放40年，中国扶贫重心经历了从开发式扶贫到综合性扶贫、从区域性开发到瞄准贫困户和贫困人口、从解决温饱问题到促进贫困人口综合发展的转变。

（一）以全国农村为主、解决普遍性贫困的阶段

改革开放初期，由于之前计划经济体制使农村居民生产积极性受到抑制，

---

[1] 参见《中国农村扶贫开发纲要（2001—2010年）》（http://www.gov.cn/zhengce/content/2016-09/23/content_5111138.htm）。
[2] 参见《中国农村扶贫开发纲要（2011—2020年）》（http://www.gov.cn/jrzg/2011-12/01/content_2008462.htm）。

且农村地区自然条件恶劣，基础设施不足，政策措施不完善，经济发展不平衡等原因，导致中国经济发展水平极度落后，贫困发生率高达97.5%[1]，温饱问题突出，解决普遍性贫困和温饱问题成为首要任务。随着体制机制改革的推进，如土地制度、购销体制、金融制度、劳动力流动等方面的制度改革，全面释放和激发了农村发展活力，农村经济迅速发展，整体性贫困得到初步解决。

（二）以贫困县为主、集中解决温饱问题的阶段

1986年成立国务院贫困地区经济开发领导小组，开始进行有组织、有计划、大规模的开发式扶贫，并确立了331个国家重点扶持贫困县，370个省级贫困县[2]，实施以县为单位的扶贫瞄准机制。从1986年到1993年，农村贫困人口再次减少6100万，贫困发生率下降7.8%[3]。随着经济的发展，1994年提高国家级贫困县的标准，重新确定592个国家级贫困县[4]。到2000年农村贫困人口再次减少3791万人，贫困发生率下降到3.5%[5]。实施以县为单位的扶贫瞄准机制，有效地提升了扶贫资源的使用效率，降低了扶贫工作的管理成本，是对反贫困机制的有效探索。

（三）以贫困村为主、巩固扶贫成果的阶段

进入2000年后，由于区域开发与促进贫困地区产业发展的方法很难惠及一些边缘化的贫困人口，因此中国政府一方面将中西部少数民族地区、革命老区、边疆地区和特困地区作为扶贫开发的重点，主要目标是改善贫困地区的生产生活条件，巩固前期扶贫成果。另一方面，为进一步提高扶贫效率，将扶贫对象瞄准到村，全国识别了14.8万个贫困村，实施整村推进，在以村为单位实施整村推进、劳动力转移培训、产业扶贫的同时，配套落实农业支持保护政策和农村社会保障制度。这一阶段贫困人口从9422万人下降到2688万人，贫困发生率下降7.4%，在较高的贫困标准下贫困人口进一步大幅度

---

[1] 按照2010年标准，即现行农村贫困标准。现行农村贫困标准为每人每年2300元（2010年不变价）。
[2] 参见向德平、华汛子《改革开放四十年中国贫困治理的历程、经验与前瞻》。
[3] 参见《中国统计年鉴2018》（http://www.stats.gov.cn/tjsj/ndsj/2018/indexch.htm），按照1978年标准。
[4] 参见孙久文、唐泽地《中国特色的扶贫战略与政策》。
[5] 参见《中国统计年鉴2018》（http://www.stats.gov.cn/tjsj/ndsj/2018/indexch.htm），按照1978年标准。

第五章 改革开放 40 年中国农村反贫困的成就及 2020 年后的反贫困政策研究

下降①。

（四）以贫困户和贫困人口为主的精准扶贫、精准脱贫阶段

2010 年后，中国将集中连片特殊困难地区作为新阶段扶贫的主战场，实现区域发展与扶贫开发的有机结合，进一步从面上提升贫困地区发展水平。但区域开发也遇到了对贫困人口的辐射带动作用下降、扶贫投资的边际收益递减、扶贫成本攀升等一系列问题。针对这些问题，2013 年精准扶贫战略思想形成并落地，精准扶贫以"六个精准"为本质要求，以"五个一批"为核心内容，以 2020 年实现"两不愁、三保障"为目标，从根本上回答了反贫困实践中提出的"扶持谁""扶什么""怎么扶"等一系列问题，将中国扶贫开发推向了一个新的阶段。

三 反贫困主体及参与机制的演变

从改革开放初到 1985 年，中央政府作为主要的反贫困主体，通过安排专项扶贫资金、制定优惠政策、自上而下的资源输入引导地方政府开展扶贫工作。从 1986 年到 1993 年，随着国家级贫困县的确立和开发式扶贫的推进，地方政府特别是县级政府在反贫困政策实施中的地位凸显，各级地方政府作为反贫困政策实施主体地位不断强化。从 1994 年至 2000 年，随着"八七"扶贫攻坚计划的制定和实施，在各级地方政府作为推动扶贫开发主导力量的同时，非政府力量开始参与扶贫活动并得到重视。2000 年以后，《中国农村扶贫开发纲要（2001—2010 年）》确立了坚持政府主导、农民主体、全社会共同参与的反贫困行动计划，并大力倡导贫困人口的广泛参与，进一步明确在坚持政府专项扶贫的基础上，协同推进行业扶贫和社会扶贫，积极引导各种非政府主体参与扶贫行动，多主体、大扶贫格局逐步形成。2013 年实施精准扶贫方略以来，不仅确立了"中央统筹、省负总责、市县抓落实"的分工机制，而且在全国范围内形成了专项扶贫、行业扶贫与社会扶贫的大扶贫格局，政府、市场、社会等多主体协同推进成为中国反贫困的主要特点之一。

在有组织、有计划、大规模的扶贫过程中，中国政府始终以提高人民生

---

① 参见《中国统计年鉴 2018》（http://www.stats.gov.cn/tjsj/ndsj/2018/indexch.htm），按照 2008 年标准，数据为 2000 年到 2010 年。

活水平为中心，以改革、共享与发展为理念，发挥着强有力的主导作用，并随着反贫困阶段的推进和反贫困特点的变化，不断创新升级反贫困战略，是中国反贫困取得巨大成就的关键。

第三节　中国农村贫困性质和特点的转变

一　绝对贫困向相对贫困转变

中国经济的长期高增长不仅有力助推了国家工业化、城市化的快速发展，也使得政府用于农村公共服务的扶贫支出不断增多，农村人口的收入水平和物质生活水平得以显著提高，对农村减贫发挥了重要作用。中国国内生产总值（GDP）从改革之初到2017年年均增速达到9.5%，同期人均GDP年均增速达到了8.5%[①]，农村居民人均纯收入也由改革之初的133.6元上升到2018年的14617元。经济的快速发展，加上有计划的反贫困政策与措施，使中国农村整体性贫困大幅度下降，2018年贫困地区农村居民人均可支配收入10371元，深度贫困地区农村居民人均可支配收入达到9668元。就贫困人口来看，以人均收入水平最低的甘肃为例，2018年剩余的111万贫困人口的人均可支配收入为4125元，明显高于国家贫困线，也高于2015年1.9美元（2564元/年[②]）的国际贫困线。总体上看，农村贫困人口基本生活需要得到解决，"两不愁"的目标已经提前实现。从贫困人口的结构来看，目前的贫困人口主要是大病、残疾、智障、五保、缺乏劳动力等特殊贫困群体，这部分特殊贫困群体通过社保兜底、医疗救助等措施基本生活问题也得到解决，由此可以推断目前中国的绝对贫困基本消除，下一步面对的将是相对贫困问题。

世界银行在《1981年世界发展报告》中关于相对贫困的描述是"当某些人、某些家庭或者某些群体没有足够的资源去获取他们那个社会公认的、一般都能享受到的饮食、生活条件、舒适或者参加某些活动的机会，就是处于贫困状态"。一般认为，相对贫困是指收入水平低于社会平均收入一定程

---

① 参见国家统计局《波澜壮阔四十载　民族复兴展新篇——改革开放40年经济社会发展成就系列报告之一》（http://www.stats.gov.cn/ztjc/ztfx/ggkf40n/201808/t20180827_1619235.html）。

② 参见《中国农村贫困监测报告（2016年）》，世界银行（2015）按1美元=3.696元人民币的购买力平价指数换算，每天1.9美元贫困标准以人民币表示为2011年每年2564元。

度的社会生活状态,重点表现在收入差距的不断拉大导致部分低收入人口在生产生活、社会参与、市场竞争等各个方面的边缘化和弱势化,国际社会一般将全部人口收入中位数的50%—60%以下作为经济上的相对贫困状态。中国多年的高速增长一直以效率优先,资源配置以城市为导向,使得城乡收入差距和农村内部收入差距不断扩大。《中国农村贫困监测报告(2018年)》将2017年农村居民按照可支配收入划分为五个组,低收入组人均可支配收入仅为3302元,高收入组人均可支配收入为31299元[①],差距非常之大。2017年中国的基尼系数高达0.465,处于国际公认的警戒线水平,农村居民的基尼系数高达0.6,进一步的研究显示,基尼系数每增加1%,贫困发生率上升3.5%。总之,相对贫困问题将成为今后一个时期农村反贫困面临的主要挑战。

二 生存性贫困向发展性贫困转变

多年来中国政府一直将"三农"问题作为工作的重点,不断深化农村改革,持续加大强农惠农富农政策力度,全面改善农村民生,使得中国农村的面貌和农村居民的生活条件发生了天翻地覆的变化,为2020年实现脱贫目标奠定了坚实的基础。同时,多年来有计划的反贫困行动,诸如以改善贫困地区生产生活条件为目标,以乡、村为单位进行的基础设施、基本农田、生态修复、产业开发、整村推进等建设工作,以贫困人口发展能力建设为核心的精准帮扶,包括教育扶贫、技能培训、易地搬迁、危房改造、饮水安全、金融支持等,以及农村低保、医疗保险、医疗救助、养老保险等制度体系建设,使得贫困地区的生产生活条件得到极大改善,贫困人口的生活质量明显提高。截至2017年,贫困地区89.2%的农户饮水无困难,户均住房面积达139.5平方米,2018年全国农村地区建档立卡贫困户危房改造157万户。与基本消除绝对贫困人口相一致,目前贫困人口的生存性问题基本得到解决,但同时贫困人口的发展能力、发展条件、发展机会等问题凸显出来,贫困性质正在由生存性贫困向发展性贫困转变。

发展性贫困集中表现在以下方面:一是就自身发展条件来看,绝大多数贫困地区,特别是像"三州三区"这样的深度贫困地区,生态环境恶劣,自

[①] 数据来源于笔者查询《中国农村贫困监测报告(2018年)》,本章2017年数据均来源于此。

然灾害多发，光、热、水、土资源高度不匹配，基本都是生态脆弱地区，在主体功能区格局下大多数属于限制和禁止开发区域，本身发展条件和发展潜力非常有限。二是就这些区域发展状况来看，基础设施建设和公共服务依然比较落后，城镇化与非农产业发展不足，市场规模有限，市场体系还很不完善，区域自身创造的发展机会也非常有限。三是就贫困人口自身来看，受教育程度低，人力资本不足，金融资本欠缺，抵抗市场风险和自然风险的能力缺乏，即便存在一些发展机会，但都存在一定的门槛，贫困人口没有能力跨越这些门槛。因此，贫困人口发展能力不足也将成为下阶段反贫困面临的主要问题。

三　物质性贫困向精神性贫困转变

反贫困的出发点和落脚点都是贫困的主体——人的发展。马斯洛将人的需求由低到高划分为：生理、安全、社交、尊重和自我实现需求，只有满足贫困人群各方面的需求，才能实现真正的反贫困目标。贫困地区由于历史以来在经济、社会、文化等方面发展滞后，形成了一定的贫困亚文化和不良习俗，在社会全面转型、人口流动等背景下，农村收入差距拉大，社会分化问题突出，强化了贫困的亚文化，使得部分处于社会最底层的贫困人口在价值取向、思维方式、行为方式等方面，落后于现代社会所认可的物质财富获取和精神生活需求满足的一般状态。这种状态集中表现为思想低落、观念陈旧、情绪消极等人文素养不高；自身发展动力不足，缺乏改变贫困命运的精神动力；在社会交往中，表现为自信心不足，自卑感强，社会资本和社会网络缺乏，尊严和自我实现需求难以得到满足。特别是精准扶贫政策实施以来，以"五个一批"等为内容的直接资源分配，增加了部分贫困人口的依赖性。目前，中国的脱贫攻坚在物质性贫困方面取得了重大突破，但在贫困人口的内生动力培育、社会资本和文化资本提升方面还存在很大差距，直接影响着精准脱贫的质量和脱贫的稳定性。

精神贫困在深层次上决定着贫困者脱贫的主体能动性，影响着物质贫困的解决进程，一个人或家庭一旦处于精神贫困，外在援助作用的发挥将受到极大阻碍。而精神贫困又具有一定的隐蔽性，总是附着于显像的物质贫困背后，难以明确判定，因此在短期内对精神贫困的干预是非常困难的。其次，精神贫困作为贫困文化的表现，其价值观念、行为方式、心理状态一旦形成，具有一定的稳定性和传递性，可能形成"贫困陷阱"，给进一步的反贫困造成很大困扰。贫困人口主观能动性的发挥成为下一阶段反贫困高度关注的问题。

四 单一收入贫困向多维贫困转变

多年来主要以收入为核心的贫困标准制定[①]、以收入水平提高为目标的扶贫措施以及以 GDP 增长率为主的干部考核制度等，对促使贫困人口快速下降、贫困面大幅度缩小发挥了重要作用。到 2018 年年底，贫困人口的人均可支配收入基本都达到了 3500 元以上，"两不愁"问题基本解决，但"三保障"问题依然突出，主要体现在长期的二元结构背景下产生的农村教育、医疗、健康、社会保障等方面的短板问题依然突出。虽然中国政府提出并推动城乡公共服务一体化，不断加强对贫困人口和贫困地区公共服务投入水平，但从总体上来看，中国现阶段正处于体制转轨与结构转型期，市场导向下优质资源向城镇集中是基本趋势，虽然贫困地区教育、医疗等基础设施条件得到很大改善，但高水平的医生、教师资源非常短缺，导致有能力的家庭通过流动就业、陪读、寄宿等形式向城镇转移，农村空心化伴随的是贫困地区教育、医疗资源的边缘化和贫困人口的边缘化。此外，中国农村合作医疗、大病救助、低保兜底等政策从无到有到基本普及，但受财政收入能力的限制，目前也只能遵循"低水平、广覆盖"的原则，依然无法满足贫困人口的需要。目前就没有脱贫的人口来看，老弱病残占剩余贫困人口绝大部分，以甘肃省为例，没有脱贫的 111 万贫困人口中，老弱病残占 61%，成为最难啃的硬骨头，并且农村空心化、劳动力短缺和老龄化导致的贫困成为新的社会焦点；其次是突发性事故、自然灾害与市场风险，给精准脱贫带来很大困扰。就已经脱贫人口来看，亟待提高脱贫质量，巩固脱贫成果，首先是防止因病、因学、因灾等问题导致的返贫问题，其次是满足贫困人口对发展能力、发展机会、教育、技能等方面的强烈需求。所以说，致贫原因多元化、复杂化，多维贫困已然成为目前农村贫困的主要表现，教育、医疗、社会保障、健康、就业等问题，将是下一

---

① 中国农村贫困线的制定，首先，确定一种营养标准，国家统计局将营养标准确定为每人每天 2100 大卡。然后，根据 20% 的最低收入人群的消费结构来测定出满足这一营养标准所需要的各种食物量，再按照食物的价格计算出相应的货币价值。这一货币价值称为"食物贫困线"。最后是确定"非食物贫困线"，简单的方法是既可以主观地确定食物贫困线在整体贫困线中的比例，也可以参照整个社会的恩格尔系数或低收入人群的恩格尔系数来确定这一比例。

阶段巩固脱贫成果需要解决的重点问题。

五　空心化和老龄化成为新的贫困问题

一方面受长期计划生育政策影响，农村人口结构中的少子化、老龄化问题突出；另一方面随着长期农村劳动力流动，形成了大多数青壮年劳动力外出务工，老、弱、病、妇、幼人口基本留守的格局，农村空心化、老龄化问题越来越突出。甘肃的调查数据显示，在农村居住六个月以上的户籍人口的比例仅为44.2%（贫困山区35.7%），留守劳动力的平均年龄为53.2岁，女性比例为67.7%。随着农村人口结构不断演化，在不断严重的老龄化背景下，农村老年人口的贫困将很快成为农村贫困的主要形式。一方面，农村老年人口随着年龄的增长，劳动就业能力和收入水平上升，健康状况越来越差，特别是贫困地区农村老年人口在长期艰苦的生活条件、不良的医疗条件和高强度劳动压力下，健康问题突出，医疗费用增加，在家庭和社会中都处于边缘化状态，非常容易产生物质贫困。另一方面，由于子女外出打工加重了农村老人的农业负担，降低老年人口晚年的福利水平；大量的空巢老人因为缺乏子女的生活照料，其脆弱性和孤独感倍增，非常容易产生精神贫困问题。农村空心化、老龄化和少子化成为新的贫困问题。

第四节　2020年后中国农村反贫困政策取向

一　目标与政策定位

在国家发展战略框架下进行反贫困，始终坚持以人民为中心，以人的全面发展为目标，全面对接党的十九大提出的两个100年的目标，将反贫困作为消除不平衡、不充分矛盾的核心内容；在乡村振兴战略框架下推进反贫困，提升反贫困质量，巩固成果，从根本上消除城乡二元结构背景下的结构性贫困问题，正确处理乡村振兴与精准扶贫的关系，逐步推进精准扶贫与乡村振兴的有效衔接。制定新的更高的扶贫标准，选择出进一步需要得到扶持的贫困人口，通过财政政策、产业政策、金融政策、自主创业等形式，使贫困人口在物质和精神两方面逐步摆脱贫困；在消除绝对贫困的基础上，进一步从较高标准、较高水平上全面提升贫困人口的发展水平，结合开发性扶贫与保障性扶贫，逐渐消除相对贫困、发展性贫困与精神性贫困。

二 政策内容

"到 2020 年我国现行标准下农村贫困人口实现脱贫，贫困县全部摘帽，解决区域性整体贫困"的目标即将实现，但这并不意味着消灭了贫困，贫困的长期性、历史性、复杂性将会持续存在，只是贫困的性质和特点发生了根本性变化。针对这一变化，农村反贫困政策方向应该做出相应的调整。

（一）进一步提升城乡公共服务均等化水平，消除结构性贫困

基本公共服务非均等化是致贫的重要根源，城乡基本公共服务均等化是实现城乡扶贫体系的重要保障，使城乡人口逐步享有均等化的基本公共服务是建立城乡一体化扶贫体系的客观要求。城乡一体化扶贫体系的构建能够打破城乡分治的现有二元扶贫模式，推动城乡扶贫的一体化融合，实现城乡要素平等互换，帮助城乡贫困人口享受扶贫政策、数量、质量和标准上的均等化；通过确定扶贫标准、清晰扶贫对象、依靠资金保障、鼓励社会力量参与、完善救助服务等方面构建城乡一体化扶贫体系。

在基本消除绝对贫困的同时，教育、医疗、卫生、健康、就业等问题成为新的发展阶段的重点与核心。提升贫困人口人力资本水平，提高贫困人口获取稳定收入的能力，是摆脱自然资源束缚、阻断贫困代际传递的重要手段。因此，应继续加大优质教育资源、医疗资源向贫困地区倾斜的力度，促进城乡义务教育的均衡发展，在保障农村学龄人口有学上的同时，将农村教育工作的重点向提高教育质量倾斜；针对农村普遍存在的健康问题与因病致贫、因病返贫问题，需要瞄准对象，进一步提高合作医疗和医疗救助水平，将精准扶贫与医疗救助相结合，强化农村疾病预防、医疗保健工作，从根本上提高农村居民健康水平；对农村进行文化建设，逐步改变不利于脱贫的意识和观念，继承和发扬农村优秀的传统文化，提升农户的文化涵养，从根本上解决发展动力不足的问题。总之，从公共服务层面缩小城乡差距是减缓相对贫困、提升贫困人口发展能力的重点和核心。

（二）进一步提升区域发展水平，实现益贫性增长

中国反贫困的成功经验，一方面是通过改革开放与高速经济增长为广大民众提供普遍的发展机会，另一方面是通过有组织、有计划、大规模的扶贫开发，尽最大努力提高贫困人口生活水平。根据益贫式增长理念，中国经济需要保持中高速增长和持续发展，提供大量的经济和社会机会，通过"涓滴

效应"普及大众，但经济增长并不必然利于贫困人口，需要政府加大农村地区经济、教育、医疗、社会保障等各方面的投入。

实现贫困地区益贫增长，首先要加大对贫困地区的投资，充分利用财政政策，将公共投资向贫困地区倾斜，尤其需要投资那些能够为贫困人口带来直接收入的领域，如投资贫困地区的电力、道路、供水、医疗等基础设施。大量的贫困人口生活在农村，需继续发展农业以及与农业相关产业，逐步提升农产品价格；发挥金融部门的作用，通过小额信贷等项目的支持，鼓励贫困人口根据资源、能力等实际进行创业，拓宽贫困人口的增收渠道。其次，加强贫困人口的职业培训，提升贫困人口的教育水平，提高贫困人口的人力资本和素质能力，逐步提高贫困人口就业率。一方面，加大对贫困地区小规模农业、食品生产、服务性行业等劳动密集型企业的建立，为贫困人口就业提供更多机会；另一方面，强化对贫困人口的职业培训，尤其是对于没能进入高中、大学的学生，返乡人员，下岗失业人员，给予财政、教育、培训等方面的支持，逐步提升贫困人口的人力资本，增强贫困人口的就业能力，提升贫困人口的劳动参与率，使贫困人口获得更多的劳动收入和尊严。最后，消除劳动力市场的二元结构，为劳动者提供公平的竞争环境。有计划地逐步消除劳动力市场的二元结构，尤其对贫困地区给予足够的扶贫力度，保证贫困人口在劳动力市场得到公平对待，不断提升贫困人口的就业机会和劳动收入，提高贫困人口生活水平。

（三）持续推进产业扶贫，巩固扶贫成效

产业扶贫是打赢脱贫攻坚战的重要支撑，能够帮助贫困地区从整体上解决贫困。贫困地区依托自身的地理环境、气候环境、自然资源等发展特色产业链，贫困地区的贫困户能有效参与，在产业带动下直接和间接受益，使贫困户和贫困地区的发展协调统一，提升贫困人口和贫困地区的自我发展力、自我竞争力。一方面激发发展动力，根植发展基因；另一方面还能在产业发展过程中转变贫困人口的经济观念、思想观念，阻断贫困发生的动因。但在产业推动过程中仍存在企业拍下土地长期闲置、项目落地难、贫困户参与度低、村集体经济薄弱等问题，在后贫困时代需要更进一步选择产业、落实产业。着重培养具有一定竞争力的企业，引领龙头企业到贫困地区建设示范基地，领办农民合作社，利用贫困地区具有的资源，发展"一村一精品"的富民特色产业，支持农产品初步加工，提升农业的技术含量，用科技引领贫困地区产业发展；加大对于贫困地区产业发展投入力度，完善产业扶贫优惠政策。政府要在贫困地区农业生产基础设施、农业科技推广服务、现代农业产业体系、新型经营主体发展、农业防灾减灾等项目资金安排上加大向贫困地区倾斜支持力度，最大限度发挥产业的带动作用。

构建普惠金融体系。普惠金融这一面向农村地区和贫困人口的金融创新模式，不但能够解决贫困人口生产性资本匮乏的难题，也会促进科技创新与科技成果的扩散应用。因信用体系建设不完善、金融市场信息不对称、匹配效率低所带来的贫困地区生产性资本的匮乏和获得性困难是贫困人口脱贫致富的重要制约因素。普惠金融作为重点面向被传统金融忽视的农村地区、城乡贫困群体和小微企业的新金融体系，旨在为包括贫困人口在内的弱势群体提供与其他传统金融客户平等享受金融服务的权利。普惠金融通过金融科技创新和商业模式创新，有助于建设覆盖城乡贫困人口的金融服务和社会信用体系，提高金融服务的渗透率。借助普惠金融突破金融排斥效应，能够有效提升农民和农业生产的风险对冲能力和信贷偿还能力，进而促进贫困人口和社群由生存型生产向发展型和规模型生产转型。普惠金融一方面有助于促进农村供给侧改革和产业结构调整，另一方面可以通过小额信贷、金融互助等方式推动贫困人口积极参与生产经营活动，使其获得持续的经营收入，对提升贫困人口内在脱贫能力、建立有效的风险补偿和分担机制、推进乡村振兴具有重要意义。

拓宽贫困地区贫困户的增收渠道。采用多种发展模式，持续推进贫困户增收，使"合作社+农户""合作社+基地+农户""电商+农户""企业+农户"等发展模式切实为贫困地区带来新的发展机遇，通过将贫困户、村集体、企业联系起来，构建多方受益机制，培养贫困户的综合技能水平，增强贫困户自力更生的能力，持续拓宽贫困户的增收渠道。贫困人口能够有效利用当地资源，进行自主创业，可以借助社会资本推动当地旅游业的发展，传播地方旅游文化，实现增收；可以发展农村电商，促进当地产业电商化进程，从而带动农林产品标准化、规模化、商品化、品牌化进程，形成新型农业生产方式和农产品流通体系，切实促进当地产业的振兴和发展。

（四）进一步完善社会救助政策，消除绝对贫困，缩减相对贫困

在反贫困进程中，精准扶贫与社会救助制度共同推进贫困的消除，精准扶贫目标的实现在基础层面上依赖于社会救助政策的实施效果。随着脱贫攻坚工作的逐步完成，多数农村地区的贫困形式由过去的绝对贫困为主转化为绝对贫困与相对贫困并存的新阶段，致使社会救助面临消极救助取向凸显、反贫困造血功能不足、救助标准过低、专项救助政策"悬崖效应"等问题呈现。后脱贫攻坚时代亟须完善农村社会救助体系，强化兜底保障功能，实现社会救助体系与精准扶贫、乡村振兴的衔接。首先，采取分类指导的救助原则，对于有能力有意愿的贫困户进行职业培训，提供小额无息贷款，为其提供就业机会；对于失去就业能力的贫困户，充分发挥社会救助的兜底保障功能，确保农村贫困人口的基本生存，并根据当地经济发展水平和生活成本的变化进行动态调整。其次，在完善社会救助的同时，需更加强调自力更生的社会文化建设，鼓励村民勤劳致富，使更多人了解到社会救助的作用。塑造自力更生，崇尚劳动的社会文化，鼓励贫困人口参与劳动，提升自己的就业能力，实现内在的造血。最后，整合发挥社会救助与精准扶贫、乡村振兴的反贫困作用。推进社会救助内部各项制度的衔接，分类指导，按需救助；整合社会救助与精准扶贫，对于无力脱贫、无业可扶的建档立卡贫困户，纳入兜底保障，对于精准扶贫范围内的低保户进行精准帮扶；加强社会救助与乡村振兴的衔接，借助乡村战略的契机，完善农村社会保障体系，构建城乡一体化的社会救助体系，通过各项措施稳步提升贫困人口收入，促进生活困难户的持续改善。

当前和今后一段时期，老弱病残、儿童、妇女等弱势群体将是农村贫困的主要群体，他们自身基本不具备脱贫能力，因此应根据其基本特征和实际需求构建综合性减贫保障体系。完善对于城乡低保对象、农村五保对象等重点贫困人群的紧急救助体系，强化对孤寡老人、长期患病和残疾人的长期支助，通过构筑包含现金转移支付（有条件和无条件的）、食品相关计划、价格和其他补贴、公共劳务等在内的社会安全网，一方面使他们通过最低社会保障兜底和各项福利政策摆脱贫困，另一方面通过完善农村养老制度、医疗保障制度等，保障特殊贫困群体的基本生活。其次，创新农村发展型社会救助制度，通过进一步设置农村公益性就业岗位，比如农村卫生保洁、生态林管护、集体经济管理、医疗保健等，促进农村发展性社会救助制度的完善与提升。此外，还应继续完善各类农业支持与保护政策，确保贫困人口生计的可持续性。

（五）构建贫困者自主脱贫的内生机制，降低精神性贫困

精神贫困在深层次上决定贫困者的主观能动性，是摆脱贫困内生动力的主要障碍。如果将脱贫完全寄托于外在的政府和社会的帮助，将难以从自身找寻脱困的真实根源，丧失脱贫的信心和动力，缺乏改变贫困命运的勇气，要真正实现精准脱贫，最为重要的在于激发贫困者的内在动力，激发贫困者的自主发展能力，使自力更生主流化并内生为一种行为自觉，通过自身的努力实现真正脱贫。

精神性贫困要综合考虑贫困者的物质、精神、心理等，通过思想宣传教育，将脱贫观念、能力培养和家庭经济利益相结合，推动贫困户贫困思想的改变，激发贫困户自力更生、不断进取的原生动力，实现"造血"能力的培养；不断提升贫困户的基础教育和技能培训，培育其发展生产的基本技能，帮助贫困户形成自我发展能力，拓宽贫困户的就业渠道，提升贫困户参与扶贫项目的积极性，实现贫困户自力更生；完善贫困地区公共服务供给机制，推进城乡公共服务资源配置合理化。强化财政资金对于贫困地区的支持力度，推动贫困地区基础设施、科教文卫等领域的建设，逐步实现城乡公共资源合理化配置，增强贫困人口的减贫、防贫能力。

三 政策实施与保障制度

（一）扩展反贫困主体参与，共建共享的多主体合作机制

构建政府为引导，贫困人口为主导，社会力量积极参与的扶贫机制。将政府主导的自上而下的扶贫机制转变为由贫困人口为主导的自力更生扶贫机制，充分调动贫困人口的积极性、主动性，实现扶贫过程中规划、资金、管理等资源的决策权、控制权集中到贫困人口手中，由贫困人口主导，充分激活贫困人口的主观能动性，增强贫困人口的扶贫工作参与度和热情，进一步提升扶贫的成效；进一步完善村民自治机制，健全贫困地区村务公开及相关民主议事制度，让贫困人口能够对扶贫涉及的资源、项目、村级事务享有知情权、参与权、监督权和管理权，使贫困人口在参与扶贫开发过程中实现自身能力的提高，推进贫困地区的可持续发展，形成持续发展机制。

扶贫项目实施过程中，基层组织存在极其重要的作用。基层组织能够整合扶贫资源，切实了解扶贫真实情况，做到有的放矢，实现"真脱贫"，树立基层组织的威信；基层组织能够切实履行中央政府的扶贫要求，将扶贫政策与当地扶贫实际紧密结合，推进精准扶贫的有效实施。非政府组织在农村扶贫中相对较为专业，具有丰富的经验，运作方式和工作方法较为灵活，能够赢得贫困人口的信任和支持，将政府、基层组织与非政府组织结合，能够充分利用社会闲散资金进入扶贫领域，提供资金、舆论、传播等方面的支持，能够成为精准扶贫有益的帮手，提高精准扶贫的质量和效率。

积极构建扶贫主体、基层组织和非政府组织在精准扶贫中的联动机制，进一步发挥贫困人口参与扶贫开发的主体作用，实现"自上而下"单向扶贫方式向贫困人口参与式扶贫的转变，提升贫困人口的自我发展和持续发展的能力；落实基层组织的引导作用，注重基层组织的协调引领，瞄准当地扶贫实际，完善基层组织为贫困人口提供社会救助、医疗、教育等公共服务的能力，使贫困人口真脱贫；发挥非政府组织的补充作用，构建开发、合作、公开的多方主体参与的扶贫开发社会参与体系，推动非政府组织与政府组织的合作，发挥非政府组织在扶贫中的经验和能力，为精准扶贫提供补充。

扶贫工作的开展不仅需要贫困人口的主导作用，政府的引领地位，更需要调动社会力量参与脱贫致富，进行社会创业。社会创业强调企业在追求经济绩效的同时，承担社会责任和解决社会问题。面向农村和贫困人口的社会创业，将充分释放企业家精神等，极大地推动反贫困和乡村振兴。传统的救济式和输血式扶贫模式无法真正调动贫困人口和其他社会主体积极性，导致由政府主导的反贫困项目成效有限，难以显著提升包括贫困人口在内的社会主体的持续生产力。社会创业作为全球范围内的新兴创业形式，强调组织或个人主动承担社会使命，借助市场化的方式激励多主体参与解决社会问题、满足社会需求，同时创造社会价值和经济价值。社会创业是应对农村贫困地区和公共服务领域市场配置资源失灵的新方式，有助于打破商业和公益之间的界限，在开展面向弱势群体和社会底层人口的生产经营活动的同时，能够联合市场力量和公共部门力量，为贫困人口所在社群和区域创造更多的社会链接和社会资本。社会创业的模式和理念有助于在开放、高度互联的时代，推动多主体多角色的协同，以新方法、新模式激发贫困人口和社群创造活力，吸引更广泛的商业性参与，为开发式扶贫和增长式扶贫注入持久生命力。

（二）构建反贫困制度体系，推进反贫困制度创新

扶贫制度化是实施扶贫战略的关键，是新时期农村反贫困战略的重要内容，其根本目的在于建立保证所有贫困人口能够得到持续扶持的经济和法律制度，不仅包括物质生产领域的经济体制及其运行机制变革，更包括扶贫组织体系、贫困人口自身生产、精神生产和生态生产等领域的体制及其运行机制改革，做到物质再生产、精神再生产、贫困人口自身再生产和生态再生产的相互适应、相互协调，促进物质资本、人力资本、生态资本相互增值，最终使贫困人口融入城市经济社会的正常循环中。

制度创新是提升贫困治理水平，确保教育、科技、金融等创新要素有效作用于贫困人口和社群的制度保障。近年来随着中国绝对贫困的逐步缓解，贫困问题的复杂性、多元化特征更加凸显，贫困治理的边际收益逐渐递减，存在诸如部门协调难度大、扶贫资源配置效率低、深度贫困人口无法精准识别、动态监管不完善、贫困人口生产积极性不高等问题，中国的反贫困治理正在从临时的、项目制的治理转向制度性治理。一方面，借助大数据和人工智能等新技术的应用推动制度创新，建立激励相容的扶贫制度，有助于统筹中央和地方各级政府以及基层自治组织，实现贫困治理过程中的政策共享、信息共享、资源配置追踪、扶贫绩效跟踪和透明化监管，促进多级组织协同创新。另一方面，通过推动农村产权制度改革，做好农村整体性和区域协同性政策设计，有助于保障农民的基本权利，建立制度、激励、组织和能力相统一的高效贫困治理体系。贫困治理模式的创新也将极大地降低扶贫风险，提升精准扶贫和制度性治理阶段的开发式扶贫绩效，为贫困人口和社群的可持续发展提供制度保障和激励。

（三）提升反贫困法制化水平，保障贫困人口权益

贫困者的弱势地位要求反贫困立法应遵循保护贫困者利益原则。一切以贫困者权利的实现为出发点和归宿，把反贫困立法真正立成贫困者权利的保障之法。反贫困法律应着重处理以下几方面关系：首先，贫困主体与反贫困主体之间的权利义务关系，涉及发生于二者之间的标准界定问题、资金发放问题、权益保护问题、权利救济问题等，该层关系不仅是反贫困领域众多社会关系的核心，同时也是反贫困立法的重点调整对象。其次，反贫困主体之间的组织协调关系，涉及的主体主要有政府与银行、政府与企业、中央与地方、政府各部门等，包括的社会关系主要是资金使用关系、行政管理关系和经济管理关系等。最后，监督主体与被监督主体的监督关系，监督是决定反贫困成败的关键一环，是反贫困立法的调整重点。这里的反贫困监督关系既要包括自上而下的财政、监察等方面的监督，还应包括自下而上的贫困者、媒体、普通公众的监督。应构建多维度的贫困评价体系，实现反贫困法制化，保障贫困人口权益，推进反贫困的法制化进程。

参考文献

中　文

白菊红、袁飞：《农民收入水平与农村人力资本关系分析》，《农业技术经济》2003年第1期。

白重恩、李宏彬、吴斌珍：《医疗保险与消费：来自新型农村合作医疗的证据》，《经济研究》2012年第2期。

布迪厄：《文化资本与社会炼金术》，上海人民出版社1997年版。

蔡昉、白南生：《中国转轨时期劳动力流动》，社会科学文献出版社2006年版。

蔡昉、张车伟：《中国人口与劳动问题报告》，社会科学文献出版社2015年版。

蔡立雄、何炼成：《中国农村经济市场化指数——各地区的相对进程研究》，《经济学家》2008年第2期。

蔡亚庆、王晓兵、杨军等：《我国农户贫困持续性及决定因素分析——基于相对和绝对贫困线的再审视》，《农业现代化研究》2016年第1期。

曹阳、李庆华：《我国农户劳动力配置决策模型及其应用》，《华中师范大学学报》（人文社会科学版）2005年第1期。

陈斌开：《收入分配与中国居民消费——理论和基于中国的实证研究》，《南开经济研究》2012年第1期。

陈斌开、陈琳、谭安邦：《理解中国消费不足：基于文献的评述》，《世界经济》2014年第7期。

陈风波、丁士军、Henry Lucas：《家庭结构、重大疾病和农村劳动力迁移》，《华南农业大学学报》（社会科学版）2014年第3期。

陈锋：《"闪婚"与"跨省婚姻"：打工青年婚恋选择的比较研究》，《西北人口》2012 年第 33 期。

陈佳、杨新军、尹莎：《农户贫困恢复力测度、影响效应及对策研究——基于农户家庭结构的视角》，《中国人口·资源与环境》2016 年第 1 期。

陈建伟：《教育的婚姻回报："学得好"与"嫁得好"》，《上海财经大学学报》2015 年第 6 期。

陈力、胡颖森：《低收入家庭子女高等教育收益研究》，《财会通讯》2012 年第 15 期。

陈良焜、鞠高升：《教育明瑟收益率性别差异的实证分析》，《北京大学教育评论》2004 第 3 期。

陈明珠：《改革开放四十年的扶贫历程与展望》，《求知》2019 年第 1 期。

陈思宇、胡志安、陈斌开：《技术与文化：互联网如何改变个人价值观》，《经济学动态》2016 年第 4 期。

陈锡文：《坚决打赢脱贫攻坚战　如期实现全面小康目标》，《中国人大》2016 年第 7 期。

陈艺琼：《农户家庭劳动力资源多部门配置的增收效应分析》，《农村经济》2016 年第 7 期。

陈玉宇、邢春冰：《农村工业化以及人力资本在农村劳动力市场中的角色》，《经济研究》2004 年第 8 期。

陈玉宇、吴玉立：《信息化对劳动力市场的影响：个人电脑使用回报率的估计》，《经济学（季刊）》2008 年第 4 期。

陈志钢、毕洁颖、吴国宝、何晓军、王子妹一：《中国扶贫现状与演进以及 2020 年后的扶贫愿景和战略重点》，《中国农村经济》2019 年第 1 期。

程名望、潘烜：《个人特征、家庭特征对农村非农就业影响的实证》，《中国人口·资源与环境》2012 年第 2 期。

程名望、史清华、Jin Yanhong：《农户收入水平、结构及其影响因素——基于全国农村固定观察点微观数据的实证分析》，《数量经济技术经济研究》2014 年第 5 期。

程名望、史清华、Jin Yanhong 等：《农户收入差距及其根源：模型与实证》，《管理世界》2015 年第 7 期。

程名望、张家平：《互联网普及与城乡收入差距：理论与实证》，《中国农村经济》2019 年第 2 期。

程嫏、郑逸芳、许佳贤：《家庭禀赋、结构制约与已婚女性劳动供给——基于2010年中国综合社会调查数据的分析》，《劳动经济研究》2017年第2期。

崔丽霞：《"推拉理论"视阈下我国农民工社会流动的动因探析》，《江西农业大学学报》（社会科学版）2009年第2期。

邓蒙芝、罗仁福、张林秀：《道路基础设施建设与农村劳动力非农就业——基于5省2000个农户的调查》，《农业技术经济》2011年第2期。

董雅丽、杜振涛、唐洁文：《消费文化观念对消费意向的影响研究》，《经济问题探索》2010年第9期。

都阳、蔡昉：《中国农村贫困性质的变化与扶贫战略调整》，《中国农村观察》2005年第5期。

都阳、王美艳：《农村剩余劳动力的新估计及其含义》，《广州大学学报》（社会科学版）2010年第4期。

杜两省、彭竞：《教育回报率的城市差异研究》，《中国人口科学》2010年第5期。

杜鹰、白南生：《走出乡村》，经济科学出版社1997年版。

杜育红、孙志军：《中国欠发达地区的教育、收入与劳动力市场经历——基于内蒙古赤峰市城镇地区的研究》，《管理世界》2003年第9期。

杜育红、周雪飞、金绍梅：《欠发达地区城镇个人教育收益率——以内蒙古赤峰市为例的研究》，《西北师大学报》（社会科学版）2006年第1期。

樊胜根、张林秀：《WTO和中国农村公共投资》，中国农业出版社2003年版。

樊士德、江克忠：《中国农村家庭劳动力流动的减贫效应研究——基于CFPS数据的微观证据》，《中国人口科学》2016年第5期。

范海燕、胡冰：《改革开放以来中国妇女婚姻观念的变迁》，《中华女子学院学报》1997年第4期。

范黎波、杨金海、黄铄婷：《社会保障提升能有效促进居民消费吗？——基于分位数回归与反事实分解方法的研究》，《华东经济管理》2017年第3期。

方超、黄斌：《教育人力资本投资能够缩小农村居民的工资性收入差距吗？》，《教育与经济》2017年第4期。

方丽、田传浩：《筑好巢才能引好凤：农村住房投资与婚姻缔结》，《经济学（季刊）》2016年第2期。

方子杰、李新然、龙蔚：《论我国农业劳动力的女性化趋势》，《经济问题探索》

1998年第6期。

方子杰、李新然、普雁翎：《试论女性农业化对农村妇女发展的影响》，《农村经济》2000年第5期。

费喜敏、王成军：《基于推拉理论的农民工定居地选择意愿的实证研究》，《软科学》2014年第3期。

冯唱：《我国教育收益率的城乡及性别差异分析》，《经济视角（中旬刊）》2014年第1期。

冯海红：《小额信贷、农民创业与收入增长——基于中介效应的实证研究》，《审计与经济研究》2016年第5期。

干晟、石晓平：《江西农村劳动力非农就业的影响因素分析——基于三个村的案例研究》，《科技与经济》2007年第5期。

高丽丽：《甘肃省农业劳动力女性化及其对农业生产的影响》，硕士学位论文，西北师范大学，2016年。

高龙：《农村劳动力老龄化和女性化对农民经营性收入的影响研究》，硕士学位论文，华中科技大学，2013年。

高梦滔、和云：《妇女教育对农户收入与收入差距的影响：山西的经验证据》，《世界经济》2006年第7期。

高梦滔、张颖：《教育收益率、行业与工资的性别差异：基于西部三个城市的经验研究》，《南方经济》2007年第9期。

高颖、张秀兰：《北京市近年婚配状况的特征及分析》，《中国人口科学》2011年第6期。

关爱萍、董凡：《农业女性化、女性农业化及对贫困的影响分析——基于甘肃省14个贫困村的农户调查数据》，《人口与发展》2018年第2期。

关爱萍、刘可欣：《农村女性人力资本对家庭收入的影响——基于甘肃省贫困村的实证分析》，《人口与发展》2018年第4期。

郭家堂、骆品亮：《互联网对中国全要素生产率有促进作用吗？》，《管理世界》2016年第10期。

国勇：《调查：中国家庭基尼系数高于全球平均水平》，《企业改革与管理》2013年第1期。

韩宝国、朱平芳：《宽带对中国经济增长影响的实证分析》，《统计研究》2014年第10期。

韩俊、郭建鑫：《中国农村教育收益率的实证研究》，《农业技术经济》2007年第4期。

韩文丽：《返乡农民工结构、回流动因及其政策影响——基于绵阳、南充、遂宁三地调查数据的分析》，《观察思考》2016年第1期。

韩玉萍、邓宗兵、王炬、赵立平：《收入不确定性对农村居民消费影响的空间异质性研究》，《经济地理》2015年第11期。

何建新：《中国农村劳动力转移数量测算及未来趋势预测》，《河南师范大学学报》（自然科学版）2013年第4期。

何文炯：《中国社会保障：从快速扩展到高质量发展》，《中国人口科学》2019年第1期。

何仲、吴梓栋、陈霞、吕廷杰：《宽带对我国国民经济增长的影响》，《北京邮电大学学报》（社会科学版）2013年第1期。

贺达、顾江：《互联网对农村居民消费水平和结构的影响——基于CFPS数据的PSM实证研究》，《农村经济》2018年第10期。

贺娅萍、徐康宁：《互联网对城乡收入差距的影响：基于中国事实的检验》，《经济经纬》2019年第2期。

贺振华：《农户兼业及其对农村土地流转的影响——一个分析框架》，《上海财经大学学报》2006年第8期。

侯风云：《中国农村人力资本收益率研究》，《经济研究》2004年第12期。

侯风云：《中国人力资本投资与城乡就业相关性研究》，生活·读书·新知三联书店2007年版。

侯建昀、刘军弟：《交易成本对农户市场化行为影响研究》，《农业技术经济》2014年第8期。

侯西安：《农村青年女性婚姻观转变的时代性剖析——以陕西省高陵县调查为例》，《福建师范大学福清分校学报》2007年第4期。

胡联、王娜、汪三贵：《精准扶贫的理论创新——基于马克思主义政治经济学视角》，《财贸研究》2017年第7期。

胡奇：《土地流转对农村剩余劳动力数量影响的研究》，《人口与经济》2012年第5期。

胡颖森、黄瑞、彭锐：《低收入家庭子女的高等教育回报分析》，《统计与决策》2011年第19期。

黄斌、高蒙蒙、查晨婷：《中国农村地区教育收益与收入差异》，《中国农村经济》2014年第11期。

黄斌、钟晓琳：《中国农村地区教育与个人收入——基于三省六县入户调查数据的实证研究》，《教育研究》2012年第3期。

黄敦平：《农村劳动力流动微观决策分析》，《人口学刊》2016年第5期。

黄鹤群：《规范农村土地流转完善风险防范机制——以南通市农村土地流转为例》，《现代经济探讨》2015年第3期。

黄俊：《农业科技在农民增收中的有效供给问题初探》，《科技进步与对策》2006年第3期。

黄小娥、孙凯：《探讨农业女性化背景下贫困山区经济发展的有效途径》，《产业与科技论坛》2011年第12期。

黄晓波：《教育收益率性别差异的实证分析》，《经济研究导刊》2009年第22期。

黄志岭、姚先国：《教育回报率的性别差异研究》，《世界经济》2009年第7期。

黄宗智：《长江三角洲的小农家庭与乡村发展》，中华书局1992年版。

黄祖辉、张静、Kevin, Chen：《交易费用与农户契约选择——来自浙冀两省15县30个村梨农调查的经验证据》，《管理世界》2008年第9期。

加里·斯坦利·贝克尔：《家庭论》，商务印书馆2014年版。

简必希、宁光杰：《教育异质性回报的对比研究》，《经济研究》2013年第2期。

孔祥智、方松海、庞晓鹏等：《西部地区农户禀赋对农业技术采纳的影响分析》，《经济研究》2004年第12期。

莱斯利：《社会脉络中的家庭》，华夏出版社1982年版。

赖德胜：《教育、劳动力市场与收入分配》，《经济研究》1998年第5期。

雷潇雨、龚六堂：《城镇化对于居民消费率的影响：理论模型与实证分析》，《经济研究》2014年第6期。

雷晓燕、许文健、赵耀辉：《高攀的婚姻更令人满意吗？——婚姻匹配模式及其长远影响》，《经济学（季刊）》2014年第10期。

冷智花、付畅俭、许先普：《家庭收入结构、收入差距与土地流转——基于中国家庭追踪调查（CFPS）数据的微观分析》，《经济评论》2015年第5期。

李炳、赵阳：《互联网金融对宏观经济的影响》，《财经科学》2014年第8期。

李春玲：《文化水平如何影响人们的经济收入——对目前教育的经济收益率

的考查》,《社会学研究》2003年第3期。

李稻葵、刘淳、庞家任:《金融基础设施对经济发展的推动作用研究——以我国征信系统为例》,《金融研究》2016年第2期。

李德显、陆海霞:《高等教育机会获得与家庭资本的相关性研究——基于中国家庭追踪调查CFPS数据的分析》,《全球教育展望》2015年第4期。

李俊高、李俊松:《新一轮的农村土地流转:理论争论、实践困境与机制创新》,《农村经济》2016年第1期。

李旻、赵连阁:《农业劳动力"女性化"现象及其对农业生产的影响——基于辽宁省的实证分析》,《中国农村经济》2009年第5期。

李明艳、陈利根、石晓平:《非农就业与农户土地利用行为实证分析:配置效应、兼业效应与投资效应——基于2005年江西省农户调研数据》,《农业技术经济》2010年第3期。

李实:《中国城市中的三种贫困类型》,《经济研究》2002年第10期。

李实、丁赛:《中国城镇教育收益率的长期变动趋势》,《中国社会科学》2003年第6期。

李小江、朱虹、董秀玉:《主流与边缘》,生活·读书·新知三联书店1999年版。

李晓嘉:《教育能促进脱贫吗——基于CFPS农户数据的实证研究》,《北京大学教育评论》2015年第10期。

李雪松、詹姆斯·赫克曼:《选择偏差、比较优势与教育的异质性回报:基于中国微观数据的实证研究》,《经济研究》2004年第4期。

李雅宁、赵睿:《福利、绩效与我国小额信贷的可持续性》,《河南社会科学》2015年第6期。

李艳春、滕怀文:《农村女性劳动力流动的影响因素分析》,《哈尔滨商业大学学报》(社会科学版)2013年第2期。

李煜、徐安琪:《择偶模式和性别偏好研究——西方理论和本土经验资料的解释》,《青年研究》2004年第10期。

李珍、韦胜阻:《婚姻梯度问题》,《上海青少年研究》1986年第9期。

连玉君、彭方平、苏治:《融资约束与流动性管理行为》,《金融研究》2010年第10期。

梁润:《中国城乡教育收益率差异与收入差距》,《当代经济科学》2011年第6期。

林伯强：《中国的经济增长、贫困减少与政策选择》，《经济研究》2003年第12期。

林南、俞弘强：《社会网络与地位获得》，《马克思主义与现实》2003年第2期。

林南、敖丹：《社会资本之长臂：日常交流获取工作信息对地位获得的影响》，《西安交通大学学报》（社会科学版）2010年第6期。

刘湖、张家平：《互联网对农村居民消费结构的影响与区域差异》，《财经科学》2016年第4期。

刘靖：《非农就业、母亲照料与儿童健康——来自中国乡村的证据》，《经济研究》2008年第9期。

刘满凤、赵珑：《互联网金融视角下小微企业融资约束问题的破解》，《管理评论》2019年第3期。

刘民权、俞建拖：《国际扶贫的理论和政策实践》，中国发展研究基金会，2007年。

刘培森、尹希果：《新生代农民工市民化满意度现状及其影响因素研究》，《西安财经学院学报》2017年第1期。

刘万霞：《我国农民工教育收益率的实证研究——职业教育对农民收入的影响分析》，《农业技术经济》2011年第5期。

刘晓倩、韩青：《农村居民互联网使用对收入的影响及其机理——基于中国家庭追踪调查（CFPS）数据》，《农业技术经济》2018年第9期。

刘晓宇、张林秀：《农村土地产权稳定性与劳动力转移关系分析》，《中国农村经济》2008年第2期。

刘修岩、章元、贺小海：《教育与消除农村贫困：基于上海市农户调查数据的实证研究》，《中国农村经济》2007年第10期。

刘燕梅、段小红：《农民受教育程度对其家庭收入的影响分析——基于甘肃省13个市县的实地调研》，《浙江农业学报》2013年第2期。

刘玉成、徐辉：《家庭与个人因素影响下的农民多元就业选择——基于CFPS数据的实证研究》，《经济经纬》2017年第1期。

刘玉春、修长柏、刘志华：《农业科技投入增收效应的动态检验》，《科学管理研究》2016年第4期。

刘泽云：《女性教育收益率为何高于男性？——基于工资性别歧视的分析》，《经济科学》2008年第2期。

刘子兰、刘辉、袁礼：《人力资本与家庭消费——基于CFPS数据的实证分析》，《山西财经大学学报》2018年第4期。

刘祖云、刘敏：《关于人力资本、社会资本与流动农民社会经济地位关系的研究述评》，《社会科学研究》2005年第6期。

柳建平、张永丽：《劳动力流动对贫困地区农村经济的影响——基于甘肃10个贫困村调查资料的分析》，《中国农村观察》2009年第3期。

柳建平：《家庭因素对贫困地区农村劳动力外出决策的影响——基于甘肃10个贫困村调查资料的实证分析》，《兰州商学院学报》2009年第5期。

柳建平：《影响贫困地区农村劳动力流动决策因素的特征分析》，《人口与经济》2010年第5期。

柳建平、刘卫兵：《西部农村教育与减贫研究——基于甘肃14个贫困村调查数据的实证分析》，《教育与经济》2017年第1期。

柳建平、刘咪咪：《甘肃省贫困地区女性多维贫困测度及影响因素分析——基于14个贫困村的调查资料》，《西北人口》2018年第2期。

娄世艳、程庆亮：《城镇居民收入与教育收益率性别差异成因研究》，《人口与经济》2009年第3期。

罗楚亮：《城镇居民教育收益率及其分布特征》，《经济研究》2007年第6期。

罗楚亮：《经济增长、收入差距与农村贫困》，《经济研究》2012年第2期。

吕炜、张晓颖、王伟同：《农机具购置补贴、农业生产效率与农村劳动力转移》，《中国农村经济》2015年第8期。

马俊龙、宁光杰：《互联网与中国农村劳动力非农就业》，《财经科学》2017年第7期。

马小勇：《家庭禀赋、个人特征与农户劳动力资源配置》，《贵州社会科学》2017年第10期。

毛宇飞、曾湘泉：《互联网使用是否促进了女性就业——基于CGSS数据的经验分析》，《经济学动态》2017年第6期。

冒佩华、徐骥：《农地制度、土地经营权流转与农民收入增长》，《管理世界》2015年第5期。

聂盛：《关于城乡教育投资收益率的比较》，《人口与经济》2005年第4期。

聂裕鹏：《农业女性化对农村土地流转的影响》，《贵州农业科学》2013年第10期。

宁光杰：《中国工资差距问题的综合分析——完善工资形成机制、注重初次分配公平的视角》，《中央财经大学学报》2009年第2期。

蒲艳萍：《劳动力流动对西部农村经济发展的影响——基于西部289个自然村的调查问卷分析》，《中国经济问题》2010年第6期。

齐文娥、唐雯珊：《农户农产品销售渠道的选择与评价——以广东省荔枝种植者为例》，《中国农村观察》2009年第6期。

齐亚强、牛建林：《新中国成立以来我国婚姻匹配模式的变迁》，《社会学研究》2012年第1期。

恰亚诺夫：《农民经济组织》，中央编译出版社1996年版。

邱元、叶春辉、朱奇彪等：《我国农村劳动力非农就业影响因素研究——以全国5省大样本调研数据为例》，《浙江农业学报》2015年第2期。

屈小博、霍学喜：《交易成本对农户农产品销售行为的影响——基于陕西省6个县27个村果农调查数据的分析》，《中国农村经济》2007年第8期。

任国强：《人力资本对农民非农就业与非农收入的影响研究——基于天津的考察》，《南开经济研究》2004年第3期。

沈文捷：《城乡联姻造就城市新移民探析》，《南京财经大学学报》2007年第3期。

沈新凤：《内生家庭谈判力与婚姻匹配》，《经济学（季刊）》2011年第4期。

盛来运：《中国农村劳动力外出的影响因素分析》，《中国农村观察》2007年第3期。

施炳展：《互联网与国际贸易——基于双边双向网址链接数据的经验分析》，《经济研究》2016年第5期。

石人炳：《婚姻挤压和婚姻梯度对湖北省初婚市场的影响》，《华中科技大学学报》（社会科学版）2005年第4期。

石人炳：《青年人口迁出对农村婚姻的影响》，《人口学刊》2006年第1期。

石智雷、杨云：《家庭禀赋、家庭决策与农村迁移劳动力回流》，《社会学研究》2012年第3期。

史贤华、陈学云：《农民收入持续增长的路径分析——以安徽省为例》，《统计与信息论坛》2016年第5期。

舒强、张学敏：《农民工家庭子女高等教育个人投资的收益风险》，《高等教育研究》2013年第12期。

宋宜农：《新型城镇化背景下我国农村土地流转问题研究》，《经济问题》2017年第2期。

宋玉兰、张梦醒、范宏民、林洪杰：《连片特困少数民族地区教育层次结构对农民收入增长的作用——以南疆三地州为例》，《人口与经济》2017年第2期。

孙百才：《西北少数民族地区农村居民的教育收益率研究》，《西北师大学报》（社会科学版）2013年第1期。

孙久文、唐泽地：《中国特色的扶贫战略与政策》，《西北师大学报》（社会科学版）2017年第2期。

孙凯、黄小娥：《探讨农业女性化背景下贫困山区经济发展的有效途径》，《产业与科技论坛》2011年第12期。

孙秋、周丕东：《农业女性化对妇女发展和农业生产的影响》，《贵州农业科学》2008年第3期。

孙志军：《中国教育个人收益率研究：一个文献综述及其政策含义》，《中国人口科学》2004年第5期。

孙志军：《中国农村家庭教育决策的实证分析》，博士学位论文，北京师范大学。

谭琳、柯临清：《目前中国女性婚姻迁移的态势和特点》，《南方人口》1998年第2期。

汤才坤：《"互联网+"对农村居民消费经济结构的影响分析》，《统计与决策年》2018年第21期。

唐为、陆云航：《社会资本影响农民收入水平吗——基于关系网络、信任与和谐视角的实证分析》，《经济学家》2011年第9期。

陶然、徐志刚：《城市化、农地制度与迁移人口社会保障——一个转轨中发展的大国视角与政策选择》，《经济研究》2005年第12期。

滕建华：《农村人力资本投资与农村劳动力流动的相关性分析》，《农业技术经济》2004年第4期。

汪三贵、王姮、王萍萍：《中国农村贫困家庭的识别》，《农业技术经济》2007年第1期。

王春超、张静：《中国农户劳动力流动就业决策行为的特征及其影响因素——基于湖北农户跟踪调查的研究》，《经济前沿》2009年第10期。

王丰龙、何深静：《中国劳动力婚姻匹配与婚姻迁移的空间模式研究》，《中国人口科学》2014年第3期。

王国霞：《中国农村剩余劳动力转移问题研究——中国农村剩余劳动力的数量估算与转移规模预测》，《山西大学学报》（哲学社会科学版）2007年第4期。

王海港、李实、刘京军：《城镇居民教育收益率的地区差异及其解释》，《经济研究》2007年第8期。

王静：《不确定性、社会保障对农村居民消费的影响研究》，《农村经济》2018年第7期。

王黎芳：《非农化进程中农村劳动力转移的性别分析》，《山西师大学报》（社会科学版）2006年第4期。

王美艳：《劳动力迁移对中国农村经济影响的研究综述》，《中国农村经济》2006年第3期。

王孙禺、范静波：《文凭信号、职业因素与家庭背景对教育收益的影响研究》，《华东师范大学学报》（哲学社会科学版）2011年第6期。

王伟宜、刘秀娟：《家庭文化资本对大学生学习投入影响的实证研究》，《高等教育研究》2016年第4期。

王彦：《互联网经济对农村居民消费结构的影响——基于面板分位数回归的实证分析》，《商业经济研究》2018年第14期。

王怡、周晓唯：《习近平关于精神扶贫的相关论述研究》，《西北大学学报》（哲学社会科学版）2018年第6期。

韦加庆：《农业女性化的成因、危害及其治理路径》，《滁州学院学报》2015年第4期。

韦艳、蔡文祯：《农村女性的社会流动：基于婚姻匹配的认识》，《人口研究》2014年第4期。

韦艳、吴莉莉、张艳平：《农村婚姻迁移女性生活福利研究》，《青年研究》2014年第6期。

魏丽萍、陈德棉、谢胜强：《互联网金融投资决策：金融素养、风险容忍和风险感知的共同影响》，《管理评论》2018年第9期。

温娇秀、王延军：《中国农村地区收入差距与教育差距的动态研究》，《经济经纬》2010年第1期。

温涛、孟兆亮：《我国农村居民消费结构演化研究》，《农业技术经济》2012年第7期。

温涛、王小华、杨丹、朱炯：《新形势下农户参与合作经济组织的行为特征、利益机制及决策效果》，《管理世界》2015年第7期。

文洪星、韩青：《非农就业如何影响农村居民家庭消费——基于总量与结构视角》，《中国农村观察》2018年第3期。

文华成：《中国农业劳动力女性化：程度、成因与影响——基于历史宏观截面数据的验证》，《人口学刊》2014年第4期。

乌云花、黄季焜、ScottRozelle：《水果销售渠道主要影响因素的实证研究》，《系统工程理论与实践》2009年第4期。

吴国宝：《改革开放40年中国农村扶贫开发的成就及经验》，《南京农业大学学报》（社会科学版）2018年第6期。

吴惠芳、饶静：《农业女性化对农业发展的影响》，《农业技术经济》2009年第2期。

吴学品：《市场化、流通设施环境和农村消费结构——基于省级面板数据模型的实证分析》，《经济问题》2014年第10期。

吴愈晓、王鹏、黄超：《家庭庇护、体制庇护与工作家庭冲突——中国城镇女性的就业状态与主观幸福感》，《社会学研究》2015年第6期。

向玉冰：《互联网发展与居民消费结构升级》，《中南财经政法大学学报》2018年第4期。

肖挺：《交通设施、居民的消费区域流向与消费结构——来自我国省际层面的经验证据》，《财贸研究》2018年第9期。

谢平、邹传伟、刘海二：《互联网金融的基础理论》，《金融研究》2015年第8期。

熊萍：《户籍制度视角下的农民市民化机制探析——基于推拉理论》，《农村经济》2012第6期。

徐晓鹏：《农民工外出务工意愿的影响因素研究——基于禀赋视角和386份问卷数据》，《湖南农业大学学报》（社会科学版）2016年第4期。

徐旭初：《中国农民专业合作经济组织的制度分析》，经济科学出版社2005年版。

薛福根、石智雷：《个人素质、家庭禀赋与农村劳动力就业选择的实证研究》，

《统计与决策》2013年第8期。

詹姆斯·C.斯科特:《农民的道义经济学》,江苏译林出版社2001年版。

詹王镇、陈利根:《我国农村集体土地产权制度困境及其破解》,《西北师大学报》(社会科学版)2016年第4期。

湛泳、徐乐:《"互联网+"下的包容性金融与家庭创业决策》,《财经研究》2017年第43卷第1期。

张成甦、宋山梅:《农村劳动力非农就业能力评价体系》,《华南农业大学学报》(社会科学版)2014年第1期。

张辉、白长虹、李储凤:《消费者网络购物意向分析——理性行为理论与计划行为理论的比较》,《软科学》2011年第9期。

张会萍、刘如、马成富:《土地流转对农户劳动力转移的影响——基于宁夏银北地区的农户调查》,《山西农业科学》2015年第10期。

张慧芳、朱雅玲:《居民收入结构与消费结构关系演化的差异研究——基于AIDS扩展模型》,《经济理论与经济管理》2017年第12期。

张林秀:《农户经济学基本理论概述》,《农业技术经济》1996年第3期。

张林秀、霍艾米、罗斯高、黄季焜:《经济波动中农户劳动力供给行为研究》,《农业经济问题》2000年第5期。

张清津:《农村分工深化与社会结构变迁》,《理论学刊》2014年第12期。

张伟宾、汪三贵:《扶贫政策、收入分配与中国农村减贫》,《农业经济问题》2013年第2期。

张旭晨:《新生代农民工特征及社会融入政策研究——以甘肃省为例》,《西北师大学报》(社会科学版)2013年第3期。

张意忠:《城乡家庭资本差异对子女高等教育需求的影响》,《高等教育研究》2016年第8期。

张翼:《中国阶层内婚制的延续》,《中国人口科学》2003年第4期。

张翼、薛进军:《中国的阶层结构与收入不平等》,《甘肃社会科学》2009第1期。

张永丽:《合作与不合作的政治经济学分析——欠发达地区市场化进程中的农民经济组织发展研究》,中国社会科学出版社2005年版。

张永丽、王文娟:《农村劳动力流动与缓解贫困——基于甘肃省贫困山区的实证分析》,《人口与经济》2008年第5期。

张永丽：《农户劳动力资源配置及其对农业发展的影响——我国西部地区 8 个样本村的调查与分析》，《农业技术经济》2009 年第 2 期。

张永丽、金虎玲：《农村人口和劳动力资源禀赋变动趋势》，《经济学动态》2013 年第 9 期。

张永丽、王博：《农民工内部分化及其市民化研究》，《经济体制改革》2016 年第 4 期。

张永丽、卢晓：《贫困性质转变下多维贫困及原因的识别——以甘肃省皋兰县六合村为例》，《湖北社会科学》2016 年第 6 期。

张永丽：《"教育致贫"悖论解析及相关政策建议——以甘肃省 14 个贫困村为例》，《西北师大学报》（社会科学版）2017 年第 2 期。

张永丽、张佩、卢晓：《农户多维贫困测度及其影响因素分析》，《西北农林科技大学学报》（社会科学版）2017 年第 5 期。

张永丽、刘卫兵：《"教育致贫"悖论解析及相关精准扶贫策略研究——以甘肃 14 个贫困村为例》，《经济地理》2017 年第 9 期。

张永丽、李青原：《贫困与非贫困家庭教育收益率的差异及原因分析——基于甘肃省 14 个贫困村 1749 个农户的调查》，《教育与经济》2018 年第 3 期。

张永丽、张佩：《农户市场参与的脱贫效应》，《干旱区资源与环境》2018 年第 6 期。

张永丽、徐腊梅：《互联网使用对西部贫困地区农户家庭生活消费的影响——基于甘肃省 1735 个农户的调查》，《中国农村经济》2019 年第 2 期。

张越、李琪：《互联网对我国各省区经济发展的影响》，《山西财经大学学报》2008 年第 6 期。

赵磊、张雅丽：《西部农业劳动力结构状况及其对农业生产的影响》，《北方园艺》2014 年第 11 期。

赵丽丽：《我国女性婚姻移民研究的回顾与反思》，《同济大学学报》2007 年第 4 期。

赵显洲：《教育收益率的地区差异研究》，《技术经济与管理研究》2015 年第 1 期。

赵周华、王树进：《少子化、老龄化与农村居民消费率——基于省级面板数据的实证检验》，《农村经济》2018 年第 2 期。

周波、于冷：《农业技术应用对农户收入的影响——以江西跟踪观察农户为例》,《中国农村经济》2011年第1期。

周春芳:《儿童看护、老人照料与农村已婚女性非农就业》,《农业技术经济》2013年第11期。

周冬:《互联网覆盖驱动农村就业的效果研究》,《世界经济文汇》2016年第3期。

曾小溪、汪三贵:《中国大规模减贫的经验:基于扶贫战略和政策的历史考察》,《西北师大学报》(社会科学版)2017年第6期。

英 文

Abadie A. and Angrist J., Imbens, G. "Instrumental Variable Estimates of the Effect of Subsidized Training on the Quantiles of Trainee Earnings", *Econometrica*, Vol. 70, No.1, 2002.

Acharya, Ram C., "ICT Use and Total Factor Productivity Growth: Intangible Capital or Productive Externalities", *Oxford Economic Papers*, Vol. 68, No.1, 2016.

Agnes R. Quisumbing, "Male-female Differences in Agricultural Productivity: Methodological Issues and Empirical Evidence", *World Development*, Vol. 24, No.10, 1996.

Amartya Sen, "Poverty: An Ordinal Approach to Measurement", *Econometrica*, Vol.44, No.2, 1976.

Arabsheibani, G., Mussurov, A. "Returns to Schooling in Kazakhstan: OLS and Instrumental Variables Approach", *Economics of Transition*, Vol.15, No.2, 2010.

Atasoy H, "The Effects of Broadband Internet Expansion on Labor Market Outcomes", *Industrial and Labor Relations Review*, Vol. 66, No.2, 2013.

Aziz J. and Cui L., "Explaining China's Low Consumption: The Neglected Role of Household Income", *IMF Working Papers*, Vol. 7, No.181, 2007.

Bagamba F., Burger K., Kuyvenhoven A., *Determinant of Smallholder Farmer Labor Allocation Decisions in Uganda,Washington*, International Food Policy Institute, 2009.

Bagne, D. J., *Principles of Demography*, New York:John Wiley & Sons Inc.,1969.

Barnum H. N., Squire L., "A Model of an Agricultural Household:theory and Evidence", *World Bank Occasional Paper*, Vol.27, 1979.

Bauer P. T., " The Vicious Circle of Poverty", *Weltwirtschaftliches Archiv*, Vol.95, 1965.

Becker G. S., *Human Capital: A Theoretical and Empirical Analysis with Special Reference to Education*, Chicago: University of Chicago Press, 1975.

Becker, G., "A Theory of the Allocation of Time", *Economic Journal*,1965.

Behrman J. R.,Taubman P., "The Intergenerational Correlation between Children's Adult Earnings and Their Parents' in-come: Results from the Michigan Panel Survey of Income Dynamics", *Review of Income & Wealth*,Vol.36, No.2, 1990.

Boserup E., *Women's role in Economic Development*, New York: St.Martin's Press, 1970.

Bourdieu P., "The Forms of Captical", in Richardson, J. ed., *Handbook of Theory and Research for the Sociology of Education*, New York: Greenwood Press, 1986.

Brauw D.A., "Are Women Taking over the Farm in China", *MEMO*, 2003.

Bryan S. and Christine D. V., *The marriage and Family Experience*, St. Paul: West Publishing Company, 1992.

Caliendo, M., and S. Kopeinig, "Some Practical Guidance for the Implementation of Propensity Score Matching", *Journal of Economic Surveys*, Vol.22, No.1, 2010.

Carlo Raffo, Alan Dyson, Helen Gunter, Dave Hall, Lisa Jones, Afroditi Kalambouka, "Education and Poverty: Mapping the Terrain and Making the Links to Educational policy", *International Journal of Inclusive Education*, Vol.13, No.4, 2009.

Cazzavillan G., Donadelli M., Persha L., "Economic Growth and Poverty Traps in Sub-Saharan Africa: The Role of Education and TFP Shocks", *Research in Economics*, Vol.67, No.3, 2013.

Chambers D., Wu Y. and Yao H., "The Impact of Past Growth on Poverty in Chinese Provinces", *Journal of Asian Economics*, Vol.19, No.4, 2008.

Chamon M. D. and Prasad E. S., "Why are Saving Rates of Urban Households in China Rising?", *American Economic Journal*,Vol. 2, No.1, 2010.

Chen S. K., "Internet Use and Psychological Well-being among College Students: A Latent Profile Approach", *Computers in Human Behavior*, Vol.28, No.6, 2012.

Chen Y. and Wu Y., "The Impact of IT on Labor Markets: An Estimation of the Returns to Computer Uses", *China Economic Quarterly*, Vol.7, No.4, 2008.

Chen, G., Hamori, S. "Economic Returns to Schooling in Urban China: OLS and the Instrumental Variables Approach", *China Economic Review*, Vol.20, No.2, 2009.

Chu S. Y., "Internet, Economic Growth and Recession", *Modern Economy*, Vol. 4, No.3, 2013.

Cleary S., "The Relationship between Firm Investment and Financial Status", *Journal of Finance*, Vol.54, No.2, 1999.

Coleman J. S., "Social Capital in the Creation of Human Capital", *American Jouranl of Sociology*, Vol.94, 1988.

Colglazier W., "Sustainable Development Agenda: 2030", *Science*, Vol.349, No.6252, 2015.

Corcoran M., Gordon R., Laren D.,et al.,"Effects of Family and Community Background on Economic Status", *The American Economic Review*, Vol.80, No.2, 1990.

Czernich N., Falck O., Kretschmer T., et al., "Broadband Infrastructure and Economic Growth", *Economic Journal*, Vol.121, No.552, 2011.

De Brauw, A., Rozelle, S., "Reconciling the Returns to Education in Off-farm Wage Employment in Rural China", *Review of Development Economics*, Vol.12, No.1, 2008.

Dettling L. J., "Broadband in the Labor Market: The Impact of Residential High Speed Internet on Married Women's Labor Force Participation", *Finance and Economics Discussion*, Vol.70, No.2, 2013.

Dougherty, C., "Why are the Returns to Schooling Higher for Women than for Men?", *Journal of Human Resources*, Vol.40, No.4, 2005.

Douglas L., William M. G., Samuel W., *Statistical Techniques in Business and Economics*, Columbus: McGraw-Hill/Irwin, 2011.

Ebenstein, Avraham Y., Sharygin E. J., "The Consequences of the 'Missing Girls' of China", *World Bank Economic Review*, Vol.23, No.3, 2009.

Efron, B., R. Tibshirani, *An Introduction to the Bootstrap*, New York: Chapman and Hall, 1993.

Fafchamps M., Quisumbing A., "Human Capital, Productivity, and Labor Allocation in Rural Pakistan", *The Journal of Human Resources*, Vol.34, No.2, 1999.

Fan C. and Huang Y., "Waves of Rural Brides: Female Marriage Migration in China", *Annals of the Association of America Geographers*, Vol.88, No.2, 1998.

Faridi M., Basit A., "Factors Determining Rural Labour Supply: A Micro Analysis", *Pakistan Economic and Social Review*, Vol.49, No.1, 2011.

Firpo S., "Efficient Semiparametric Estimation of Quantile Treatment Effects", *Econometrica*, Vol.75, No.1, 2007.

Flabbi, L., Paternostro, S., Tiongson, E.R., "Returns to Education in the Economics Transition: A Systematic Assessment Using Comparable Data", *Economics of Education Review*, Vol.27, 2008.

Frölich M., Melly B., "Unconditional Quantile Treatment Effects under Endogeneity", *Journal of Business and Economic Statistics*, Vol.31, No.3, 2008.

Frölich M., Melly B., "Estimation of Quantile Treatment Effects with Stata", *The Stata Journal*, Vol.10, No.3, 2010.

Gao, W., Smyth, R., "Economic Returns to Speaking 'Standard Mandarin' among Migrants in China's Urban Labour Market", *Economics of Education Review*, Vol.30, 2011.

Gormley, T., L. Hong, and Z. Guofu, "Limited Participation and Consumption-Saving Puzzles: A Simple Explanation and the Role of Insurance", *Journal of Financial Economics*, Vol.96, No.2, 2010.

Greitemeyer T., "What do Men and Women Want in a Partner? Are Educated Partners Always More Desirable?", *Journal of Experimental Social Psychology*, Vol.43, No. 2, 2007.

Hansen B. E., "Threshold Effects in Non-dynamic Panels: Estimation, Testing and Inference", *Journal of Econometrics*, Vol.93, No.2, 1999.

Heckman, J.J., Li, X., "Selection Bias, Comparative Advantage and Heterogeneous Returns to Education: Evidence from China in 2000", *Pacific Economic Review*, Vol.9, No.9, 2004.

Iyigun M. and Walsh R., "Building the Family Nest: Premarital Investments, Marriage Markets and Spousal Allocations", *Review of Economics Studies*, Vol.74, No.2, 2007.

Judd E., "Alternative Development Strategies for Women in Rural China",

Development and Change, Vol. 21, No. 1, 1990.

Jung J., "Regional Inequalities in the Impact of Broadband on Productivity: Evidence from Brazil", *MEMO*, No. 56177, 2014.

Koenker R., Bassett G., "Regression Quantiles", *Econometrica*, Vol.46, No.1, 1978.

Koutroumpis P., "The Economic Impact of Broadband on Growth: A Simultaneous Approach", *Telecommunications Policy*, Vol.33, No.9, 2009.

Kraut R. and Burke M., "Internet Use and Psychological Well-being: Effects of Activity and Audience", *Communications of the ACM*, Vol. 58, No.12, 2015.

Kuhn P. and Skuterud M., "Internet Job Search and Unemployment Durations", *American Economic Review*, Vol. 94, No.1, 2004.

Lee E., "A Theory of Migration", *Demography*, Vol.3, No.1, 1966.

Lewis, W. A., "Economic Development with Unlimited Supplies of Labor", *The Manchester School of Economics and Social Studies*, No.22, 1954.

Li, H. and Luo, Y.,"Reporting Errors, Ability Heterogeneity and Returns to Schooling in China", *Pacific Economic Review*, Vol.9, No.3, 2004.

Lichter D. T., LeClere F. B. and McLaughlin D. K., "Local Marriage Markets and the Marital Behavior of Black and White women", *American Journal of Sociology*, Vol.96, No.4, 1991.

Linxiu Zhang, Alan De Brauw and Scott Rozelle, "China's Rural Labor Market Development and its Gender Implications", *China Economic Review*, Vol.15, No.2, 2004.

Low A., *Agricultural Development in Southern Africa:Farm Household Theory & the Food Crisis*, London: Macmillan, 1986.

Mincer Jacob, *Schooling, Experience, and Earning*, New York: Columbia University Press, 1974.

Murali V. and Oyebode F., "Poverty, Social Inequality and Mental Health", *Advances in Psychiatric Treatment*, Vol.10, No.3, 2004.

Mw Wu and CH Shen, "Corporate Social Responsibility in the Banking Industry: Motives and Financial Performance", *Journal of Banking & Finance*, Vol.37, No.9, 2013.

Ranis, Gustav and Fei, John. C. H., "A Theory of Economic Development", *The American Economic Review*, Vol.51, No.4, 1961.

Ravallion M. and Chen S., "China's (Uneven) Progress against Poverty", *Journal of Development Economics*, Vol.51, No.4, 1961.

Reardon T., Berdegure J., Escobar G., "Rural Nonfarm Employment and Incomes in Latin America: Overview and Policy Implications", *World Development*, Vol.29, No.3, 2001.

Rosenbaum, P. R., and D. B. Rubin, "The Bias Due to Incomplete Matching", *Biometrics*, Vol.41, No.1, 1985.

Rosenfeld M. J., "A Critique of Exchange Theory in Mate Selection", *American Journal of Sociology*, Vol.110, No. 5, 2005.

Rubin, D. B., "Estimating Causal Effects of Treatments in Randomised and Non-Randomised Studies", *Journal of Educational Psychology*, Vol.66, No.2, 1974.

Rubin, D. B., "Using Propensity Scores to Help Design Observational Studies: Application to the Tobacco Litigation", *Health Services & Outcomes Research Methodology*, Vol.12, No.2, 2001.

Rye S. A., " Exploring the Gap of the Digital Divide", *Geo Journal*, Vol.71, No.2-3, 2008.

Schultz T. W., Capital Formation by Education", *Journal of Political Economy*, Vol.68, No.6, 1960.

Sen, A. K., *Development as Freedom*, New York: Alfred A. Knopf, Inc., 1999.

Shaw L. H. and Gant L. M., "In Defense of the Internet: the Relationship between Internet Communication and Depression, Loneliness, Self-esteem, and Perceived Social Support", *CyberPsychology and Behavior*, Vol.5, No.2, 2002.

Simons J. A., Irwin D. B. and Drinnien B. A., "Maslow's Hierarchy of Needs", *MEMO*, No.2001, 2001.

Song Yinching and Jigguns J., "Feminization of Agriculture and Relate Issues: Two Cases Study in Marginal Rural Area in China", *MEMO*, No. 12, 2002.

Stark O., Taylor J. E., *Relative Deprivation and Migration: Theory, Evidence and Policy Implications*, World Bank, 1991.

Stark, O., *The Migration of Labor*, Cambridge: Basil Blackwell, 1991.

Sun J., "Chinese Older Adults Taking Care of Grandchildren: Practices and Policies for Productive Aging", *Ageing International*, Vol.38, No.1, 2013.

Tilak, Jandhyala B.G., "Post-elementary Education, Poverty and Development in India", *International Journal of Educational Development*, Vol.27, No.4, 2007.

Todaro M., "A Model of Labor Migration and Urban Unemployment in Less Developed Countries", *The American Economist Review*, Vol.59, No.1, 1969.

Trostel, P., I. Walker, and P. Woolley, "Estimates of the Economic Return to Schooling for 28 Countries", *Labour Economics*, Vol.9, No.1, 2002.

Ultee W. C. and Luijkx R., "Educational Heterogamy and Father-to-son Occupational Mobility in 23 Industrial Nations", *European Sociological Review*, Vol.6, No.2, 1990.

Van, S. P., "Uncertain Pension Income and Household Saving", *Netherlands: Netspar Discussion Paper*, Vol.34, No.10, 2012.

Vemuri V. K. and Siddiqi S., "Impact of Commercialization of the Internet on International Trade: A Panel Study Using the Extended Gravity Model", *The International Trade Journal*, Vol.23, No.4, 2009.

Vicky Barham, Robin Boadway, Maurice Marchand, Pierre Pestieau, "Education and the Poverty Trap", *European Economics Review*, Vol.39, No.7, 1995.

Wan Guanghua, "Accounting for Income Inequality in Rural China: A Regression-based Approach", *Econometrica*, Vol.32, No.2, 2004.

Wang, X., Fleisher, B.M., Li, H., Li, S., "Access to Higher Education and Inequality: the Chinese Experiment", *IZA Discussion Paper*, 2007.

Xia J., "Linking ICTs to Rural Development: China's Rural Information Policy", *Government Information Quarterly*, Vol.27, No.2, 2010.

Yunez-Naude A., Taylor J., "The Determinants of Nonfarm Activities and Incomes of Rural Households in Mexico, with Emphasis on Education", *World Development*, Vol.29, No.3, 2001.

Zant, W., "Social Security Wealth and Aggregate Consumption: An Extended Life-Cycle Model Estimated for the Netherlands", *De Economist*, Vol.136, No.1, 1988.

Zhang H. F., "The Poverty Trap of Education: Education-poverty Connections in Western China", *International Journal of Educational Development*, Vol.38, 2014.

Zhang Linxiu, Brauw D.A. and Scott R., "China's Rural Labor Market Development and its Gender Implications", *China Economic Review*, Vol.15, No.2, 2004.

Zhang X., Yang J., Wang S., "China has Reached the Lewis Turning Point", *China Economic Review*, Vol.22, No.4, 2011.

Zhang, J., Y. Zhao, A. Park, and X. Song, "Economic Returns to Schooling in Urban China, 1988 to 2001", *Journal of Comparative Economics*, Vol.33, No.4, 2005.

Zhang, L., Huang, J. and Rozelle, S.,"Employment, Emerging Labor Markets and the Role of Education in Rural China", *China Economic Review*, Vol.13, No.2, 2002.

Zhao J. and Hao X., Banerjee I., "The Diffusion of the Internet and Rural Development", *Convergence*, Vol.5, No.2, 2002.

后　　记

消除贫困、改善民生、实现共同富裕,是中国特色社会主义的本质要求,是党和政府义不容辞的历史责任。为完成这一任务,中国政府及社会各界进行了艰苦卓绝的努力,在过去40年里,经历了体制改革推动扶贫、开发式扶贫、扶贫攻坚、精准扶贫等反贫困历史阶段,取得了举世瞩目的成就,成功实现了7.5亿农村贫困人口的脱贫。特别是2013年精准扶贫战略实施以来,以习近平同志为核心的党中央将扶贫工作摆到了治国理政的新高度,不断创新思路、改进模式,实施精准扶贫、精准脱贫的基本方略,开创了中国扶贫开发事业的新局面,农村贫困人口由2012年的9899万人减少到2018年底的1660万人,贫困发生率下降到2018年年底的1.7%,为打赢脱贫攻坚战奠定了坚实的基础,也为世界反贫困理论和实践做出了卓越贡献。

在长期的反贫困实践中,中国作为发展中国家,系统总结了贫困的本质及发生的根源,成功探索出一条与中国特色社会主义建设一脉相承、切实可行的摆脱贫困、促进社会经济全面进步的扶贫开发道路,实施了一系列科学且行之有效的反贫困政策措施,形成了中国特色反贫困理论体系,成为中国及广大发展中国家共同的精神财富,有力增强了中国人民的道路自信、理论自信、制度自信、文化自信。特别是习近平精准扶贫思想作为新时代中国特色社会主义思想体系的重要组成部分,将消除贫困作为社会主义的本质要求,科学回答了反贫困与人类发展的关系,形成了内涵丰富、思想深刻、体系完整的扶贫开发战略思想和理论体系,为构建"人类命运共同体",解决人类共同面临的贫困问题贡献了中国智慧和中国方案。

党的十九大报告指出:"时代是思想之母,实践是理论之源","实践没有止境,理论创新也没有止境"。国内外反贫困实践表明,贫困具有长期性、复杂性、历史性特征,尽管在贫困与反贫困矛盾演化过程中绝对贫困将被消灭，但贫困总以新的形式和特点出现，相对贫困问题总是存在。2020年是中国打赢脱贫攻坚战、全面建成小康社会的历史性节点，但这并不意味着消灭了贫困，而是推动了中国贫困的性质由生存性贫困向发展性贫困转变。同时，2020年是打赢脱贫攻坚战与实施乡村振兴战略的历史交汇期，是分两步走实现"两个一百年"奋斗目标、初步建成社会主义现代化国家的起步阶段，从2020年到2035年的目标是基本实现社会主义现代化，"城乡区域发展差距和居民生活水平差距明显缩小，基本公共服务均等化基本实现，全体人民共同富裕目标基本实现"，"人民的获得感、幸福感、安全感更加充实、更有保障、更可持续"。新时代赋予反贫困新的内涵，对反贫困在更高层次、更高水平提出了新的要求。在这样一个历史性节点，面对贫困性质的变化和新时代国家发展战略的新要求，中国反贫困政策如何调整、创新与发展？这是中国反贫困实践提出的新课题。

  本书作者长期专注于贫困与反贫困、农业与农村发展、区域经济学、马克思主义中国化等领域的教学与研究工作。本书稿收集了近年来作者在贫困与反贫困研究领域思考、探索所取得成果的一部分，也体现了作者在研究生培养过程中的努力和付出，更希望研究生同学作为新生的研究力量，明道尚德，敬畏学术，谨记使命，担当未来。当然作者也深知我们的努力还存在很多不足，敬请读者批评指正。

张永丽
2019年12月